浙江省哲学社会科学规划后期资助课题成果文库

中国特色
司法话语交往研究

朱前星　著

WUHAN UNIVERSITY PRESS
武汉大学出版社

图书在版编目(CIP)数据

中国特色司法话语交往研究/朱前星著 . —武汉:武汉大学出版社,
2024.9

浙江省哲学社会科学规划后期资助课题成果文库

ISBN 978-7-307-24401-6

Ⅰ.中… Ⅱ.朱… Ⅲ.法律语言学—研究—中国 Ⅳ.D90-055

中国国家版本馆 CIP 数据核字(2024)第 100841 号

责任编辑:张　欣　　　责任校对:鄢春梅　　　整体设计:韩闻锦

出版发行:**武汉大学出版社** 　(430072　武昌　珞珈山)

（电子邮箱:cbs22@whu.edu.cn 网址:www.wdp.com.cn）

印刷:武汉邮科印务有限公司

开本:720×1000　1/16　印张:17　字数:266 千字　　插页:1

版次:2024 年 9 月第 1 版　　2024 年 9 月第 1 次印刷

ISBN 978-7-307-24401-6　　定价:88.00 元

序

　　新时代的中国法治建设取得了举世瞩目的成就，但是，如何更好地推进司法改革，增强司法公信力，维护社会公平正义，建构中国特色司法话语体系，是当前需要面对和解决的重大问题。因此，研究司法话语的学理基础、实践交往及保障体系，追求理论逻辑和实践逻辑的有机统一成为现实亟须。

　　朱前星的《中国特色司法话语交往研究》一书凝聚了对上述问题的深度思考。开篇分析司法话语的内在机理、交往场域及系统性。接着，剖析司法话语的逻辑学理据、法哲学资源和社会制度理论，揭示其学理基础。进而，从法庭域内和法庭域外的实践探讨司法话语的交往和保障问题。由此，实现理论逻辑与实践逻辑的互洽融通，达到司法话语交往的可接受性。

　　作为法律世界的独特表达，司法话语不仅是沟通的媒介，更是表达权能的工具，且横跨语言学、法学、社会学等多个学科领域。就语言学视角而言，司法话语的语义、语用展现出独特的韵味。在语言学理论框架下，司法话语的探究变得更有价值。司法话语的语用分析深入挖掘词汇、短语和句子背后的意义，帮助理解言外之意和境外之境，还原司法话语交往的风云画卷，确保信息传递的准确性和一致性。语用分析展现司法话语交往的智慧，如同黑夜的明灯，照亮案件的真相，启发不断地思考和探究，为司法的公平正义构筑起坚实的语言基石。

　　社会的发展与进步呼唤司法话语研究的多元性。从复合性角度关注司法话语交往，能更准确地把握其本质所在。这有助于司法话语研究更好地抓住现实机遇和应对未来挑战，推动司法话语的良性交往。

　　法学视角为司法话语研究提供了核心理论支撑和基本动力。法学理论境域为司法话语研究提供定海神针。作为法律沟通的关键手段，司法话语遵循法律的基本原则和精神，守护法律的公平正义。法律的基本原则和精神为司法话语的理论滋养和实践交往指明方向，促使司法话语保持规范性，焕发法律的独特魅力。社会学视域则为司法话语研究提供了独到的解读方式。社会互动是司法话语交往的本质情境。在广袤的社会语境中，司法话语不仅是语言现象，更是社会现象。文化传统、社会心理等因素共同塑造了司法话语的价值互动及其微妙碰撞，展现话语场域的深层结构和交往潜能。

任何研究都贵在彰显自身独特的贡献。该成果所呈现的有益探讨就在于，一是对司法话语交往进行界定，提出司法话语场域论。司法话语交往，是指在司法过程中话语主体通过交流、辩论、协商等方式，表达各自的观点、主张和要求，以达成共识和解决纠纷的话语活动。司法话语主体需要借助司法话语来理解法律规定、分析案件事实。只有通过司法话语交往，才能让法律条文真正活跃起来。司法话语的规范运用能够减少误判、偏见和歧视现象的发生，保障当事人的合法权益。司法话语的透明度和可理解性则有助于增加司法的公信力，使公众对司法产生信任和认同感。而司法话语场域是司法话语汇集而形成的延展于法庭内外的话语交往平台，是一个"理想的话语情境"。司法话语场域论为法庭内外话语交往的制度建构奠定基础。

二是厘清司法话语的学理基础。司法话语的学理基础包括法律逻辑、法哲学范畴和社会制度理论。法律逻辑主要涉及司法话语的实践有效性判断，是对司法话语有效性的形式判断；主体间性等理论涉及司法话语的正当性基础，是对司法话语有效性的实质判断。法律逻辑是法学领域应用逻辑知识的重要组成部分，而司法话语逻辑则是法律逻辑在司法活动中的体现。根据案件事实和法律规定的推理和论证，法官可以得出合理的结论，司法话语交往的正当与否在形式上得到初步判断。主体间性等理论旨在重构交往主体间的话语地位，实现主体间的话语沟通与共识，解决"有效的司法话语为什么可以"的问题。承认和尊重话语交往中人的主体地位，遵循主体间性的话语互动模式，才有可能达成良好的交往效果。司法裁判就是在多方主体参与、多种言语行为交往的基础上得出的。司法话语交往的主体间性使当事人没有理由质疑带有自己话语烙印的交往过程。判断交往有效性的标准从依赖于诉讼结果对己方的有利性转向取决于司法过程的公正性。

三是提出"内向对话性行使模式"和"外向对接性行使模式"。"内向对话性行使模式"是法庭域内的审判过程中司法话语主体之间的对话交流模式。这种模式通过控、辩、裁对话商议,以"交叉询问"作为重要推力,实现法庭域内的司法话语交往。司法话语交往的公权力元素、私权利元素和法律应然元素的三位一体,构成了"外向对接性行使模式"。该模式是法庭内外司法话语主体进行信息传递和舆论引导的互动交流模式。法庭内外话语交往的贯通性推动司法话语场域有效性的实现,把司法话语交往理论显化为科学制度的现实建构。

展望未来,科技革命正在开启司法话语交往研究的新篇章。强化现实(AR)与虚拟现实(VR)技术的融入,为司法话语交往开辟新天地。在庭审中,远程参与者可以身临其境,更直观地感受法庭的庄重与肃穆。AR/VR 不仅增强庭审的现场感,提升公众对司法的关注度和参与度,还推进智能决策与司法话语的珠联璧合。大数据和机器学习带来智能化飞跃,深度分析海量司法文本数据,揭示隐藏于话语交往信息背后的规律。司法话语交往研究的前景无限广阔。相信本书作者能够与时俱进,马不停蹄,迎接时代挑战的勇气永不衰减。愿与朱前星同志共勉。

汪习根

2024 年 6 月 17 日于武汉珞珈山

(序作者为教育部长江学者特聘教授,全国哲学社会科学领军人才,中央"四个一批"文化名家,全国十大杰出青年法学家,联合国发展权咨询专家,中国法学会法理学会副会长,历任武汉大学法学院副院长、华中科技大学法学院院长。)

目　　录

导论 ··· 1

　　一、研究的缘起和意义 ································· 1

　　二、国内外研究现状 ··································· 8

　　三、主要思路和基本结构 ····························· 14

　　四、研究方法 ··· 15

　　五、创新尝试 ··· 16

第一章　司法话语概述 ······························· 18

　第一节　司法话语界定 ····························· 18

　　一、何谓司法话语 ··································· 18

　　二、司法话语主体 ··································· 22

　　三、司法话语特征 ··································· 26

　第二节　司法话语场域 ····························· 30

　　一、何谓司法话语场域 ······························· 30

　　二、司法话语场域特征 ······························· 37

　　三、司法话语场域功能 ······························· 39

　第三节　司法话语的系统性 ························· 42

　　一、司法话语机制 ··································· 42

　　二、司法话语制度 ··································· 42

　　三、司法话语机制结构 ······························· 43

第二章　司法话语的学理基础 ·················· 45

　第一节　司法话语的逻辑学理据 ·················· 45

　　一、逻辑学的内在基本要素 ·················· 46

　　二、法律逻辑与司法话语逻辑 ·················· 52

　　三、法律逻辑中的典型推理形式 ·················· 56

　　四、逻辑学的司法话语功能 ·················· 65

　第二节　司法话语的法哲学资源 ·················· 66

　　一、主体间性理论 ·················· 67

　　二、交往行为理论 ·················· 69

　　三、程序正当理论 ·················· 71

　第三节　司法话语的社会制度理论 ·················· 82

　　一、人权理论 ·················· 82

　　二、传播理论 ·················· 85

第三章　法庭域内：司法话语的交往 ·················· 87

　第一节　法庭主体司法话语的基本特征 ·················· 87

　　一、法官：支配与控制 ·················· 88

　　二、公诉人：追诉与指令 ·················· 95

　　三、律师：操纵与捍卫 ·················· 100

　　四、当事人、证人：维护与抗争 ·················· 101

　　五、参审的人民陪审员(专家)：非职业法官 ·················· 111

　第二节　法庭主体司法话语的说服修辞 ·················· 116

　　一、法律修辞的含义 ·················· 116

　　二、法官对当事人的说服修辞 ·················· 118

　　三、律师对法官的说服修辞 ·················· 125

　　四、当事人对当事人的说服修辞 ·················· 128

　第三节　法庭主体司法话语的交往机制 ·················· 131

　　一、法庭主体话语交往的多维展现 ·················· 131

　　二、法庭话语的交往层级 ·················· 140

第四节　司法话语的内向对话性行使模式 ……………………… 143

一、内向对话性行使模式的元素解构 …………………… 143

二、内向对话性行使模式的实证分析及其建构 ………… 150

第四章　法庭域外：司法话语的交往 …………………………… 160

第一节　庭外主体权力话语交往机制 …………………………… 160

一、中国共产党政策与组织话语 ………………………… 161

二、作为国家权力机关的人大 …………………………… 162

三、作为法律监督机关的检察院 ………………………… 164

第二节　庭外主体权利话语交往机制 …………………………… 165

一、公共舆论 ……………………………………………… 166

二、公共论坛 ……………………………………………… 173

三、制度参与 ……………………………………………… 179

四、组织代表 ……………………………………………… 183

第三节　司法话语的外向对接性行使模式 ……………………… 186

一、外向对接性行使模式的功能定位 …………………… 186

二、外向对接性行使模式的实证分析及其建构 ………… 188

第五章　司法话语的保障 ………………………………………… 193

第一节　司法话语的主体资质保障 ……………………………… 193

一、法官角色 ……………………………………………… 194

二、检察官角色 …………………………………………… 197

三、律师角色 ……………………………………………… 199

四、公民(当事人)角色 …………………………………… 199

五、人大代表、政协委员角色 …………………………… 202

六、政法委角色 …………………………………………… 205

七、监察委角色 …………………………………………… 206

第二节　司法话语的保障制度 …………………………………… 206

一、言论自由保障制度 …………………………………… 206

二、司法诉讼保障制度 ·· 208

三、司法信息技术保障制度 ·· 219

第三节　法庭内外司法话语的互动保障 ···················· 233

一、以商议式司法促进互动 ·· 234

二、司法机关的开放与畅通 ·· 240

结束语 ··· 247

参考文献 ··· 250

后记 ··· 261

导　　论

一、研究的缘起和意义

(一) 研究的缘起

国外的辛普森案等案件不但具有深远的社会影响,而且其中诸多司法审判进程和判决结论都引起了广泛热烈的议论和探讨。国内的劳荣枝案,以当事人姓名等关键词可以找到 2840 万个相关结果,人们对于该事件的思考显然主要是一种理性的严肃的思考。其中必定隐含了主体对于包含了多种互动模式的社会行为的一种预设和预期,以及一定程度上的怀疑和批判精神。显然,这些都体现了公众寻求表达渠道的价值向度,也表明了司法话语交往对于司法审判本身的影响力和理念剖析力,同时也从侧面反映了当下我国司法话语交往得以实现的效力性要求。公众审视司法审判的热情和诉讼主体关于司法的话语交往有时无法通过一种有效的方式、方法、程序和理念相互贯通起来,这也就决定了在新时代条件下对司法话语交往进行探讨的迫切性。

法律需要话语来表达,法律离不开话语。在司法话语场域中,话语主体进行司法交往,运用话语是必备的条件。在法庭上,当事人、律师、检察官、法官,要认定事实,进行交流,都必须借助话语。同时,司法是建立在一定经济关系之上的权力关系的反映。话语一旦进入司法,它就跟权力发生关联,在司法者那里,话语本身就是一种权力。而对于公民而言,法律话语是权利的表达。话语主体把表达某种意义的意向赋予了话语,话语才具有了各种言说行为能力。

在现实生活中,司法话语在司法领域发挥着不可替代的作用。在法庭话语场域上，法官、公诉人、律师、原被告(人)和证人以话语交往；在庭外话语场域上，司法话语主体对司法过程以话语观照，"理想的话语情境"之任何可言说者均可参加论辩，任何人均可质疑任何主张，任何人均可在论辩中提出任何主张及任何人均可表达其态度、愿望和需求的景象依稀可见，司法话语热潮持续升温，①无不显示出司法话语在中国司法过程中扮演着重要的角色。但是，如果法律商谈变成了主体的独白而不是参与者的多方对话，那么，就会"仅仅赋予争议各方以'平等'机会参与'理论的'商谈，而事实上，那里占据上风的似乎是策略性交锋"②。何谓司法话语？司法话语的基本主体有哪些？司法话语有何学理基础，是如何实现交往和保障的？这些都是我们观照司法现实并必须试图回答的问题。

2020年11月，习近平总书记在中央全面依法治国工作会议上指出："公平正义是司法的灵魂和生命。"③《中华人民共和国民法典》则强调，保护合法权益，弘扬社会主义核心价值观。为实现公平正义等社会主义核心价值观的目标，司法作为一种社会治理手段，不仅是运行权力、保障秩序的利刃，同时也应该是公民防范国家权力专横、维护个人权利的锐器。④司法是实施社会控制的重要工具，司法的过程必须契合实体法、程序法的规制，应该追求合法性和规范性。但是，众多引起争议的案件无不体现出公民的司法话语被忽视，法院的司法话语被滥用，法定的话语交往程序被弃之不顾。

立足话语的宏观视角考察"佘某案"的司法过程，一个巨大繁复、同质同向的司法话语场域始终包围笼罩着犯罪嫌疑人，淹没了犯罪嫌疑人的话语权利。在这些权力话语中，无论是法院、检察院、公安，还是政法委，都是同质同向的话语，使得程序法规定的权力制约机制成为摆设。此时，以被害人亲属为代表的"民意"话语也与权力话语同质同向。整个司法话语场域都充斥着异

---

①　汪行福：《通向话语民主之路：与哈贝马斯对话》，四川人民出版社2002年版，第87~88页。

②　[美]马修·德夫林：《哈贝马斯、现代性与法》，高鸿钧译，清华大学出版社2008年版，第122页。

③　习近平：《习近平谈治国理政》(第四卷)，外文出版社2022年版，第295页。

④　余定宇：《寻找法律的印迹——从古埃及到美利坚》，法律出版社2004年版，第134~135页。

口同声的喊杀话语。在这个无形无边的场域里，以权力制约权力、以权利对抗权力、以权利制约权利的权能衡平理论形同虚设。从微观来看，法庭交往参与人之间的话语地位存在不平等的情形。在法庭审理过程中，话语霸权同样宰制着社会资源的分配。在法庭的话语交往中，法官、公诉人设定话题并通过对话题的控制，获取他们所需要的信息。法官、公诉人常常采取重复提问、限制答话方式或问话内容、突然转换话题以及威胁性言说行为等策略，达到控制话题、获得各自所需信息的目的。

由是观之，法院错判案件与非理想的话语情境密切相关，解决之道首先是必须建立司法话语学理、交往和保障的科学结构，① 体现理论逻辑和现实逻辑的内在统一。结构功能理论告诉我们，科学的结构决定了最佳的功能。司法话语交往、保障的科学结构，要求诉讼场域中权力的合法性和正当性，以及话语的博弈和平衡。这就意味着，现实诉讼场域亟须对公正司法话语因素的吸纳，以构建"理想的话语情境"多主体之间进行沟通、交往或商谈的必要前提，通过在"理想的话语情境"下的商谈，来达成规则或形成共识。因为只有"理想的话语情境"才能确保司法话语主体都有机会参与制定具有正当性和普遍有效性（合理性、可接受性）的交往规则的商谈程序；也只有如此，作为司法话语交往结果的人际协调规则与共识，才能在其论证的理由上具备可接受性。也就是说，只有当司法话语主体自觉地意识到形成规则和达成共识的商谈程序的合理性和结果的可接受性取决于理想话语情境的时候，我们才能确保司法话语交往富有成效。那么，中国法院的司法话语在国家权力话语格局中的地位怎样？法院的司法过程有哪些基本因素在影响着法院（法官）呢？面对司法领域司法话语交往多元化的场景，作为法院（法官）应该如何正确地行使司法话语？在法庭审判过程中如何赋予诉讼主体之间平等的话语交往关系？如何最大限度地维护当事人，特别是弱势群体的权益？

此外，法庭会话中的话语权博弈呈现出实然的非平等状态，庭审互动的过程甚至被认为是一种强制性的交往。法官主持审判，并通常强迫话语互动，以便通过暗示性的（有时甚至是迂回的）询问来确认来自公安机关的"无可争议

---

① 林骧华等：《新学科新方法手册》，上海文艺出版社1987年版，第56~59页。

的"证据和让检察机关的指控能够成立。① 所以，可以认为，不对等的角色分工实际影响论证的内在逻辑，这是因为，不是法律争议的所有方面都可以"理想"地进行辩论。此外，语用条件对于法庭交往施加了限制，因为指控程序业已由严格的法定条件加以限定，只能根据这种条件重构"现实"。法庭中的这种重构的"现实"不允许改变言谈情境，对于被告来说尤其如此。由于法庭作为国家机构的庄严性，一般人不能随便进入审判现场，加之进入法庭还需要成本，比如交通费、住宿费等，一般人也不愿意进入审判现场，虽有媒体可以有效减少进入成本，但由于审判是不能录音或做其他记录的，法庭会话的细节常常不为外界所熟知。法庭话语中的话语权不平等导致的法庭话语角色与话语权能关系如何构成，角色和权能形成的话语交往层级怎样等问题，还没有得到深入研究。而回答这些问题，能帮助法律从业人士更好地运用话语策略，实现公正，促进平等。

　　20 世纪 90 年代中期以来，互联网的兴起使话语传递变得方便而快捷，极大地改变了社会的话语生态、话语权格局以及话语模式。网络媒体正显示出日益强大的力量，这种力量是司法话语的一支新生力量。展现司法话语的民间网站，如各种维权网，也纷纷建立，同时，法律微博呈现"井喷"式增长。随之而来的是话语垄断的没落，话语权大规模嬗变，观点和表达方式日益多元。尤其是网络自媒体的勃兴，在近年的热点案件中，言说者的观点在歧异中博弈激辩，体现出自主言说已呈蓬勃发展之势。2007 年，党的十七大作出"深化司法体制改革"的决策。2009 年，最高人民法院发布的《人民法院第三个五年改革纲要》提出"改革和完善人民法院接受外部制约与监督机制"，宣示了一个司法话语平权、民众参与新阶段的开启。2011 年，在中国法学会常务理事（扩大）会议上，中央政法委副书记王乐泉指出，各级法学会和广大法律、法学工作者要丰富、发展涵盖各法学学科的思想、原理、理论和语言，加快建设中国特色的法治话语体系。热点案件是司法话语平权交往的大检阅，网络民间话语与审判权力、诉讼各方进行强有力的司法话语交往，审判权力系统保持了合理的

① 廖美珍：《法庭语言技巧（第三版）》，法律出版社 2009 年版，第 100~101 页。

"开放性和畅通性"①，汇成了外向对接的巨大司法话语场域。程序话语、交往话语、实体话语和裁判话语共同支撑话语场的逻辑体系，在权利与权力之间，在说者与听者之间，在形式规则与真实生活之间，再现真实生活，重构真实关系，法院最终作出了判决，维护了司法的自足与权威。围观者的话语行为在此过程中可圈可点，其作为弱势群体司法话语代言人的里程碑意义是不能抹杀的，标示了司法话语交往的平权气象。由此，公民诉讼代理人的司法话语如何要求，庭外话语场域的司法民主话语如何规制，都一同走进了本书的研究视野。

网络平台在中国对行使权利并实现司法话语平权有重大推力。2003年，一起交通肇事案发生后，互联网上的猜测性话语就开始出现。在长达两个月时间内一直没有澄清性话语出现。犯罪嫌疑人"判二缓三"的判决公布之后，网络有传言犯罪嫌疑人是黑龙江省某领导亲属，称其丈夫是大老板，还称他们"用钱买通了关系"，证人被"封口"等，甚至出现了犯罪嫌疑人是省领导"儿媳妇"的多个版本，各种猜测话语增多。而法院等相关部门沿用旧习拒绝接受采访。据《沈阳今报》披露，哈尔滨市部分媒体接到有关部门的压稿通知，以至于庭审第二天，仅有一家报纸发了100来字的消息。有关部门对司法话语的这种封锁、垄断方式，使猜疑性话语急剧增多，案件迅速成为网络话语最热门的议题。民众话语热点引申到了司法话语垄断、司法不公的体制反思，这也是有关部门始料未及的。短短数日，网友评论此案的跟帖数居各大网站评论话语的榜首。某著名网站更是创下了单项新闻十余万条跟帖话语的天文数字，为中国有网民以来网络话语记录所罕见。② 这样，一起普通交通肇事案，最后演变成为轰动全国的敏感大案，令人感叹。

因此，法律人只有进行多主体话语行为的互动，才能实现司法正义的过程、价值与目标，实现多话语主体的不断沟通、交流、协商，最后达成最大的共识。而这种沟通是要在"理想的话语情境"下进行的，自由的新闻媒体、网

---

① ［美］理查德·C. 博克斯：《公民治理》，孙柏瑛等译，中国人民大学出版社2005年版，第69页。

② 参见于建嵘等：《变话——引导舆论新方式》，世界图书出版公司2010年版，第63页。

络世界无非是为这样的沟通提供了"理想的话语情境"。在案件的商议过程中，许多商议(商谈、解释、论辩)主体利用了新闻媒体、网络世界，充分表达了自己对案件事实和法律规范的归纳、概括和理解。透过商议式司法的价值和功能的发挥，增加法官解释法律和作出司法判决的有效性(正当性、合法性、合理性、科学性、民主性)。

由此可见，网络话语为司法话语的平等交往开拓了广阔的天地，也给了我们很多思考：如果法院在审判过程中行使司法话语能坚持在第一时间运用澄清性话语，信息透明，接受监督，双向交往，扩大各方对审判结果的共识，那些猜忌性的话语会不会销声匿迹呢？如何处理好司法独立与司法监督、法庭话语场域与庭外话语场域各主体的话语关系？如何从系统论角度出发，构建实现司法话语的机制结构？通过对司法话语的研究，回答以上问题，让人们对司法话语交往有一个比较客观全面的理解，抛砖引玉，以唤起社会对司法话语的进一步关注和深入研究。

(二)研究的意义

1. 有助于拓展和丰富司法理论的研究

传统的司法理论把研究的重点放在权力结构的设计以及正当性、合法性的一般理论论证上。古德里奇在《法律话语》中认为，法律就是话语交往。自从哈贝马斯提出"商谈理论"以后，司法中的"协商"也成为目前司法学研究的一个关注热点。而司法话语研究的是司法过程中的参与者(包括社会民众)从不同视角以不同方式参与司法裁决活动，来展示、论证，进行话语交往，争夺各自的司法话语，在这个互动过程中体现了司法过程的参与、交往、协商、妥协。司法话语研究以诉讼中司法话语主体之间的话语交往过程为研究视角，将有助于推进司法权研究的理论深度。此外，目前，司法方法的研究主要集中在法律解释、法律推理、法律论证、利益衡量、漏洞补缺等，这些司法方法要得到准确适用，还需要给各方提供一个有效表达的话语机制与平台。同样，司法裁决的有效性也必须依赖司法活动过程中各参与者话语的有效交往。考察"郑州电梯劝烟猝死案"的司法话语交往过程，其二审判决对民法立法宗旨和维护公共利益的考量就充分表明，司法方法的研究必须有一个话语交往的视角。

2. 有助于为商议式司法提供所需话语交往的竞技场

通过中国司法话语研究，本书尝试揭示中国法院司法话语在国家权力话语格局中的地位，揭示在司法领域司法话语交往多元化的场景下中国法院(法官)行使司法话语的特色机制，为司法话语的表达提供一个切实可行的竞技场创造条件。这个竞技场渗透于社会的各个领域，具有最广泛的容纳性，能让不同身份、不同地位、不同收入状况的人参与其中。各种司法话语汇集到一起，有助于对话与合作，为拓展交流、沟通的渠道提供可能，达到弭平分歧的目的。哈贝马斯的程序主义法律观(他自称之为"法范式")选择通过"商谈论"之"程序主义"理论解决司法判决的合理性问题，即"把司法判决的合理可接受性不仅同论据的重量相连接，而且同论辩过程的结构相连接"。从当事人和法官的(互为主体性)双重视角出发，并以"主体间性"与"共识"为核心概念，分别在"有关法律和民主法治国的商谈"活动的各个阶段中建构了商谈(对话、商议、论辩的)的"理想的话语情境"、程序、原则，以保证司法正义的实现。西安市中级人民法院审理的"抖音侵权腾讯《云南虫谷》案"就较好地彰显了此种司法话语交往的境界。不同司法话语主体能够有效地表达司法话语，话语交往者在场进行对话与商谈，面对面地取证、质证实施互动，在多主体参与的商议空间中，公开地、合作地探求法律真实，才能真正地最大限度地把握法律的事实性，化解客观真实与法律真实之间的紧张关系，并通过一定的程序机制，与司法机关进行平等沟通、协商和辩论，从而为商议式司法提供所需话语交往的竞技场。

3. 有助于对司法机关及其司法过程进行有效制约监督

目前，我国司法话语行使确实面临着挑战。面对如此"情境"，只有通过对话、商谈、商议和法律商谈，才能洞察和解决这些弊端，达致社会治理现代化的有效进路。而就我国近年来的司法实践而言，也的确验证了哈贝马斯所倡导的商谈理论及其实践的有效性。从影响较大的"孙志刚案""孙大午案""刘涌案""哈尔滨宝马撞人案"到"黄静案"，现实司法过程中无不贯穿着社会舆论所代表的公众、行政者、立法者和司法者之间的对话、沟通、商谈、协商与妥协，并且由此推动着我国法治进程的实现。在司法话语语境当中，司法独立本身并不具有终极价值，它只是一种工具性价值，它的最终目的是保证法官公正审理案件，实现司法公正。正如哈特所言，法官"不应当私下里把自己对法律的目的、正义、社会政策或其他判决需要考虑之法外因素所持的见解，悄悄地贩运进法律"①。司法话语的研究为实现对司法机关及其司法过程的有效制约监督提供理论支持和操作可能。通过对司法话语的研究科学界定司法话语、司法话语的主体范围和制约监督对象，对司法运作的独立性进行理论反思与理性定位，更好地为实现司法话语创造条件，对司法机关及其司法过程进行有效制约，有效行使司法话语，实现对司法过程多渠道的监督。

4. 有助于培育法律信赖并实现社会治理

党的十八大报告提出要"运用法治思维和法治方式"，化解矛盾，维护稳定。"张某为母亲复仇案"的司法审判引起法庭内外的广泛关注，网络话语激烈交锋，舆情汹汹，但不少人明确主张：在新时代考量此案的实质，需要站在法治的轨道内，运用法治思维来解决。司法话语研究正是从法治思维和法治方式的角度力求探讨如何处理好司法独立与司法监督、法庭场域与庭外场域各主体的话语关系，探讨中国司法话语的交往、实现与保障，为当事人（利害关系人），特别是弱势群体实现司法话语权利寻求有效的制度途径，从而能够有效提供司法诉求进路，更好地达成共识。在这里，从过程的视角来看，司法话语的行使是利害关系的意思自治，是平等参与，是公正交往，是制约权力，是保护权利；从结果的视角来看，是权利的实现，是法律效果与社会效果的结合。这些都包含了契约、共识。正是契约、共识促进司法话语的交往和保障，社会主体普遍地相信司法的公正性与理性运行。由司法信赖又可达到司法外在强制与内在说服的高度统一，进而同化为对司法权威的内心信念。一个被社会奉为权威的司法才是公正的司法。一个信赖司法的社会一定是良法善治的社会。

二、国内外研究现状

话语、司法话语和司法话语交往是一个依次递进的层面。因此，需要先了解"话语""司法话语"研究的状况，才能真正把握"司法话语交往"研究的状况。

---

① Hart, American Jurisprudence Through English Eyes: The Nightmare and the Noble Dream, in Essays in Jurisprudence and Philosophy, Oxford University Press, 1983, p. 132.

(一)"话语"研究

"话语"一词,最早的含义是和语言学联系在一起的。按照索绪尔在《普通语言学教程》中的观点,话语是一种语言实践,话语由相互依存的内容和形式所组成。在语言学中,对话语的研究体现在语形、语义、语用三个方面。在话语的语用研究方面,利奇总结了三个方面的意义:其一,话语涉及说话人要表达某种意义的愿望,这种意义可能在字面上表明,也可能不在字面上表明;其二,听话人对这种意义的理解可能要依赖语境;其三,话语的意义并不仅仅存在于静态的句子,更是交往的结果,它涉及说话人对听话人产生某种效果,以及对话双方在共有知识的基础上进行协商后的结果。①

对于语言学意义上的话语,英国诺曼·费尔克拉夫在《话语与社会变迁》一书中提出:"在语言学中,'话语'有时用来指口头对话的延伸部分,以便与书写'文本'相对照……'话语'之被用在语言学中,要么是涉及口头语言的延伸部分,要么是涉及书写语言的延伸部分。"②在诺曼·费尔克拉夫看来,话语并非把语言分析限定为句子或更小的语法单位,它还侧重于对话的高级结构属性或书写文本的高级结构。此外,话语还重视言语者和被言语者之间的相互作用,或作者和读者之间的相互作用,因此,也重视话语的生产过程和解释过程。他甚至还认为,话语不仅反映和描述社会实体与社会关系,话语还建构或构成社会实体与社会关系,任何话语事件都被同时看做一个文本,一个话语实践的实例,以及一个社会实践的实例,因此,"话语既是一种表现形式,也是一种交往形式"③。诺曼·费尔克拉夫将话语与社会理论结合起来,并重视话语的建构作用,超越了单纯语言学的意义,为实现话语的应用性提供了可能。

由于话语在语言学中被视为语言的运用与语言的灵活性部分,被各学科广

---

①　参见谭斌:《试论"话语"一词的含义》,载《兰州大学学报(社会科学版)》2002年第1期。

②　[英]诺曼·费尔克拉夫:《话语与社会变迁》,殷晓蓉译,华夏出版社2003年版,第39页。

③　[英]诺曼·费尔克拉夫:《话语与社会变迁》,殷晓蓉译,华夏出版社2003年版,第39页。

泛借用，如电影话语、美术话语等，话语的含义也超越了语言学的界限，其概念的模糊性变得极强。哈贝马斯就将"话语"应用于政治学和哲学，从"交往行为理论"的角度来理解话语，提出了"普通语用学"，试图重建人们相互理解的言语交往的一般规则，它的提出标志着 20 世纪哲学的语言学转向。正如美国莱斯利·A. 豪在《哈贝马斯》一书中指出的，哈贝马斯阐释了语用学的力量，因为语用学研究的是人与语言的关系，而不仅仅是研究符号的结构、符号与指称的关系，正是语用学的这种交往功能，使得语用学成为哈贝马斯用来建立他宏大的话语商谈理论的基础，哈贝马斯坚信，话语的目的是达成共识。

　　话语这一概念不断研究进化，形成了一套话语理论，其中以福柯的话语理论最为著名。福柯的话语理论已不是单纯语言学意义上的话语，他将话语界定为一种"实践—符号"概念。刘北成在《福柯思想肖像》一书中指出：哈贝马斯认为，我们生活的世界完全被话语所标示，与话语相交织；话语是指被说出的言语，是关于被说出的事物的话语、关于确认质疑的话语、关于已经发生的话语；在这个意义上说，我们生活的这个历史世界不可能脱离话语的各种因素，因为话语已经扎根于这个世界而且继续存在于这个作为经济过程、人口变化过程等的世界中。汪民安在《福柯的界线》一书中指出，在福柯看来，话语概念是以陈述为基础的，这个话语不是语言学家以句子为基础建立起来的，也不是结构主义者眼中的话语，也不是解释学家眼中的话语，对福柯而言，话语是陈述的整体；话语是对陈述进行分析，对陈述的分析并不是质疑已说出来的东西还隐藏着什么，它们真正要说的东西是什么，相反，它考虑的是陈述存在方式、这种存在方式对陈述来说意味着什么，对陈述的分析只关注语言的事实，而决不问它们还隐藏着什么，有什么神秘意义；福柯的话语概念始终是和权力结合在一起的，是权力的实践。[①] 谭斌在《试论"话语"一词的含义》一文中指出：话语的含义有三个角度，即语言学、本体论、考古学及系谱学。此外，海德格尔、伽达默尔、德里达等则在哲学领域研究使用话语一词。[②]

[①]　参见汪民安：《福柯的界线》，南京大学出版社 2008 年版，第 53~135 页。

[②]　参见谭斌：《试论"话语"一词的含义》，载《兰州大学学报（社会科学版）》2002 年第一期。

系统论述话语理论的当属福克斯和米勒。他们用话语理论来分析后现代公共行政，提出了著名的"公共能量场"概念，公共能量场是一个表演社会话语与公共政策的场所。福克斯在《后现代公共行政——话语指向》一书中认为：话语是一种言谈、辩论、交流、对话、说服等言语表达活动，话语理论特别重视公共政策质量，而公共政策质量则依赖于真实的话语表达，必须特别重视话语的真实和真诚。

通过对以上研究成果的整理分析，我们可以得出以下结论：研究者们普遍认为"话语"不局限于纯粹意义上的语言学用语，也不局限于纯粹哲学意义上的话语，"话语"的适用领域及其内涵具有多重性。

(二)"司法话语"研究

国内外学术界对司法话语的研究，主要体现在对司法话语与权力关系的研究，并且一般都是在法律语用学的理论框架内进行。代表学者有哈里斯、沃克、康利和欧巴尔、汪习根、廖美珍、吕万英等。他们都认为话语是司法行业实施权力的工具，凭借话语可以揭示权力的实施过程。

哈里斯的《礼貌与权力：机构情景中提出要求与应对要求》一文专门研究了英国地方法庭交叉询问中提问的权力控制功能，指出提问的权力控制功能强化了法官、律师的话语权力。沃克在《语言操纵、权力与法律环境》一文中指出，在法庭询问中，律师的权力表现在：要求证人必须作答；控制作证进程；选择特定问话形式。康利和欧巴尔的著作《法律、语言与权力》指出在法庭上当事人的话语所采用的视角有关系视角和规则视角，关系视角以社会因素来理解法律，规则视角以规范来解读法律，规则视角与法律更契合，男性、中产阶级、白人当事人分别比女性、非中产阶级和非白人当事人更倾向于规则视角，因此，容易从诉讼中胜出，当事人的司法生活影响话语风格，这种话语风格又决定了司法话语权力的大小。他们指出，因为法律对证人的话语权限制太多，所以，证人话语权相当有限。斯代格尔对法庭各方话语权力的不对称现象进行剖析指出，从权力角度看，表现最沉默的是利益风险最高的当事人，而法律行业的代表(律师、法官)说话量却占极大比重，并且很有分量，但是证人话语权的限制却太多。迈克尔·沃尔什和戴安娜·伊兹对种族、少数民族话语权缺失的研究表明，澳大利亚原住民由于英语能力缺陷，在英语用法上与主流英语存在巨大差异，还有喜欢沉默的特征，导致话语权力处于不利的地位。廖美珍对法庭上男女权力不平等（男人对女人的话语控制）与种族、少数民族话语权的缺失进行了深度关注。① 李祥云的著作《离婚诉讼话语中权力和亲密关系的性别解读》探讨了离婚诉讼中法庭辩论话语权力的模式、特点和由此表现出来的性别歧视现象。

汪习根等的《论中国特色人权司法话语体系》一文认为人权司法话语的指引有利于司法管辖制度、陪审制度、审判权监督制度的改革。廖美珍、吕万英以法庭为特定语境，对司法话语与权力的研究，成就斐然，独树一帜。廖美珍的《法庭问答及其互动研究》（含廖美珍的论文《从问答行为看中国法庭审判现状》）使用言语行为理论专门从互动角度系统研究了法庭问答、互动，指出"法律的权力与其说是在高等法院的判决和立法公告中体现出来的，倒不如说是通过法律应用的细节表现出来的。即是说，是在遍布全国的律师事务所、警察局和法院每天发生的活动中完成的，权力的实现、行使、滥用以及挑战都是在这些活动中完成的"。② 吕万英的《法庭话语权力研究》（含吕万英的论文《法官话语的权力支配》《司法调解话语中的冲突性打断》）运用批评话语和会话分析理论，研究法庭话语中法官、公诉人、律师、原被告和证人之间话语权力不平等的关系，分析了支配方与受支配方之间的权力控制与反控制的言语策略。

研究"司法话语与权力关系"的许多成果表面上研究的是司法话语与权力关系，其实，研究里面很多关于司法话语的"权力"就是"权利"，客观上已经从不同侧面展示了司法话语的本质、特征、构成、主体等。

(三)"司法话语交往"研究

研究司法话语交往的主要情况是：张清的《法官庭审话语的规范化与司法公正》认为，法官作为庭审话语的主体，其规范的庭审话语是保证司法公正的

---

① 参见吕万英：《法庭话语权力研究》，中国社会科学出版社 2011 年版，第 27～32 页。

② 廖美珍：《法庭问答及其互动研究》，法律出版社 2003 年版，第 3～11 页。

前提。王茂庆的《法律解释中的话语主体与主体话语》区分了法律解释中的话语主体、主体话语概念，对我国法律解释中话语主体与主体话语存在的问题进行了剖析，并提出了解决办法。熊德米的《司法话语分析——核定语言、彰显正义》认为，司法话语分析，其一指司法工作人员、律师、涉案当事人等在特定语境下就具体案例作出判决的过程中对静态立法条文语言的具体理解、解释以及具体应用上的动态分析；其二指司法语言鉴定专家借助各种仪器设备对各种声像资料或现场言语信息，结合具体语境所进行的动态司法话语分析。李文等的《司法话语多模态研究的现状与未来》厘清了司法话语多模态功能研究、司法话语多模态互动研究和司法话语多模态批评性研究三类议题，进而归纳出两类研究路径：基于会话分析的研究、基于系统功能语言学的研究。马雁等的《法治话语、法律议论的公众型构过程与背景——以社会诉讼为载体》分析了社会诉讼的各类参与者话语分布的复线动态互构及其博弈效果的非均质性，揭示他们是如何以对话方式走向沟通与共识的内在话语逻辑。萨其荣桂的《法律事件中的民间舆论群体及其话语实践》认为，民间舆论并不直接表现真正的民意，司法在运作过程中，需要认清自身与民意的关系、民间舆论与民意之间的区别。美国法学家萨利·安格尔·梅丽的《诉讼的话语——生活在美国社会底层人的法律意识》指出，在法庭里使用的话语有三种：第一种是法律话语；第二种是道德话语；第三种是治疗性话语。① 美国法学家索兰的《法官语言》对法官在审判过程中的语言特性进行了细致的语言学分析。以上研究成果通过对司法话语具体交往的研究从不同角度折射出司法话语交往的一些因子，如话语主体、话语分析、话语博弈、话语共识。

　　综上所述，从国内外有关司法话语交往的研究现状可以看出：一是研究司法话语交往的系统资料较少。这就给本研究带来一定的困难，许多关于司法话语交往的资料主要只能从大量司法文献中筛选、整理。二是尽管司法话语交往研究的间接成果较多，但也有其不足之处；首先，粗疏而不够系统，没有形成比较规范的理论提升；其次，流于描述性，缺少深层次的规律性总结；再次，

---

　　① ［美］萨利·安格尔·梅丽：《诉讼的话语——生活在美国社会底层人的法律意识》，北京大学出版社 2007 年版，第 152~158 页。

多对说话人的语言限制进行探究，对话语权力的体制原因缺少深究；最后，对律师的话语交往研究较多，公诉人的话语交往和法官话语交往研究较少。三是本书的研究涉及司法话语交往的实现问题，但是，在法律文本中找不到"话语"这个概念，因此，从法政治学视角，探讨如何实现司法话语交往，将是本书的重点和难点。当然，从辩证的角度来看，这些因素又给本书提供了一个较为广阔的研究空间。

三、主要思路和基本结构

本书着眼现实语境，以导论作为了解后面各章论述的指引。界定司法话语概念，进而探讨其学理基础、交往和保障所组成的实现司法话语交往之结构框架。针对司法话语的"法权"特性，参考系统论，借鉴交往行为理论①，将学理自觉作为话语主体资质的前提，以法庭内外司法话语场域的司法话语整体性的行使模式（制度）架构为重心，将话语主体的资质、结构性的制度以及法庭内外话语互动的三维架构作为统合性保障，整体推进权力的开明和权利的增长。具体而言，关于实现司法话语交往的结构框架就是：

首先，司法话语之学理基础：立基于法律逻辑学，论述司法话语的法哲学资源、实体和程序原则、社会制度理论等，主张在司法话语中注入主体间性与交往理性。

其次，司法话语之交往：一方面，探讨了法庭域内主体的话语交往特征、交往修辞和交往机制，划分四个交往层级，揭示内向对话性行使模式理论；另一方面，探讨了法庭域外主体的话语表现形式及交往方式，揭示外向对接性行使模式理论。

再次，司法话语之保障：司法话语主体的资质、结构性的制度以及法庭内外话语互动的三维架构是一种统合性保障。

此外，"结束语"指出，司法话语的行使和实现，必须建立起自由、平等的司法话语场域，要实现政权代表元素、民权代表元素和法律代表元素架构的

---

① ［英］安德鲁·埃德加：《哈贝马斯：关键概念》，杨礼银等译，江苏人民出版社2009年版，第172~178页。

司法话语之和谐交往，就必须对日益分化的司法话语资源进行整合，争取交往行为所需的话语行使模式。

四、研究方法

本书以司法话语的事实性为主线，对司法话语交往和保障进行系统考量。在对司法话语进行法理分析的基础上，借鉴政治学、管理学、社会学、传播学、语言学、制度经济学等学科的话语优长对司法话语进行多方位交叉性研究，追求论证的自洽性和可接受性。从总体上来说，除了一些基本研究方法以外，本书主要采用了语用分析法与话语分析法：

（一）语用分析法（pragmatic analysis）

本书对司法话语的研究是建立在理论积淀和实践引导的基础之上。司法话语本身是现实生活当中必不可少的一种言语互动媒介，这决定了本书必然要大量引述现实法庭情境下的对话材料即现场语料，并在不拘泥于材料本身的前提下从语用向度和语用的视角分析不同语言情境（lingual context）当中司法话语的实际延展走向和意义变动的可能性。其中包含了对法律人、当事人乃至作为法律调整对象的公众的理性反思能力的尊重，包含了跨越语言本身的语言运用对情境建构的价值的参照与重视。不仅观照了文本，更加注意文本以外的时空要素、互动主体、交际话题以及这些要素的关联关系。因此，语用分析方式是本书宏观上的理性化方法，在细节上也贯穿了始终，构成了本书方法体系的灵魂。

（二）话语分析法（discourse analysis）

相对于第一种方法即语用分析法来说，话语分析法的主要体现就在于细节之上，着重于对话本身的语轮转换、对话体现出来的策略性判断、互动话语对听众产生的可能影响（信息量及其关联性、诉诸对象性质的判断标准、听众自身的理性反思能力都需要进行探讨）以及话语本身的明晰度、关联性、融贯性以及主题进展和问题走向等方面的解释与考察。严格来说，话语分析法可算是语用分析法的分支。但基于本书行文过程中对于语料的细化关注，该方法需要单独进行交代。

(三) 其他分析方法

除了基本分析方法，本书还运用了：(1)实证的方法。由于司法话语实践性很强，涉及面广，要求通过收集案例、语料来分析司法话语的现状、问题及症结及其解决途径和保障。本书通过书籍、网络、生活等不同途径收集到一批比较典型的语料、案例，力求增强本书研究的现实性。(2)系统论的方法。本书从学理、交往和保障等层面①，系统研究司法话语的现实依据、行使、保障和实现。

五、创新尝试

本书在以下几个方面进行了创新尝试：

(一) 拓展司法话语的研究领域，提出"司法话语场域"的概念及理论

目前，不少学者研究的司法话语仅仅局限于法庭会话，这是狭义的司法话语。广义的司法话语，既包括法庭场域上的，也包括在审判过程中处于庭外场域的司法话语。本书取广义的司法话语。司法话语有实然与应然之分。本书既研究实然的司法话语，也研究应然的司法话语。

司法话语的诸主体可以分为庭内场域主体与庭外场域主体。司法话语主体除包括法官、公诉人、诉讼当事人、诉讼参加人，还包括中国共产党、人民代表大会、检察院、人大代表、政协委员和普通公民等其他作为社会成员的司法话语主体。从现代法治观念来看，以法庭域内观之，司法话语主体的结构主要分有"二元对峙立体结构""二元协商平面结构"和"多元协商平面结构"三种基本模式。此外，本书还讨论了司法话语主体的程序性功能需求。

对司法话语的权能不平等性、机构象征性、资源相关性、思想操纵性和相对互动性等基本特征，对司法话语的权利救济、权力制约、纠纷解决和法规维持等基本功能进行了归纳分析。

---

① 参见林骧华等：《新学科新方法手册》，上海文艺出版社 1987 年版，第 56~59 页。

在此基础上，提出了"司法话语场域"概念，认为司法话语场域是司法话语汇集而形成的延展于法庭内外的话语交往平台，司法话语场域是一个"理想的话语情境"。

(二)着眼现实语境，初步探讨了关于实现司法话语的结构框架

针对司法话语的"法权"特性，借助系统理论，吸取交往行为理论①，将学理自觉作为话语主体资质的前提，以法庭内外司法话语场域的司法话语整体性的行使模式(制度)架构为重心，将话语主体的资质、结构性的制度以及法庭内外话语互动的三维架构作为统合性保障，整体推进权力的开明和权利的增长。

(三)提出了"内向对话性行使模式"和"外向对接性行使模式"

对策性地提出"内向对话性行使模式"，控、辩、裁对话商议，以解决法庭域内的话语交往问题，"交叉询问"是该模式的话语交往重要推力，提出"外向对接性行使模式"，以形成司法对话的政权代表元素、民权代表元素和法律代表元素的三位一体，从实证角度论述了该模式的现实过渡形态②，配之以学理依据、三维保障，为法庭场域内外的话语交往达致融贯，形成可操作可实践的司法话语场域。

---

① 参见[英]安德鲁·埃德加：《哈贝马斯：关键概念》，杨礼银等译，江苏人民出版社 2009 年版，第 172~178 页。

② 参见朱前星：《试论中国特色的社会主义司法话语理论》，载《科学社会主义》2012年第 4 期。

第一章　司法话语概述

本书是以"司法话语"为研究对象的，在这里，我们把研究的重点放置于党的十一届三中全会直到新时代的话语时空场域。在此语境基础上，逐次开展"司法话语"概念的剖析和界定。

第一节　司法话语界定

司法话语与话语、话语权等概念密切相关，对司法话语进行科学界定，就应该以这些概念为基础。因此，在界定司法话语之前，对话语、话语权等概念进行系统梳理和辨别是很有必要的。那么，什么是话语、话语权呢？

一、何谓司法话语

（一）话语

《简明大英百科全书》指出，"话语"一词源于拉丁语"discursus"，由拉丁语的前缀"dis-"（离开、穿越）加词根"course"（路线、行走）构成，在西方各种文字的词典里都解作"演绎、推理、叙说"。根据《辞海》《现代汉语大词典》《现代汉语词典》对"话语"的界定，词源学汉语中的"话语"一般都作如下理解：一方面，就其结构而言，话语是相对完整的单位语段；另一方面，就其功能而言，话语是使用中的语言。[1]

话语是语言应用功能的体现，话语本身源于实践，它在实践中生成又在实

---

[1]　参见吕万英：《法庭话语权力研究》，中国社会科学出版社 2011 年版，第 44 页。

践中进行，正如福柯所言："话语是一种更为宏大的历史进程中的语言实践。"①话语实践是话语的本质体现，这种话语实践是在一定语境、语言规则下运行的。作为一种具有指向的言语行为，话语广泛存在和运用于人类交往实践的各个场域。话语对于反映与建构社会关系、对于确立人的主体性地位都具有重要作用。不同的场域需要不同的话语来描述，体现出话语的适应性和复杂性，这种适应性集中于话语内在的规律性和内在的话语表达机制。话语正是在不同语境、不同场域中建构这种表达，使主体的思想、诉求能够得到彰显。结合现实的"话语"实践，按照一定的逻辑递进关系，"话语"可以作如下理解：首先，指说的话；其次，指会话过程及其关系；再次，指表达诉求的行为。

(二) 话语权

话语在表达中充满着某种力量，就是话语力。话语权主要是一种话语力的显现。话语力是在一定场合下能够得到显现，并得到话语表达对象 (听者) 的尊重、认可和接受的，形成一种良性的对象化活动的权力。这里有必要纠正以下两个误区：一方面，不能把发言权混同于话语权。话语权不等于说话权。说话权是发言权，就是说话的机会。不能用发言权替代或者遮蔽话语权。给予他者说话的权能，这就是说话权。获得说话的机会，也是实现话语权的一个关键性环节。另一方面，不能把说话等同于话语权。不是任何人讲话都能形成话语权，不是只要能够发声发话就会拥有话语权。胡言乱语、漫无目的的发言，显而易见，是不能形成话语权的。自说自话，即使尽善尽美，也同样不能形成话语权。这并不能达成共识，至多只能算是相互交换意见，也够不上话语权。

也就是说，只有言说主体通过展现话语力量，通过以言行事达到以言取效，得到话语对象的认可、接受，即为话语权。唯有话语主体的话语被言说对象所接受，才能谈得上话语权的实现。否则，就谈不上话语权。为了进一步说明，请看下面刑事公诉案的庭审对话：

---

① [法] 米歇尔·福柯：《知识考古学》，谢强等译，生活·读书·新知三联书店 2003年版，第 167 页。

例（1）

因交通拥挤，驾驶出租车的赵某喝令行人钱某让道，发生争执，互相推搡，赵某致钱某后脑着地，造成钱某颅脑严重损伤而死亡。检察院提起公诉。法官居中引导审判过程，控辩双方各抒己见，都在力图说服法官。

公诉人：因道路堵塞，被告人赵某要求行人钱某让道，后下车与被害人相互推搡，被告人手推脚绊，致被害人摔倒，造成其枕部着地，颅脑严重损伤，当场死亡……

审判人：好。被告人，发表你的辩论意见。

辩护人：因钱某阻挡车道，赵某请求钱某让道，钱某破口大骂，动手往车窗内打人，并踢打出租车车头及后视镜，被告人为防止钱某继续破坏出租车，从出租车上下来，与钱某理论。钱某继续对被告人拳打脚踢。被告人出于防卫，用手挡了一下，钱某就倒地。受害人原来就有心脏病。赵某马上将钱某抬上出租车，送往医院。以上可见赵某不具备伤害钱某的故意，且未对钱某实施伤害行为，不应承担刑事责任。

审判人：公诉人还有什么意见吗？

公诉人：证据显示被告人属于主动下车，然后先动手打人，用一系列激烈的肢体动作致被害人当场倒地死亡。被告人的行为是在先的主动的，是具有明显故意的攻击行为……

以上对话显示，在这里法庭是特定的话语场域。在这个场域里面，法官话语与国家司法权相结合，居中裁判，主导法庭话语交往过程，拥有强大的话语操控力。在尊重法官话语权的前提下，公诉人、辩护人向法官行使证明话语、辩论话语，展示司法话语力。双方都在说服法官，求得话语权的实现。

综上所述，所谓话语权，就是主体在一定场域内表达一定思想、观念、意愿，具有澄清事实问题和价值问题、强化主体意志和诉求，能够得到言说对象的认可、接受、尊重所形成的话语力。

（三）司法话语

本书将"司法"界定为审判，"司法机关"即法院，"司法权"即审判权。司法权是法院（法官）审理案件行使的审判权。中立性、被动性、终局性是司法权的特征。据此，检察院的侦查、批捕、起诉、监督等活动和公安机关的刑事侦查等活动皆非司法权。除此之外，还有法院执行机构的执行以及法院内部的政工后勤、法制宣传也不属于司法权领域的。① 至此，我们可以推知，所谓司法话语，就是司法话语主体依托一定的资格对法院审判过程的言说行为，也就是司法话语主体对法院审理、判决案件过程表达其利益、主张与要求。这个审判过程，是指法院在其立案之后从介入到退出一个法律案件的审理、判决过程。在这里，司法话语显然是互动而非独白的。司法话语分为狭义、广义的。研究者们一般视法庭语境会话为狭义的司法话语。本研究的司法话语采取广义范畴，既包括法庭场域的司法话语，又包括庭外场域的司法话语。相应地，本研究的司法话语也是法庭内外场域的司法话语。

耶林说："（法）不单是国家权力的，而是所有国民的努力。"②哈贝马斯也指出，立法机关通过汇集民众的交往权利创制了法律，这种法律同时又体现为交往权力。民主法治国的所有权力包括行政权力无不来自交往权力。③ 司法离不开当事人双方的意志以及由此彰显的社会契约，并且需要从市民社会层面上升到政治国家层面，才能获得国家主权的权威地位。④ 因此，"司法话语"可以依托"权力"，也可以立基于"权利"。

由上可知，司法话语体现为权利与权力是对立统一的。法权理论认为，法的最基本现象是权利与权力，而非权利与义务；法权是权利与权力的对立统一体，属于特定场域的一切"权"；权力来源于并统一于权利，特别是劳动者权利。⑤ 显而易见，司法话语类似于"法权"概念，也可以理解为权力与权利的集

① 参见张卫平：《司法改革：分析与展开》，法律出版社2003年版，第97页。

② ［德］鲁道夫·冯·耶林：《为权利而斗争》，胡宝海译，中国法制出版社2004年版，第2页。

③ 参见艾四林等：《论哈贝马斯的商谈伦理学》，载《兰州大学学报（社会科学版）》1996年第1期。

④ 参见李佃来：《公共领域与生活世界——哈贝马斯市民社会理论研究》，人民出版社2006年版，第90页。

⑤ 参见童之伟：《公民权利国家权力对立统一关系论纲》，载《中国法学》1995年第6期。

合体。这就决定了我们只有处理好国家司法话语权力与公民司法话语权利的关系，制约权力，保障权利，秉持司法商谈，才能实现司法话语交往。因此，限制权力，均衡权利与权力，是司法话语的正当性前提。如图 1-1 所示：

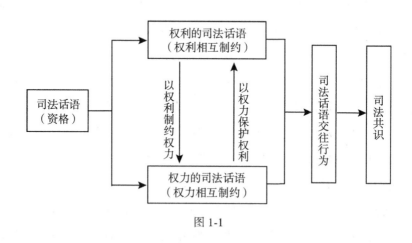

图 1-1

二、司法话语主体

(一) 司法话语主体的类别

主体，包括个人与超个人的集体。① 司法话语主体包括法院审判过程中的被救济者和其他所有关注特定司法过程的主体，司法主体是司法话语主体的一种。传统的诉讼主体论认为，诉讼主体包括法院、诉讼参加人和诉讼参与人。我们采用传统的诉讼主体论，认为诉讼主体包括诉讼过程中所有的参与者。② 司法话语包括诉讼主体的司法话语和其他所有关注其司法过程的主体的司法话语。

据此，所谓司法话语主体，就是享有司法话语的个人或集体。在司法过程中，法庭内外的司法话语主体都可以通过司法话语交往关注审判过程，对案件

① 参见［苏联］M. A. 帕尔纽克：《作为哲学问题的主体和客体》，刘继岳译，中国人民大学出版社 1988 年版，第 73 页。
② 参见刘后务：《诉讼主体新议》，载《广西社会科学》2003 年第 4 期。

审理施加一定影响。不同主体的司法话语能对比存在差异，也导致了司法程序运作出现不同程度的变动性。对司法话语主体进行必要的剖分，有助于透视影响司法过程的不同话语力量，以实现司法话语的真实表达。具体来说，司法话语主体除包括法官、公诉人、诉讼当事人、诉讼参加人外，还包括中国共产党、人民代表大会、检察院、人大代表、政协委员和普通公民等其他作为社会成员的司法话语主体①。

1. 法官

我国《宪法》《人民法院组织法》和《刑事诉讼法》都作出了人民法院依法独立行使审批权的规定，而《法官法》则在规定人民法院依法独立审判的同时，更明确地规定了法官是依法行使国家审判权的审判人员。根据体系解释的方式，具体的司法裁判权总是落在了法官身上，虽然不排除其可能会以一定的法官集体形式来行使。② 因此，法官是指拥有娴熟司法话语技艺、具有强烈民族精神和丰富知识的司法机构中的审判人员，是法律争议双方当事人之外的独立地主导审判过程进行、对原告(被害人)实施救济的一方主体。在诉讼过程中，法官是公权力的享有者，是诉讼程序的主导者，是相关法律的适用者，是国家司法权的行使者。尽管在不同法系中法官的司法话语角色各有不同，但都被要求不偏不倚、大公无私地判案。③

2. 公诉人

公诉是指不用当事人来直接提起诉讼，而是由国家司法机关对犯罪嫌疑人的犯罪行为向人民法院提起诉讼，在中国则由人民检察院的检察官来担任公诉人。也就是说，在人民检察院担任公诉工作的人就是公诉人。在刑事诉讼过程中，检察官以追诉犯罪为主要任务，但在追诉犯罪程序中，公诉人不仅代表被害人的利益，还代表国家利益，不是单纯的一方当事人。刑事诉讼中非常严格的排除合理怀疑证明标准，赋予了公诉人更多的话语责任，公诉人既要追诉犯

---

① 参见韩志红：《经济法权利论纲——以社会成员权利的维度》，载《法学杂志》2010年第 2 期。

② 参见宋冰：《走向法治——法治话语下的程序正义论》，中国时代经济出版社 2010年版，第 15 页。

③ 参见廖美珍：《法庭问答及其互动研究》，法律出版社 2003 年版，第 49 页。

罪，更要确保追诉犯罪之程序合法和结果正确。因此，公诉人乃是在"审判独立"的原则下唯一可以通过在诉讼上行使参与权直接监督法院审判者的人员。①

3. 当事人

当事人是指引发法律争议，并在审判过程中相互平等却又处于对峙状态的双方主体。在司法实践过程中，双方当事人之间的司法话语权能关系并不完全对等。诉讼制度的设计有时会将更多的话语权能赋予公权力主体一方。

4. 参加人

参加人是指除了法官、公诉人和当事人之外的，直接参与诉讼机制运行过程，并对司法裁决有直接影响的一方主体，包括诉讼第三人、法定代理人、诉讼代理人、辩护人、证人、鉴定人员、翻译人员等。他们提供的证据对法官的影响程度大小不同。

因为律师经常以辩护人、诉讼代理人的身份出庭，所以，律师的司法话语显得重要而特殊。律师是专业性极强的职业，其最主要的任务就是为社会各方面提供切实可行的法律专业服务。② 律师作为法律职业人员，其基本目的就是实现成功的代理或辩护。律师特别是辩护律师的司法话语问题将是我们讨论的重点之一。

5. 社会成员

除了法官、公诉人、当事人、参加人等司法话语主体，还存在着其他对司法审判的内容和结果产生直接话语交往行为影响的个人或者集体。法律研究者们把这些司法话语主体统称为社会成员。③ 首先需要说明的是，只有进入了司法话语系统机制运行过程的司法话语主体才能进入作为司法话语的社会成员主体之研究视野。

在民事诉讼中，特别强调法院的独立性，除了法官、公诉人、当事人、参加人等司法话语主体，一般不需要司法话语社会成员主体的存在。

---

① 参见林丽莹：《检察一体与检察官独立性之分际》，载《月旦法学杂志》2005 年 9 月号。

② 参见司莉：《律师职业属性论》，中国政法大学出版社 2006 年版，第 7 页。

③ 参见韩志红：《经济法权利论纲——以社会成员权利的维度》，载《法学杂志》2010 年第 2 期。

(二)司法话语主体的结构

司法话语主体的结构是指不同主体之间相互联系、相互作用的方式。基于法庭域内，在刑事诉讼法中，一般认为刑事诉讼结构的历史发展中主要出现的模式有弹劾式模式、纠问式模式、职权式诉讼模式、对抗式诉讼模式、混合式模式。① 在民事诉讼法学中，一般也认为其结构有职权主义和当事人主义两种模式，但更多的学者偏向于认为民事诉讼的结构应当是当事人主义模式，其中的双方处于对抗主义的原则支配之下②；也有少数学者认为民事诉讼的构造是诉权与审判权的合理配置与制衡。③ 在行政诉讼法学中，对诉讼主体结构的研究也非常少，普遍认同行政诉讼是一种当事人之间对峙的三角结构。④

(三)司法话语主体的需求

所谓诉讼过程，就是诉讼主体相互博弈、实现自身权能、满足利益诉求的过程。总体而言，在诉讼过程中，司法话语主体的需求体现在：其一，追求"两种过去"的转化。诉讼过程追求"事实的过去"向"法律的过去"转化。这意味着诉讼过程既是前者向后者转化的过程，也是"事实的过去"与"程序的过去"共存的过程。这就使得诉讼过程的参与者所争取的结果充满了变数，面临着机遇与风险。⑤ 司法话语主体正是围绕这两个"过去"的布局展开话语博弈的。其二，追求"两种利益"的联结。诉讼过程追求"公共利益"与"个人利益"⑥的联结，而实现联结的媒介是相互竞争妥协的"场域"。⑦ 在此"场域"的

---

① 参见马贵翔：《刑事诉讼结构的效率改造》，中国人民公安大学出版社2004年版，第25~30页。

② 参见张卫平：《诉讼构架与程式——民事诉讼的法理分析》，清华大学出版社2000年版，第8~22页。

③ 参见王福华：《民事诉讼基本结构》，中国检察出版社2002年版，第7~62页。

④ 参见王学辉：《行政诉讼制度比较研究》，中国检察出版社2004年版，第143~148页。

⑤ 参见季卫东：《法治秩序的建构》，中国政法大学出版社1999年版，第24页。

⑥ 参见韩春晖：《认真对待私益——全面认识公法的利益基础》，载《公法研究》2007年第5卷。

⑦ 参见邓玮等：《布迪厄——用场域理论研究法律》，载《学术探讨》2005年第5期。

司法话语博弈过程中，无论是权力主体，还是权利主体，都在实施话语博弈，追求"共赢"。其三，追求"两种功能"的满足。诉讼过程为司法话语主体追求"权利保护功能"与"法规维持功能"两者的平衡兼顾提供了话语平台。

三、司法话语特征

我们界定了何谓司法话语、谁的司法话语，现在，我们来进一步讨论司法话语的特征。司法话语的特征在于：权能不平等性、机构象征性、资源相关性、思想操纵性和相对互动性。

（一）权能不平等性

在运用话语进行司法话语交往过程中，由于所处的社会地位不同，主体之间支配话语的权能是不均等的，即司法话语的实然不平等关系。司法话语权能的不平等首先表现为不同主体对话语的控制力量不同。如果把一个人所能谈论的话语类型、话题以及讲话的方式等看做话语资源，那么，这种话语资源在社会不同群体中的分配是不均匀的，权力阶层和强势群体对话语资源的占有量要远远超过处于社会底层的人们。在司法领域进行庭审等活动中，对于谁扮演什么角色、讲什么话，都有严格的规定和限制。司法话语资源上的这些限制使得一部分人比其他人有更大的权能。这本身就强化了公众对话语资源使用者地位和权力的承认，而那些被排斥使用这些司法话语资源的人则得不到社会的承认，在司法话语交往过程中处于劣势。

司法话语权能的不平等也表现为不同主体话语选择的自由度不同。在司法话语交往过程中，权能较高的主体，如法官、公诉人，其话语选择自由度就相对较大，而权能较低的主体，如律师、证人、被告人，其话语选择的自由度就相对较小或者很小。任何一个话语交往参与者话语权大小的关键在于其支配话语的能力。话语主体的地位包括谁能对谁说话，说多长时间，在什么场合说，说什么话题。拥有司法话语权能高者决定司法话语交往的过程和话题。哈里斯指出："话语控制与参与者权力相一致，地位高、权力大的参与者通过话语角色对比自己低的话语参与人实施话语控制。而这种话语控制又强化其在更大的社会结构中的权力地位。"①

司法话语权能的不平等还表现为不同司法主体话语的分量不同。由于司法话语交往参与者的社会身份、地位不同，对话语的控制程度也不同，故其所言之语的"分量"也不尽相同。

(二) 机构象征性

司法话语就是机构权。布迪厄认为："话语权来自于语言外部……语言又代表、展示和象征这种话语权。"②

所谓机构事实，即伴随机构而产生的社会事实，如，教师教书或法官司法。正是因为司法话语具有机构性事实，司法话语又可以视为象征性权能。象征性权能是指存在于日常社会生活中的权能形式，是一种通过话语就能构成既定现状的权能。哈贝马斯认为：系统的非规范因素是制约条件，③ 我们所处的……社会系统在这里表现为一个具有话语符号结构的生活世界。④

(三) 资源相关性

孤立的司法话语是不存在的，因为个体拥有的司法话语资源与其拥有的其他资源是相关联的。个体拥有的话语资源越多，他越会利用这种话语在话语市场中获取相比其他话语主体的较高利益。对于特定的司法话语主体而言，司法话语资源的分布往往是不均衡的，原因在于司法话语资源都是受到严格控制的，或者说，司法话语资源是相对稀缺的资源。从奥斯汀的言语行为理论看，说话就是做事，但以言行事的前提条件是以言者的社会地位身份地位为适切条件的。更进一步说，言语行为必须满足恰当的条件还包括外部社会环境，即言语行为发生的环境，这与机构的存在有着密切的关系。这里的机构是指一种相

---

① Harris, Sandras. Questions as A Mode of Control in Magistrates' Courts. International Journal of Sociology of Language, 1984, p. 7.

② Bourdieu, P. Language and Symbolic Power. London：Polity Press, 1991, p. 109.

③ 参见［德］尤尔根·哈贝马斯：《合法性危机》，陈学明译，台湾时报文化出版公司1994年版，第7页。

④ 参见［德］尤尔根·哈贝马斯：《合法性危机》，陈学明译，台湾时报文化出版公司1994年版，第6页。

对稳定的社会关系。这种社会关系赋予主体以权能、地位和资源。正是这种机构，使司法话语主体的话语通过一定程序手段完成言语行为的言外之果，并达到言后之效。这种观点是理解司法话语与权力关系的重要支撑性进路。

(四)思想操纵性

司法话语具有操纵他人思想或意志的特性。克雷斯和霍奇(Hodge)认为话语不仅是交往的工具，而且是控制的工具；范·戴克也持类似的观点，他指出话语权意味着"控制"，"一个群体(的成员)对另外一些群体(的成员)的控制。一个权力群体不仅会限制其他群体的行为自由，也会影响他们的思想"。① 具体地说，这种控制与双方成员之间的行动有关，即如果一方能使另一方按照自己的意志行动，那么，前者对后者就属于实施某种程度的控制。同样，司法话语也可以表现为外在的力量，如法官、检察官的力量，律师相对于当事人的力量。但社会中的话语权大多数情况下不是外在的胁迫力量，而是心理上的力量，即从心理上控制人们的行动或意图。如权能大的一方可以通过命令或指示性言语行为告诉权能弱的一方按照自己的意愿行动。因之，影响人们思维的主要方式之一是话语交往。②

与控制人们的行为相比，更有效的权能来自对人们认知的影响，实施这种权能有各种渠道，包括说服或操纵来使他人的思想向有利于自己的利益的方向改变，而左右他人思想的功能主要是由语篇和话语来完成的。因此，话语是话语权得以实施的手段。话语交往过程使我们成为操纵者或被操纵者，我们都在试图说服对方以我们的方式去观察去实践。只有我们把对方说服了，才算是实现了话语权。③

司法话语是通过话语来对主体实施控制的。话语权与话语的关系分为语篇中的话语权和语篇后的话语权，语篇是话语权得以行使的场所。由于司法话语的实然形态总是参与维持不平等的司法话语关系并通过话语去表达，所以，必

---

① 转引自辛斌：《福柯的权力论与批评性话语分析》，载《外语学刊》2006年第2期。

② 参见辛斌：《福柯的权力论与批评性话语分析》，载《外语学刊》2006年第2期。

③ 参见 Lakoff, R. Talking Power：The Politics of Language in Our Lives. Basic Books, USA，1990，p. 17.

须在司法话语中寻找司法话语得以维护的途径，得以实现平等司法协商的途径。这一点无论是从日常话语还是从大众语篇和机构话语看也都是十分清楚的。

从大众语篇来看，法庭记录往往通过话语形式的运用来影响甚至操纵话语主体的思想意识，以维护自身司法利益和现存话语权能。报纸的新闻文本既作用于公众对司法交往的社会认知，更塑造他们的认知结构。为了服从于国家利益和党派利益或行业团体利益，新闻报道往往对司法交往行为进行倾向性报道，从而将特定社会群体的司法话语权能隐藏其中。

从机构话语来看，由实然的司法话语到应然的司法话语还有很长的距离。在司法实践中，司法话语中的权能关系通常表现为权能较大的一方对权能较小一方的言语行为的限制。为了实现司法话语控制，话语权能大的一方往往通过控制最有效的话语特征来影响他人。这种控制的表现形式多样，包括对从话语结构、话题管理和参与权等方面限制他人的司法话语。司法话语权能大的一方还可通过语境控制、话语裸权力及控制性话语行为和走向达到目的。

(五) 相对互动性

司法话语只有在处于一定司法结构中的话语主体存有基本的利益关系时才能存在。话语主体的存在又是以其他话语主体的存在作为条件的。司法话语的存在需要有不同的话语主体。司法话语权能高的主体是相较于司法话语权能低的主体而存在的，并且，需要权能低的主体的尊敬，其司法话语权威才得以存在、实现。这也就是司法话语的相对性或相互依赖性。司法话语的行使过程，是司法话语主体之间的互动影响过程；话语"受动"主体并非只是被动的"受体"，会对"启动"主体作出主动的反应。① 这其实是司法话语运作的交叉性体现，司法话语的互动性正是话语主体实施性与反馈性的结合。

---

① 参见张向东：《理性生活方式的重建：哈贝马斯政治哲学研究》，中国社会科学出版社 2007 年版，第 115 页。

第二节　司法话语场域

哈贝马斯认为，在自由法治语境下，话语主体为交往而存在，传统的中心性单主体已不合时宜，这就必须面对交往共存的主体性，即话语场域的问题。① 话语场域是交往性或共生性主体的话语博弈场域。司法话语主体进行话语交往需要借助一定的平台。这种平台就是司法话语汇集的场所。在司法过程中，众多话语进入关注性的领域，汇聚成一个话语博弈场，形成一个话语交往场所，即司法话语场域。那么，何谓司法话语场域呢？

一、何谓司法话语场域

（一）沟通交往与话语

1. 沟通交往带来共赢

话语可以作为媒介来传递文化价值和取得共识，哈贝马斯认为，这只不过是进一步再现了相互理解的行为。② 也就是说，交往行为中以话语作为媒介而取得共识的活动，是以相互理解为目的的交往行为的再现。在个体之间、群体之间、个体与群体之间，通过有目的的话语沟通交往可以取长补短，共同进步，促进问题的解决，以达到更好的状态。人与人之间沟通的原始状态有两种基本模式：一是霍布斯的"一切人反对一切人"的自然状态；一是洛克的体现"人人平等"的自由状态。

霍布斯在其名著《利维坦》中指出，在"一切人反对一切人"的自然状态下，没有法律来管理人们的行为，人们经常处于相敌对的战争状态之中，谁也无法获得安全的生活，因此，唯一的办法是订立契约，让每个人都无条件放弃自然权利，而把他们隶属于一个拥有强大力量的主权者——利维坦。由此看来，霍

---

① 参见［德］尤尔根·哈贝马斯：《交往行为理论》（第1卷），曹卫东译，上海人民出版社2004年版，第364页。

② 参见［德］尤尔根·哈贝马斯：《交往行为理论》（第1卷），曹卫东译，上海人民出版社2004年版，第354页。

布斯揭示了人们沟通的一个重要原则，即沟通是为实现或保护自己的利益，但是，他将人与人之间的这种敌对状态的解决归结为一个强大的利维坦的建立，带有浓烈的理想主义色彩。在当时国家还没有出现的情况下，真正拥有无上权力的主权者是不存在的。事实上，人们解决冲突与战争的方式有多种，并非一定要求助于一个外在虚幻的利维坦，其中人与人之间进行良好的沟通与交往也是解决人们之间争端的一种更有效率的方式。

洛克则在其名著《政府论》里面将人与人之间沟通的原始状态描写为"人人平等"的自由状态。人们依照自然法，自由决定自己的人身、财产和行动。但是，自然状态仍然存在明显缺陷：一是缺少良好的法律；二是缺少有权依法裁判纠纷的知名公正者；三是往往缺少使判决得到正当执行的权力。因此，出于安全理性的取向，大家协商契约，自愿让渡一部分自然权利，交由知名公正的裁判者行使。和霍布斯一样，为了解决自然状态的不足，洛克也求助于一个强大的权威。但是，洛克将自然状态描写成一个自由、平等的状态，却是一个进步，正是在这种自由状态下，人们才能够实现自由的沟通和交往，解决日常生活中的矛盾，实现人们自由的利益，求助于知名而公正的裁判者只是一个迫不得已的选择。

不管是霍布斯的"一切人反对一切人"的自然状态，还是洛克的"人人平等"的自由状态，他们都是一种社会状态，是由人这种社会动物组成的。在这种社会状态下，人们的利益是千差万别的，任何一个强有力的权威都不可能为人们制定一切实现其利益的所有方式和途径，人们之间的利益只有在自愿的基础上进行交流、沟通与协商，才能获得更好的实现。因此，人与人之间的自由沟通交往才是实现人们利益的一种为有效的方式，也就是说，由于沟通交往的互惠性，人们能够从沟通交往中获得比以前更好的状态，而这种沟通、交往是一种重要的话语表达。

沟通交往的封闭会造成不必要的社会悲剧。美国法学学者奥斯特罗姆的《公共事物的治理之道》一书指出，当许多人共同享用一种资源又缺乏良好沟通、交往的情况下，资源终将耗尽，导致共输的悲剧结果。该书举了一个例子，在一个对所有人开放的牧场里，由于缺乏良好的沟通、交往，每个放牧人出于自利动机，无节制地增加自己的牲畜，结果牧场资源消耗殆尽。这就是著名的公共地悲剧理论，正好从反面证明了沟通交往的极端重要性。沟通交往的意义不仅能够解决社会诸多的矛盾和冲突，还能更有效地改变双方的状态，实现共赢的结果。博弈论有一个"囚徒困境"的经典例子，假设两个囚徒事先进行了充分沟通、协商与对话，两人就会达成协议，从而就都会共同选择较优方案，达到少判几年徒刑的目的。因此，充分沟通交往能够使双方的状态变得更好，即使处在不利的状态下，也能实现共赢。

奥尔森在《集体行动的逻辑》一书当中也指出，在缺乏强制或激励措施的情况下，组织成员"不会采取行动以增进他们的共同目标或集团目标"，其中沟通交往就属于强制或激励手段之一。哈贝马斯说："交往行为是存在于现有关系中的，交往行为的各方面是由交往活动参与者的生活世界的各部分表现出来的。"[1]在现实社会，一方面是广播、电视、网络等构成了一个庞大的沟通网络，使得世界的任何一个角落几乎可以在瞬间彼此相联，为世界的诸多公共问题，如突发事件、案件审理等提供新的解决手段；另一个方面，沟通恶化问题已经成了进一步相互了解的一个严重障碍，法院与其他国家机关、法院与民众之间、法官与当事人之间等都不同程度地存在着沟通障碍，"沟通在恶化，阻止沟通恶化的努力反而使情况变得更糟"[2]。要清除沟通的障碍，促进话语交往，就需要新思维。"（交往行为就是）使参与者能毫无保留地在交往后的共识的基础上，使个人行为计划合作化。"[3]因此，所谓新思维，就是在话语主体间建设话语交往的新渠道，通过相互表达、相互倾听、相互提高，实现共赢。

2. 沟通交往需要话语

沟通交往带来共赢，语言起了重要作用。人与动物的根本区别在于可以使用语言进行沟通交往。由于20世纪末发生了"语言转向"，语言被视为"中心的角色"，"赋予语言更加核心的地位"，与此同时，"话语实践是以语言形式

---

[1]　[德]尤尔根·哈贝马斯：《交往行为理论》（第1卷），曹卫东译，上海人民出版社2004年版，第455页。

[2]　[英]戴维·伯姆：《论对话》，李尼科译，教育科学出版社2004年版，第2页。

[3]　[德]尤尔根·哈贝马斯：《交往行为理论》（第1卷），曹卫东译，上海人民出版社2004年版，第386~387页。

得到体现的",① 因此,研究话语交往就必须研究语言所起到的重要作用。

学界对语言在话语交往中所起到的重要作用有诸多精辟论述,美国学者法默尔在《公共行政的语言》一书中认为,语言不仅是交流的工具,也构建了人类。哈贝马斯高度关注语言的交往功能,其交往行为理论立基于普通语用学。有别于现代语言学始祖索绪尔,还有弗莱格、达米特等的语言学研究,哈贝马斯普通语用学不是停留于语义学、句法学等领域的纯粹语言学研究,而是侧重于语言的实践运用,聚焦于人与语言的关系,是属于语用学领域的研究。哈贝马斯的交往行为理论吸取了维特根斯坦后期哲学、奥斯丁等的言语行为理论,借鉴了莫里斯、阿伦特等实用主义哲学思想。在语言分析层次上,哈贝马斯认为交往行为就是以言行事的言说行为,这类似于阿伦特提出的"统治是言辞与说服"的观点。"只因为他能说话,所以进一步他知道意义的同一性是什么。他能将行为的模式与标准当成是相似的,或者,如果足够相似的话,当成是相同的,因为他自己能支持一个同一的观点,那就是说,他能跟随一个交往主体性有效的规则。"②因此,以人类语言作为中介的交往与以动物性表情为中介的动物活动相比较,前者体现了人类交往的本质特征,这就是,语言为中介的交往活动是合乎内蕴于话语内的规则性的交往,或体现了规则内涵的交往。哈贝马斯的交往行为是要求至少两个言说者之间的协商、交流,言说者与言说者通过语言中介建构相互关系。

在自由法治语境下,个体主体是共存的交往主体,需要交往的主体性共存场域,即话语场。哈贝马斯正是在"场"的理论背景意义下使用交往主体的概念,"场"的概念确实更清楚地表明了主体发生的缘在性和主体存在的本体性。③ 所以,它所意指的就不仅仅是两个人,而是一种主体的交往性存在。当然,司法话语的交往主体性共存既不是绝对的自由,也不是权力压制,而是以相互尊重作为前提的。

---

① [英]诺曼·费尔克拉夫:《话语与社会变迁》,殷晓蓉译,华夏出版社 2003 年版,第 1~6 页。

② [匈]卢卡奇:《历史和阶级意识》,杜章智等译,重庆出版社 1989 年版,第 113 页。

③ 参见[德]尤尔根·哈贝马斯:《交往行为理论》(第 1 卷),曹卫东译,上海人民出版社 2004 年版,第 364 页。

当然，哈贝马斯交往行为理论认为语言属于交往的唯一中介，这是片面的。虽然语言是话语交往的最重要中介，但是，还有非语言的行为方式，如投票、起诉、上诉等，此外，还包括非语言的表达方式，如手势、暗语等。因此，交往的中介并不局限于语言。

在司法实践中，法院与其他国家机关、法院与民众之间、法官与当事人之间等都不同程度地存在着沟通障碍。而解决沟通障碍问题，就需要树立新思维。这种新思维就是要建构话语主体的话语交往新渠道。因为诉讼是多方话语的交叉交往，也是法官居中主导下诉讼双方的沟通交往。"作为逻辑语言的司法"是话语的沟通均衡过程，离不开话语的"承载和展示"。①

(二) 司法话语的正当性

在司法话语场域，话语交往离不开话语。那么，司法话语需要何种语境呢？这就关涉到司法话语的正当性问题。

哈贝马斯指出，话语正当性的实现必须同时满足以下条件：话语内容可以被理解领会且真实；话语表达具有真诚性；言语交往遵循的规范性关联域是合法的。② 美国的阿伦特、福克斯和米勒对话语的正当性要求都有表述：除了话语在必须具有争辩、论证、反驳性之外，还必须具备真诚、切合情境、自主参与、实质贡献等要求。真诚，要求话语真实、诚信；切合情境，要求话语符合语境和受众；自主参与，要求话语是自由的主动的；实质贡献，要求话语出自人格健康的话语主体之口。③

司法话语的正当性条件可以体现为以下三个条件：第一，初始条件。具体包括：其一，话语主体具有表达意愿。只有话语主体具有表达意愿，话语交往才会有意义。比如，自身权利受到侵害却选择隐忍，放弃合法诉求，使得话语

---

① 汪习根：《司法权论——当代中国司法权运行的目标模式、方法与技巧》，武汉大学出版社 2006 年版，第 10 页。

② 参见[德]尤尔根·哈贝马斯：《交往与社会进化》，张博树译，重庆出版社 1989 年版，第 13 页。

③ 参见[美]查尔斯·J. 福克斯等：《后现代公共行政——话语指向》，楚艳红等译，中国人民大学出版社 2002 年版，第 12 页。

表达失去意义。其二，话语准入免费。如果话语准入费用太过于昂贵，就只有精英才能参与，最终导致独白性言说。其三，话语主体自由、平等。司法话语主体只有至少保证思想的自由，才会有话语的自由。司法话语主体不平等，其话语表达必然受到限制。其四，话语表达没有经济、时间、政治等外在压力。话语表达都会不同程度受到限制，但是，话语表达者应该没有经济、时间、政治等外在压力，以免因此被迫放弃话语诉求。其五，话语表达有公正的规则。公正的规则能够造成司法话语表达的良性交往，优胜劣汰。例如，曾被网民誉为"正义之士"的张某，后因发表不实言论，被告上法庭，不得不吞下败诉的苦果，彰显了话语规则的公正性。

第二，程序条件。具体包括：其一，话语内容正当。司法话语内容符合法律要求，否则，就会丧失正当性，得不到法律保护。其二，话语交往正当。司法话语交往的正当性要求必须有海纳百川的胸怀，对不同意见特别是弱势话语应持包容态度，保证话语立基于广泛的代表性。其三，话语主体正当。这就要求司法话语交往必须保证话语主体免受诱惑、胁迫等影响，以造就和保障司法话语主体的正当性。①

第三，效果条件。司法话语是对利益的诉求，需要接受方的关注、回应，才能有真实的效果。因之，独白言语、自言自语、无效果预期的言说等皆非司法话语。效果条件对司法话语的要求在于：一是要有共同的话题；二是要互相批判、质疑；三是要形成共识或惠及相关群体。只有达到这些要求，才是真正的司法话语，才是真正的司法话语交流，才能真正体现出司法话语的实现效果，也才会有真正的司法话语。

(三) 司法话语的有效性

交往行为理论指出，司法话语的有效性体现为公正、平等、效率、效果。② 在这里，所谓公正，就是司法话语内容和形式的自由状态、真实状态；

---

① 参见韩红：《交往的合理化与现代性的重建——哈贝马斯交往行动理论的深层解读》，人民出版社 2005 年版，第 116~119 页。

② 参见张向东：《理性生活方式的重建：哈贝马斯政治哲学研究》，中国社会科学出版社 2007 年版，第 168~169 页。

所谓平等，就是司法话语内容和形式的平权状态、多样状态；所谓效率，就是司法话语内容和形式的时空效率、深广程度。所谓效果，就是司法话语内容和形式的互动程度、实现程度。

由此可知，司法话语的有效性会受到来自内容和形式各种因素的复合性影响。正是这些影响的错综复杂性，就导致了话语主体在司法话语交往的过程中话语权地位并不对等的情形。这样，维护司法话语的公正、平等、效率、效果之价值追求，保障交往行为主体的话语地位对等性，是促进司法话语健康运行的关键所在。

(四) 司法话语场域的形式

随着审判程序的启动，司法话语由应然向实然转换，话语主体必然聚向话语汇集的平台，如法庭、网络等，众多话语汇聚于关注性领域，形成话语交往的博弈场所，即"司法话语场域"。司法话语场域以法庭为核心，法庭话语场域是从事司法职业专门活动的特定区域①，其司法话语能量向四周辐射，同时也强有力地凝聚着外围的话语能量，是一个具有相对独立性和自律性的动态场域。

本书对司法话语场域的界定取广义之意，作为司法话语的交往空间，既包括法庭也指庭外区域，并且法庭话语场域与庭外话语场域过渡的畛域是比较模糊的，不能清晰地区分开来。两者是一个有机联系的统一体，需要贯通联动，否则，就会造成话语场域的残缺、失真，就不成其为司法话语场域了。② 法庭旁听席对联结法庭内外话语场域能起到纽带作用，有利于法庭内外的司法话语交往互动，实现法庭内外的话语信息循环，造成司法话语的有效性，使司法话语得到真正兑现。

综上所述，所谓司法话语场域，就是在法院审判过程中话语主体进行沟通、辩论、裁决等司法话语交往所形成的话语汇集场所。

---

① 参见［德］尤尔根·哈贝马斯：《公共领域的结构转型》，曹卫东等译，学林出版社1999年版，第201页。

② 参见［德］尤尔根·哈贝马斯：《公共领域的结构转型》，曹卫东等译，学林出版社1999年版，第2页。

二、司法话语场域特征

在哈贝马斯看来，以交往行为参与者的沟通和形成共识为目的的交往行为的顺利进行，取决于能否有一个自由、平等的交往环境，交往者是否具有真诚交往的意愿，即"理想的话语情境"。"理想的话语情境"就是交往行为得以进行的外部条件：首先，免于强迫和权力干预；其次，为参与者提供平等的机会；再次，讨论不应排除任何议题；最后，可接受性在于最佳论证理由。[①]　对于"理想的话语情境"的性质，哈贝马斯是这样解释的："理想的话语情境既不是一种经验现象，也不完全是一种虚构。倒是话语中相互之间不可避免要采取的假定前提。"[②]

因此，作为话语交往的博弈场所，真实的司法话语场域一定是以"理想的话语情境"为旨归的，也一定会具有自身的特点。具体而言，体现在：

(一) 自由、平等交流的场域

在"理想的话语情境"中，为了实现话语交往的合理性、公正性，司法话语场域要求司法话语必须具备正当性，才能出场展开自由、平等的商谈。话语主体在司法话语场域进行话语交往，需要遵守的主要是基于平等参与、自由沟通和真诚相待价值的程序性规则。[③]　在这里，拥有相异观点、取向的话语主体平等地遵循商谈规则和程序进行话语交往以求得共识，保证了司法话语有序顺畅地输入和输出。如图 1-2 所示：

(二) 表达不断扩展的场域

话语场域可以理解为一个法律共同体相互沟通的话语交往空间，法律共同

---

① 参见汪行福：《通向话语民主之路：与哈贝马斯对话》，四川人民出版社 2002 年版，第 87~88 页。

② 曹卫东：《交往理性与诗学话语》，天津社会科学院出版社 2001 年版，第 88~89 页。

③ 参见[德]尤尔根·哈贝马斯：《公共领域的结构转型》，曹卫东等译，学林出版社1999 年版，第 6 页。

图 1-2

体成员必须遵守商谈性社会表达模式①。这种话语交往空间和社会表达模式是不断扩展的状态。这种扩展既依靠话语，现在更依靠网络。话语与网络的有机结合使开放、互动、弥散的话语网络得以形成。话语的传达变得更加迅速便捷，话语的信息量被呈几何级数地放大并加以强调，更易获得广泛关注甚至共鸣，更易征集到社会主体的意见和建议，形成强大能量的话语反射场域，造就表达不断扩展的话语场域，能够对审判过程实施有力监督。

(三) 多层次、多方向、多中心的场域

司法话语场域实质上体现为司法话语能量所辐射扩展的多层次、多方向、多中心区域。所谓多层次，是指话语场域的纵向或横向层次之分，按照纵向标准，有基层、中层、高层场域；按照横向标准，有法庭内场域、法庭外场域。话语场域的多层次特点形成扩张的一个个同心圆。所谓多方向，是指话语场域覆盖到司法领域的方方面面。所谓多中心，是指话语场域里话语主体、话语地点的多个不同中心。就话语主体而言，有原告、被告、法官、检察官、旁观者之类的话语场域中心；就话语地点而言，有街道、网络、法庭、办公室、交易场所等话语场域中心。②

---

① 参见［德］尤尔根·哈贝马斯：《在事实与规范之间——关于法律和民主法治国的商谈理论》，童世骏译，生活·读书·新知三联书店 2003 年版，第 442 页。
② 参见［德］尤尔根·哈贝马斯：《公共领域的结构转型》，曹卫东等译，学林出版社1999 年版，第 29 页。

三、司法话语场域功能

所谓司法话语场域功能，就是其作为特殊存在的事物所具有的一系列功效和能力。司法话语场域功能是多元的，也是多层次的，主要如下：

（一）交往功能

司法话语场域可以促进话语主体的相互交往，增进话语主体的相互了解。在话语场域中，话语主体为话语交往汇聚到一起，话语主体之间无论或熟悉或陌生，还是或亲近或疏远，都为实现话语权而来进行有意义的商谈。[1] 依托司法话语场域的话语交往不仅加快了话语主体之间的双向互动，也涵养了话语主体的司法信赖。正如曼纽尔·卡斯特所指出的，不同的主体都汇聚在了一起，进行了交流沟通，也实现了救济。[2] 话语的交往功能如图 1-3 所示：

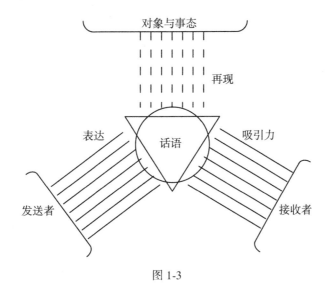

图 1-3

---

① 参见［德］尤尔根·哈贝马斯：《交往与社会进化》，张博树译，重庆出版社 1989 年版，第 70 页。

② 参见［美］曼纽尔·卡斯特：《网络社会的崛起》，夏铸九等译，社会科学文献出版社 2006 年版，第 350 页。

（二）维护功能

司法话语场域为话语主体维护自身权益提供了表达诉求的话语平台。如"农民维权网""民告官网"就为公民在相关权益遭到不法侵害需要表达诉求时创造了良好的话语场所。话语场域对公民的司法参与权利能够起到有力的维护作用。① 参与是一项非常重要的权利。弱势群体的参与司法话语交往的权利容易被限制，被边缘化。维护弱势群体司法话语莫过于给予其充分参与的权利，而司法话语场域为此提供了可贵的条件。当弱势群体的话语借助司法话语场域形成强大的舆论能量场时，其合法权益往往能够受到权威体系的高度关注，使利益诉求得到维护。

（三）监督功能

话语场域能够产生两种重要力量，一是话语交往产生的合理权力，二是操纵性的传媒力量，创造大众舆论，对抗体制的命令。② 在司法话语场域中汇集伊始的司法话语不过是初级形态，只有经过协商、检验达成共识，形成批判话语，批判话语成为舆论导向流，凝聚成为公众舆论，其公共性监督才能实现。③ 一旦拥有正当性的公共传媒进入话语场域，就会产生舆论监督功能的叠加效应。④

（四）文化培植功能

司法话语场域中的话语交往能够培养主体对司法公正的向往，激发参与司法的积极性，而广泛的司法参与，有利于培养法律至上的社会风气，与此同

---

① 参见［德］尤尔根·哈贝马斯：《公共领域的结构转型》，曹卫东等译，学林出版社1999年版，第26页。

② 参见［德］尤尔根·哈贝马斯：《公共领域的结构转型》，曹卫东等译，学林出版社1999年版，第28页。

③ 参见［德］尤尔根·哈贝马斯：《公共领域的结构转型》，曹卫东等译，学林出版社1999年版，第29页。

④ 参见［德］尤尔根·哈贝马斯：《公共领域的结构转型》，曹卫东等译，学林出版社1999年版，第6页。

时，话语主体在司法话语场域相互协商，又有利于培植宽容互信的司法话语文化。在司法话语交往中，话语主体共同践行着司法理想，革除传统的人治思维，代之以法治思维，养成良好的法治担当，① 形成有助于司法话语交往的法治文化社会环境。总之，司法话语场域有助于通过话语交往推动主体互动，从而整合文化、社会资源，促进话语主体的司法文化培植。如图 1-4 所示：

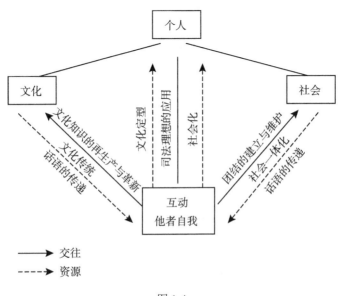

图 1-4

(五) 法律治理功能

法律治理可以包括表达利益表达、权益维护、司法参与等。司法话语诉求往往涉及利益的受损、权益的维护等。基于话语场域的交往行为必须坚持正义的前提，秉持实践理性的过程，得出共识性结果。② 在司法话语场域中，司法

---

① 参见［德］尤尔根·哈贝马斯：《在事实与规范之间——关于法律和民主法治国的商谈理论》，童世骏译，生活·读书·新知三联书店 2003 年版，第 198 页。

② 参见［德］尤尔根·哈贝马斯：《在事实与规范之间——关于法律和民主法治国的商谈理论》，童世骏译，生活·读书·新知三联书店 2003 年版，第 191 页。

机关能够因势利导，促进主体司法诉求的表达，充分进行话语交往，发表见解，听取意见，就会有助于利益表达、权益维护，司法话语场域就可以是为权利而博弈的神圣场所。① 此外，司法话语场域对于话语主体的司法参与起到不可替代的促进作用。这是因为真实的司法话语场域必定要求直面司法争议，尊重各主体的话语权，维护主体之间沟通、协商的充分进行，消弭对立分歧，达成司法共识，构建良性的司法秩序，实现法律治理的功能取向。

第三节　司法话语的系统性

一、司法话语机制

所谓机制，是指系统内各子系统、各要素之间相互作用、相互联系、相互制约的形式和运动原理以及内在的、本质的工作方式。② 因之，作为一个系统的司法话语，是完全可以视为一个机制的。

必须特别指出的是，将司法话语理解为一种"机制"，与将司法话语理解为一种"制度"并不冲突。这种理解方式正是基于这样的一种认识："制度"本身是"机制"的核心内容，司法话语具备这两种属性。那么，制度谓何呢？

二、司法话语制度

司法话语作为法律制度，必定是"正式性的外在制度"③。制度经济学所理解的"制度"，是由人创立的、用以禁止不可预见和机会主义行为的规则，以维护一种能够建立信任的秩序。根据制度起源的不同，制度可以被区分为："内在制度"和"外在制度"；根据实施惩罚方式的不同，可以被区分为"正式性

---

① 参见姚建宗：《法理学——一般法律科学》，中国政法大学出版社 2006 年版，第 218~219 页。

② 参见袁曙宏等：《统一公法学原论——公法学总论的一种模式》，中国人民大学出版社 2005 年版，第 439 页。

③ ［德］柯武刚等：《制度经济学——社会秩序与公共政策》，韩朝华译，商务印书馆 2000 年版，第 119~127 页。

制度"和"非正式性制度"。司法话语作为法律制度来理解，由于都是人有意识制定的，自然属于"外在制度"；由于具有正式效力的惩罚措施，自然属于"正式性制度"，所以是"正式性的外在制度"，其实"外在制度"一般都是"正式性制度"。这就意味着我们必须从规范的、应然的、静态的、构建的部分来理解司法话语的内在体系和外在表现。但是，本书在研究方法上力图将"机制"与"制度"整合。也就是说，既从实然的角度，又从应然的角度；既从静态的角度，又从动态的角度；既从"制度构建"的角度，又从"机制运行"的角度来研究司法话语问题。

因此，正如同微观研究是中观研究的基础一样，对"司法话语制度"的准确掌握是从系统论的视角研究"司法话语系统机制"的前提和条件。而对"司法话语系统机制"的研究又可以弥补"司法话语制度"研究中可能存在的"只见树木、不见森林"的短视，反过来其研究结论也可以为具体的"司法话语制度"的研究提供中观性的理论依据和方向性的引导。

三、司法话语机制结构

20 世纪 50 年代，美籍奥地利人、理论生物学家 L. V. 贝塔朗菲提出了系统论的思想，指出客观事物从结构和功能的角度来划分，可以由内在（学理）机制、交往（运转）机制和保障（卫护）机制几部分构成一个统一的有机系统。①20 世纪 70 年代，美国科学院院士利奥·赫维兹创立了系统机制理论。他把研究对象看成一个系统结构，其研究对象大到对整个系统制度的一般均衡设计，小到某个系统活动的部分均衡设计。系统机制理论的模型包括环境系统、过程描述、社会目标、配置机制四个部分。简而言之，系统机制理论由交往和保障两个部分组成。②

参考以上理论，本书把司法话语的内在（学理）、交往（运转）、保障（卫护）三个部分理解为一种系统性的结构。司法话语的系统性，就意味着必须从

---

① 参见林骧华等：《新学科新方法手册》，上海文艺出版社 1987 年版，第 56~59 页。
② 参见姚兴涛：《中国期市的经济机制分析》，载《期刊导报》1997 年 5 月 8 日。

多维的、实然的、应然的、静态的、动态的、有机的整体来理解其内在逻辑和应然要求。本书试图在分析基本概念，从学理、交往和保障等多个结构层面，比较系统地研究司法话语及其实现结构，追求理论逻辑、历史逻辑和实践逻辑的统一。

第二章 司法话语的学理基础

司法话语交往是否流畅充分，话语主体的交往目标能否得以实现，诉讼结果能否得到当事人认可接受，首先取决于司法话语能否逻辑证成；其次司法话语能否博弈制衡，话语的主体间性、交往互动和程序正当能否达成；再次人权理论、传播理论能否发挥基础性作用。这些都共同构成了司法话语的学理基础。

第一节 司法话语的逻辑学理据

司法话语交往顺利进行的隐含要求就是话语各方使用法言法语，即以法律逻辑组织起来的法律话语。逻辑形式的话语表达和逻辑思维方法是话语主体相互交往、达成共识的媒介；司法话语交往过程是以逻辑形式表达的法律推理和论证的过程[1]；司法活动各方以逻辑思维方法的对抗推进交流共识达成。因此，必须通过逻辑的研究运用促成司法话语效能的实现。

逻辑学是研究推理论证、思维方法和论辩技巧的科学[2]，涉及思维形式的结构及其特有的规律、规则。思维形式的结构即思维形式各部分间的连接方式，也称为思维的逻辑形式。而法律逻辑研究的是各种法律推理形式结构方面的共同特征，从而揭示出法律逻辑思维过程的规律性。从法律逻辑角度看，司法话语交往是各方提出证据，对诉讼请求命题加以推理论证或对对方诉讼请求命题加以反驳的过程。司法话语的形式合理性和有效性的证成必须借助法律逻

---

[1] 参见雷磊：《法律逻辑研究什么?》，载《清华法学》2017 年第 11 期。
[2] 参见雍琦：《关于法律逻辑性质及走向的思考》，载《现代法学》1997 年第 5 期。

辑的运用。因此进行司法话语研究首先探究一般逻辑学的基本要素，再经由法律逻辑和司法话语逻辑，探究逻辑学的司法话语功能。

一、逻辑学的内在基本要素

逻辑学是一门关于思维形式的科学。思维所反映的客观对象称为思维对象。客观世界的具体事物，如山川草木、鸟兽鱼虫等，可以称为思维对象；抽象的意识形态方面的东西，如道德观念，甚至思维本身，也都可以成为思维的对象。思维所思考的，不仅有它的具体内容，以及它的思维对象，而且还有他思考的手段及反映客观对象的方式。思维反映客观对象的方式被称为思维形式，亦被称为思维形态。将思维活动的具体过程抽象化的理论成果就是概念、命题和推理。① 概念是思维对象的具体形式；命题是思维对象间关系的表现形式；推理是思维过程的具体形式。概念、命题和推理就是逻辑学所具有的内在基本要素。

(一) 概念要素

概念是反映客观事物的思维形式，通过对单个具体事物的指称使客观事物与抽象符号相联系。它的表现形式可以是话语中的词或词组，例如正当防卫、法律行为。概念是感知客观事物的手段，也是对客观事物判断评价的思维起点。

概念作为命题的组成部分，即作为与其他概念相联系的概念时称为"词项"。词项是语词和概念的结合体，虽然也是概念的表达式，但又有别于仅仅作为表现形式的语词；虽然其也包容有概念的内容，但又有别于孤立于语词形式的概念，所以概念与词及词项所指称相同，但其含义有所区别。

概念与语词有其殊异之处。首先，语词不一定表达概念。语词有实词、虚词、介词及连词的区分。其中实词表达一定的概念，虚词可能并不表达概念。介词、连词既不像实词表达的概念那样有所指称，又在逻辑方面有重要意义，被称为逻辑概念。其次，就概念同语词的关系看，概念和语词之间并不一一对

---

① 参见周礼全：《形式逻辑和自然语言》，载《哲学研究》1993 年第 12 期。

应。有时某个概念由多个语词表达；有时某个语词，也可能表达多个概念。多词同义或一词多义，在思维领域是常见现象。此外，同一个语词表达不同概念的情形也大量存在，一般同他出现的语境有关。例如"轻伤"一词，医学理论中的轻伤并不同于法律领域中的轻伤。医学领域中的轻伤更多反映的是对于身体的客观伤害情况，法学领域中的轻伤以医学鉴定情况为基础，但又包含法律认识。刑事诉讼法中所说的处罚也有别于治安管理处罚法所说的处罚。因此，需注意语词使用的特殊语境。语词的使用具有场景依赖性，在不同的语境，在不同的司法话语场域，可能表达出不同的概念。

法律概念是对法律现象概括抽象而形成，在法律思维活动和法律实践活动中都有重要意义。作为理论抽象结果，法律概念是对需要通过法律予以规范的行为认识成果的经验总结；作为认识工具，法律概念又是法律思维和法律实践的出发点和工具。

表面看来，法律概念似乎纯属于人的主观创造，并非客观存在的事物。其实法律概念是立法者对于社会现象的特别评价，法律概念是对社会现象的法律抽象。例如"杀人"概念，当其从指称人体客观行为的概念进入法律体系成为法律概念时，就不同于仅仅杀人的客观行为，而是对杀人行为的规范评价。杀人行为在法律体系中有不同的法律评价：可能是正当防卫，因而成为正当行为；可能是防卫过当，因而成为不正当行为；可能是故意杀人罪、过失杀人罪，因而成为非法行为。

概念的构成性质是反映概念内涵的特殊属性或根本特征的逻辑术语。概念的构成性质即对象的特有属性或根本特征不是孤立地在对象自身中显现出来的，而是同其他对象相比较而体现，而"比"就不能没有一个范围与特定标准。因此，概念的构成性质只能在他所指出的类对象所隶属的范围内确立。

根据概念内涵确立方式，可以将概念内涵分为认识性内涵和规定性内涵。认识性内涵通过对象间性质比较而确立，是关于概念所指称对象的认识成果。认识性内涵是在概念指称对象所隶属对象类范围内，通过对类对象与其他的对象比较，抽象概括出它的构成性质而确立为概念内涵的。如法律行为概念，其内涵方面的构成性质通过同法律行为之外的其他行为比如说事实行为相比较而确立。概念内涵及构成性质是对象本身客观区别于其他对象的性质。人们在通过这种方式确立概念内涵方面的构成性质时，认识的任务在于通过比较发现事物的性质。由于认识的局限，已确立的指称对象的构成性质，可能因人们认识的需要、科学技术的进步、社会的快速发展而改变。例如死亡，过去认为死亡就是心脏跳动停止、呼吸停止。这一过程性质及内涵也是判定死亡的标准。但20世纪60年代以来的数起事例使医学家们不得不怀疑此前对死亡概念内涵认识的正确性。一次西班牙的交通事故中，发现此前已经"死亡"的某一患者奇迹复活。这表明人们过去对死亡概念内涵构成的认识尚不完全正确。之后，医学家提出了新的死亡标准——脑电图呈光滑水平线无波折且24小时无变化，即脑死亡。此时死亡内涵的构成已经发生了变化。因此，认识性内涵构成性质是人们在一定认识条件下获得的认识成果，是与人们对对象的认识水平相关的。

规定性内涵通过人为规定方式确立。某个概念指称对象及范围可能并不确定，与其他对象区别界限模糊。但为了准确理解和使用概念，需要使概念精确清晰。因此，人们通过规定概念内涵方面的构成性质，确立概念指称对象的标准。法学领域中几乎所有法律概念的内涵都是通过规定方式确立。特定领域的实践需要决定抽取哪些对象作为构成的内涵。贪污罪这个刑法概念在1979年刑法第155条中规定为国家工作人员利用职务上的便利贪污公共财物的行为。后来，全国人民代表大会常务委员会根据新形势下打击经济领域犯罪活动的需要，于1988年将其内涵修改界定为国家工作人员、集体经济组织工作人员或者其他经手管理公共财物的人员利用职务上的便利侵吞盗窃、骗取或者以其他手段非法占有公共财物的犯罪行为。1997年的新刑法中，其内涵又有了新的变化。这样的变化并不意味着原来对贪污罪的概念界定不正确，也不意味着现在的认识更加深刻，而是形势的需要和实践的变化所决定的。

概念的外延是具有该概念内涵方面构成性质的对象，即可用该概念来指称的所有被指称者。概念的外延可以是对象个体也可以是对象类；可以是某种实体，也可以是实体中抽象出的某种属性。概念的外延对象有可能因为内涵变化而不再是他的外延，原本不属于此概念指称的对象，也可能被摄入其指称的对象范围。

在思维过程中，人们常常需要确定某一个或某一类具体对象是否属于某个概念指称的对象，即确定它是否属于该概念的外延。归类活动就是确定某个或某类具体对象是否属于某个概念外延的思维活动。归类活动是司法活动中必不可少的思维活动。如刑事案件审理中，司法人员在查明被告人的行为事实的基础上，首先要确定该被告人的行为是否构成犯罪，属于此罪还是彼罪，这一确定过程就是司法归类过程。由于司法工作的严肃性要求，归类必须准确。所以，必须以相关法律概念的内涵，即构成要件来对照确定是否属于犯罪，否则，就难免归类不当，定性不准。尤其因为概念外延边缘具有模糊性，无论思维活动发生于普通思维领域或法学领域，归类活动未必能够顺利完成，因为人们在制定法律、规定概念时，通常考虑到的只是典型对象情况，不可能清楚地想象到那些难以界定的两可情形。所谓疑难案件，其实就是那些法律概念外延边缘模糊的案件。因为疑难案件法律概念外延边缘模糊，故而难以准确进行司法归类。

司法归类过程从法官独立完成向当事人参与推动转变，就是要使司法话语各主体平等互动成为司法归类的具体活动形式，使司法归类活动从司法人员的单方面活动成为各方话语主体平等沟通、双向互动的活动。

(二) 命题要素

命题是判断客观事物情况的思维形式，是概念之间的链接，其表现形式相当于语言中的句子。命题的内容来源于判断。判断是主体对于客观事物情况的断定；命题是主体对于客观事物判断的结果和形式。因此，判断离不开判断主体的认识；命题从形式上脱离了判断主体的认识情况，使客观化的一般化陈述成为可能。

命题的特征首先表现为命题对事物情况有所断定。命题总是或者肯定了某种情况或者否定了某种情况。如果没有明确的肯定或否定，也就难以成为命题。[1]

其次，命题有真假值。命题是对事物情况的主观判断，因而对事物情况陈

---

[1]　参见鞠实儿：《论逻辑学发展的方向》，载《中山大学学报》(社会科学版) 2003 年第 1 期。

49

述的命题不等于事物情况自身。命题和事物情况是表达与被表达、认识与被认识的关系。因此，事物本身的情况不等于命题中对事物情况的肯定或否定；因为命题只是对事物情况的一种表达，所以它可能符合事物本身的情况，或者不符合。命题的真假性问题就是命题对事物情况的描述与事物情况是否符合的问题。只要是命题，就可以判断其真假值。

命题的真假不能脱离命题的具体内容。要判定一个命题具体为真还是假，必须依靠人们的社会实践和相关的具体科学知识。但一个命题具体的真假的问题并不是逻辑学的研究范围，逻辑学所研究的是命题的结构形式，是根据命题结构方面的特点，研究它们何种情况下为真，以及它们之间的真假关系。也就是说，逻辑学中的命题，是脱离了认识主体的，并不是对于认识主体在具体情况下作出的判断，而只是对于一个判断的表达。

依据不同标准可以将命题划分为不同类型。根据命题中是否包含"可能""必须"等模态词可以将命题分为模态命题和非模态命题两类。在非模态命题中，根据命题是否由其他命题组成或者一个命题是否包含其他命题成分，可以将命题再分为简单命题和复合命题。对于简单命题，可以根据命题内容为命题对象的某种性质还是对象之间关系将命题分为性质命题和关系命题；而对于复合命题，根据组成复合命题的不同成分之间的关系将其分为联言命题、选言命题、假言命题和负命题。

逻辑学研究，具体而言就是研究不同命题之间的关系并以命题之间的形式性质关系判断命题的真假性。如充分条件假言命题中，命题前件与后件之间有"如果前件为真则后件为真"的逻辑关系。其关系并不是依赖于事物的客观情况而只依赖于其逻辑性质，故而可以根据其逻辑形式确定只要前件为真则后件必然为真。而根据充分条件假言命题的性质，前件为假就不能断定后件真假性。因为命题的形式性质有确定性，故而司法三段论虽然受到一定批评，但其仍然是唯一可以完全确定推理准确性的司法推理手段。

(三) 推理要素

推理是思维活动的具体形式，是根据已知命题推导得出另一命题的思维过程，是命题之间的链接。推理是对客观事物认识的一般途径，通过命题之间的联系发现其他命题；通过对一个客观事物的认识得到对其他客观事物的认识。推理相当于话语中"因为""所以"之间的表达关系。而法律推理、司法推理就是在认定相关案件事实的基础上将案件事实归于已知法律规范从而推导出判决结论的过程。推理的三个组成要素是前提、结论和推导关系。"前提"是已知的作为其他命题的推导根据的命题；"结论"是根据已知命题得到的新的命题；"推导关系"是命题逻辑性质决定的前提命题和结论命题之间的逻辑形式关系。因此，推导关系成为两个命题之间的关键。推理的核心就在于前提的真假性质通过推导关系传递给结论；推理的正确性也就决定思维的正确性。

推理一般分为演绎推理、归纳推理和类比推理。演绎推理就是以一般性知识作为前提推导出特殊知识的推理形式。演绎推理一方面是必然性推理，因为演绎推理中前提的外延覆盖了结论的外延，所以前提的形式性质必然可以运用于结论。归纳推理是从特殊性前提推导出一般性结论的推理形式。完全归纳推理的前提可以覆盖结论的外延，故而完全归纳推理可以以前提的真假性必然地推导出结论的真假性。但不完全归纳推理仅是对前提中对象性质的概括，不完全归纳推理中前提的外延并未完全覆盖结论的外延，所以不完全归纳推理中前提的真假性并不能必然地推导出结论的真假性，因而，也被称为或然性推理。类比推理是以不同对象有相同或相似性质推导出其另外性质也相似的推理活动。从其前提到结论推导进程思维方向看类比推理是从特殊到特殊的推理活动，是扩展性的推理，其结论的外延超出了前提已知情况外延范围，因此，其前提真假性也并不能必然推导出结论的真假性。

大陆法系和中国司法活动的一般推理形式是演绎推理，其特征是大前提法律规范为真和小前提案件事实涵摄于大前提法律规范中可以必然推导出结论（判决）为真。[1] 但司法推理不仅探究司法活动中案件事实的真假性而且探究司法活动的有效性。[2] 案件结论不仅要求形式上逻辑推导关系正确而且要求其有

---

[1]　参见石现明：《演绎推理及其在我国法律适用中的价值》，载《法律方法》2013年第1期。

[2]　参见杨栋：《法律适用中的演绎推理分析》，载《江苏警官学院学报》2009年第4期。

效性即案件事实的处理结果符合人民的一般预期和社会价值观。此外，对于司法公平公正的要求也使司法个案之间有"同案同判"的要求即相似案件处理结果相似。① 仅仅逻辑形式的正确性并不能保证法律适用的相同和案件结论的相同，故而类比推理也逐渐发挥越来越大的作用。

思维活动的具体形式就是推理活动。推理活动是命题之间的链接。命题是概念之间的链接。不仅具体的思维内容总是凝聚或包容于思维形式中，而且思维活动的展开也必不可少地要借助于各种思维形式。

二、法律逻辑与司法话语逻辑

法学领域是应用逻辑知识的广阔天地，在这里逻辑有着它特殊的地位与作用。法律逻辑学立足于逻辑学的一般理论，又有其特别的学科特点。由于法学领域特别是司法活动的需要，国外不少学者尤其是法理学家们十分重视并积极探索了法学领域的逻辑问题，开拓了法律逻辑这一新的研究领域。

追溯法律逻辑学研究的历史，早在文艺复兴时期已经有学者开始专门研究法律逻辑，"我没有理由认为法律与逻辑不应当是最亲密的朋友 因此最好认为它们是……我在我们的法律中寻找逻辑 而且我认为我已经找到了它"，亚伯拉罕·弗劳斯(Abraham Fraunce)在他 1588 年出版的著作《法律人的逻辑》(The Lawiers Logike)中的话语已经清晰地显示出他对法律研究中法律逻辑重要性的认识。② 19 世纪著名法学家霍姆斯的名言"法律的生命从来就不是逻辑，而是经验"③或许让人误解其轻视法律中逻辑的重要性，但实际上相反的是，在他另一著作《法律之路》中可以看到，他十分强调人的理性思维和逻辑是法律和司法活动的基础，其中提到，"法律人的训练主要是逻辑训练，司法裁决的语言主要是逻辑语言"。④ 显然，他也同样认识到法律逻辑在司法过程中的

---

① 参见张骐：《论类似案件的判断》，载《中外法学》2014 年第 2 期。

② 转引自 Ilmar Tammelo. Outlines of Modern Legal Logic, Wiesbaden：Franz Steiner Verlag GMBH，1969，p. Ⅳ.

③ Oliver Wendell Holmes, Jr. The Common Law, New York：Dover Publications，1881，p. 1.

④ Oliver Wendell Holmes, Jr. The Path of the Law, Harvard Law Review, vol. 10, 1897, pp. 457，465-468.

重要地位，只是他还没有具体讨论法律逻辑中的推理规则问题。之后，20 世纪 30 年代中法学家弗兰克在《法律与现代精神》一书中对法律的确定性进行了猛烈批判，其中甚至提出确定性只是法律神话的观点。但综合其思想，与其说其否定了逻辑学在法律中的作用，不如说是否定了法律逻辑仅是一般逻辑学在法学中的简单移植的观点。传统观点认为法律逻辑学就是在法学领域运用形式逻辑三段论以进行司法推理，并进而以一定的推理规则得到一致的司法裁判结论。然而法律逻辑越发展，越是展现出其独特的学术观点，显示出一般逻辑学不能涵盖司法过程中的推论规则，因此法律逻辑也就逐渐脱离一般逻辑学的范围而增加了自己独特的概念与推理规则。尽管法律逻辑至今尚未形成完整的、像普通逻辑或现代逻辑那样的学科体系，然而作为新的逻辑学分支学科的存在却已成为一个不争的事实。值得我们注意的是，更热衷于研究法律逻辑的学者，却往往不是逻辑学家，而是法学家，专门研究法律逻辑的理论性论著，往往不是逻辑著作，而是法学著作。在西方一些国家，法律逻辑早已成为法哲学或法理学中的一个不可忽视的重要组成部分，特别是自 20 世纪 50 年代以来，这些国家的法学家，尤其是法理学家，更是越来越关注法律逻辑的研究，为世人提供了不少新的研究成果。

法律逻辑这一汉语词主要来源于英文单词"legal logic"，另有"司法逻辑"译自英文单词"judicial logic"，从其使用领域看司法逻辑与法律逻辑内涵近似，只是从字面意义看，司法逻辑似乎仅指称司法过程中的逻辑，有所歧义而不能涵盖法律领域中的全部活动，以此看法律逻辑概念似乎更加适宜。从研究领域看，法律逻辑研究的是法学或者法律相关活动领域中推理和论证的规则。法律推理、法律论证等研究内容相似但也有细微差异，不同学者对法律逻辑的核心和重要内容的认识有所差异：克卢格、库克等人公开称自己的研究为"法律逻辑"[1]；有学者的研究重心为法律与逻辑的关系，如塔洛克称自己的研究为"法律的逻辑"[2]，霍洛维茨称自己的研究为"逻辑与法律"、亚狄瑟称自己的研究

---

[1] I. Tammelo, Outlines of Modern Legal Logic, p. 27.

[2] Gordon Tullock, The Logic of the Law, New York：Basic Books Inc. 1971.

为"法律人的逻辑"①；列维、麦考密克以法律推理为主要研究对象②③；佩策尼克认为法律逻辑的中心为"法律证成"（Legal Justification）。从不同学者的研究侧重可以看出，法律逻辑既以传统逻辑为基础，又有对其研究视角的创新突破，更着重于法律推理和法律证成，也正因此可以说法律逻辑是一种超越于一般逻辑，是一种包括普通逻辑和现代逻辑模式的逻辑。④

因为普通逻辑侧重研究的是思维形式的结构，我们既要看到逻辑形式在司法话语中的重要性，有意识地将思维活动逻辑化，强化话语间的逻辑联系，也要看到其不足。仅仅以形式的推导进行司法活动势必会影响逻辑推导在司法实践中的意义，因为逻辑的正确不能等同于司法话语的有效性。如果将逻辑学在司法话语实践中的全部意义归结为建立古典的三段论，那么，这种运用对法律工作的实际意义不大。在法学家们看来，尽管将一般的法律规定适用于具体案件的过程总的可以看做一种演绎过程，然而其推论活动却是非常复杂的。这是因为除了事实认定方面的困难之外，案件事实如何融入法律规范体系进行法律评价才是法律推理的关键。⑤探究其原因，或者是因为成文法规范的语义模糊，可以二解，或者是条文之间相互矛盾、法律体系性不够，或者是法律的滞后性与社会发展的相互矛盾。因此，推理的困难之处不只在于形式上，法律命题的逻辑形式之间关系复杂，还在于如何实质地理清案件事实的法律规范适用。因此，司法话语所需的法律推理就不仅仅是对形式逻辑或普通逻辑推理研究的法律应用，而且是对于实质逻辑或现代逻辑推理研究的法律应用。定罪时主要的困难不在于从两个现成前提得出结论，而在于作为前提的命题如何以法

①　Ruggero J. Aldisert, Logic for Lawyers: A Guide to Clear Legal Thinking, South Bend: National Institute for Trial Advocacy, 1988.

②　Edward H. Levi, An Introduction to Legal Reasoning, Chicago: University of Chicago Press, 1962.

③　Neil MacCormick, Legal Reasoning and Legal Theory, Oxford: Clarendon Press, 1978.

④　参见陈锐：《法律与逻辑——对法律与逻辑关系的一种全面解读》，载《西南政法大学学报》2003 年第 1 期。

⑤　参见熊明辉：《论法律逻辑中的推论规则》，载《中国社会科学》2008 年第 4 期。

律规定的程序有规范地得出。① 建立三段论的规则没有回答这一问题。因此，普通逻辑知识是司法工作者基础性的、必须学习和掌握的知识，但是如果局限于普通逻辑知识，又是不够的。

那么，法律中是否存在特殊的逻辑推理规则？这一特殊的逻辑推理规则是什么？最初，波亨斯基（Bochenski）和丘奇（Church）等人把逻辑与形式逻辑视为同一个东西，认为并不存在特殊的法律逻辑推论规则，但很快，这些学者在讨论法律逻辑时只能自相矛盾地认为虽然法律逻辑并没有不同于一般逻辑的特殊推理规则，却又只能为法律逻辑增添一个语用维度，以解释其法律逻辑所不同于一般形式逻辑之处。之后的学者直接认为法律逻辑并非一般形式逻辑，如德国学者恩吉施（Engisch）明确提出法律逻辑本质上是实质逻辑（material Logic）；德国学者西密提斯（Simitis）认为，法律逻辑直接涉及法庭中的推理实践，法律论证是理性的，但是非演绎的；比利时学派的代表人物佩雷尔曼（Perelman）直接提出了"法律是一种非形式逻辑（non-formal logic）"的观点。佩雷尔曼曾试图用形式逻辑方法来为法律理性中的价值判断进行逻辑辩护。遗憾的是，他得出了一个与其目的和意图相反的结论：价值判断不可能得到逻辑证成②。于是，他开始提出法律逻辑是一种实质逻辑、非形式逻辑的观点，在他的观点中，法律命题逻辑形式的有效性评价不仅取决于命题的逻辑形式，还需要考虑其内容。这显然已经与形式逻辑分道扬镳而提出了法律逻辑独有的逻辑推理特点。例如，一个命题"一个人没有违反现有法律规范，因此他不应当受到法律制裁"根据形式逻辑的一般理论，该逻辑形式为"$\to$p ∴ $\to$q"，这显然是无效的。但不会有法律人对此论证的可接受性提出异议，在司法领域这一命题是合理的、可接受的。当一般逻辑学理论不能满足司法实践和法学的要求时，法律逻辑学、法律逻辑特有的推理规则也就应运而生了。

对于法律工作者来说，法律适用的逻辑是真正意义上的法律逻辑。它是司法话语的形式，是论证判决之正当与否的一种技术，通过法官、检察官或律师

① 参见于辉：《法律推论中小前提建构的逻辑机制》，载《湖北大学学报》（哲学社会科学版）2016 年第 5 期。

② 参见 C. W. Tindale, Acts of Arguing: A Rhetorical Model of Argument, Albany, New York: State University of New York Press, 1999, p. 70。

将一般法律规定适用于具体案件过程的司法活动而得到适用。它在法学意义上是属于法理学的组成部分。

司法交往是一项严肃而又复杂的过程，正是这样的活动性质，决定了司法话语主体必须具有较高的思维素质，必须具有严谨缜密的逻辑思维能力。在司法交往中，法庭内外司法话语主体各方都需要具有较强的推理能力和论证能力。对于提起诉讼的原告和接受诉讼的被告，为了使自己的观点得到法官支持，必须以命题形式提出自己的观点，必须通过推理论证使自己的已有证据和自己的观点之间建立有效的联系。对于法官，为了使自己的观点既得到诉讼双方的认同，又得到庭审外民众和社会舆论的支持，法官必须提高自己论证判决结论的能力。一方面法官确认案件事实必须在证据的基础上推理得知事物真相。案件的证据不等于案件事实。证据只是案件事实发生过程中的实物性或言辞性痕迹。这些痕迹能否表现案件发生过程，证据与案件之间有没有联系，是不是与案件存在真实联系，是不是能够有效证明案件，均有赖于法官的推理活动，同时案件事实不能自证其违法与否。案件事实与法律规范之间的关系也需要法官的推理活动。法官判决不只是确认案件事实存在与否，对于案件各方更重要的是案件事实是否符合法律规定，是否应受到法律惩罚，受到法律何种惩罚。显然这也是一个非常复杂的思维活动过程，其中的每一个环节几乎都免不了要涉及思维艺术和思维技巧的问题。不仅如此，司法人员对案件的认识，包括对案件事实的认定、对法律规定的援引、得出待决案件处理结论，都要求司法人员尤其是法官、检察官和律师必须掌握和精通推理和论证的艺术。要使司法话语从法官单方面控制向各方平等交往转变，就要使司法活动摆脱以法官角色权威单方面推动司法过程的局面，使主导司法过程的不是权威控制而是逻辑论证，使各方发挥其主动性调查司法证据。通过交叉询问和逻辑证明使司法结论具有逻辑有效性。司法话语的性质和特点决定了司法公众特别需要逻辑判断，特别不能不懂得逻辑。

三、法律逻辑中的典型推理形式

逻辑推论规则主要是指"在思维层面，确立前提和结论之间的逻辑关系。其表征是由前提根据特定语法、句法、秩序或者关系属性，导向特定结论的功能。在经典和许多其他的非经典逻辑的语义学当中，前提为真的情形，通常可以导出结论为真。"①比德林斯基曾提出："法律适用的难点并不在于推论本身，而在于准备小前提，且这种准备将一直延至最终能作出（或者不能作出）结论。"②小前提建构对法律逻辑推理的重要性已然被众多学者知晓。郑永流以诠释学研究视角主张："将生活事实归入法律事实主要依靠解释、诠释方法。"③郝建设以价值判断视角提出："小前提的建构直接关系到案件的判决结论……价值判断引导生活事实转化为法律事实。"④张斌峰以习俗研究视角指出："小前提与案件结论密切相关……在小前提建构中，习俗通过推论方式确认法律事实。"⑤而于辉以法律推论为研究视角，对小前提建构的内在逻辑机制及其思维方法进行了具体研究。⑥司法过程中的法律逻辑是多种推理的综合运用，是一个形式逻辑与非形式逻辑共同运作的有机整体。现以司法活动的典型样态作为分析样本，对其中的运作机制和典型逻辑推理过程进行分析。

（一）演绎推理

演绎推理是前提命题蕴含着结论命题的推理形式。因为演绎推理具有保真性，且更为契合成文法国家的司法构造模式，所以演绎推理是我国司法活动中运用最广泛的推理模式，其中最为典型的推理模式即"司法三段论"。演绎推理规则既是司法活动中的具体推理方法，也是司法裁判结果合理性的评价标准之一。虽然演绎推理不能直接确定具体的判决结果，却可以确定裁判结果是否存在逻辑谬误，因此在一定程度上得以规范法官的自由裁量权，确保论证结论和裁判结果真实、可靠。虽然形式逻辑在法律推理中的作用已经受到一些质

---

①　徐梦醒：《法律论证的推论规则》，载《政法论丛》2015 年第 2 期。

②　Bydlinski F, Juristische Methodenlehre und Rechtsbegriff, 2Aufl, Wiem：Springer Verl，1991.

③　郑永流：《法律判断大小前提的建构及其方法》，载《法学研究》2006 年第 4 期。

④　郝建设：《司法三段论小前提的建构及其价值判断》，载《法律方法》2013 年第 1 期。

⑤　转引自韦志明等：《法律推理之大小前提的建构及习俗的作用》，载《山东大学学报》（哲学社会科学版）2009 年第 2 期。

⑥　于辉：《法律推论中小前提建构的逻辑机制》，载《湖北大学学报》（哲学社会科学版）2016 年第 5 期。

疑，如诺伊曼认为"逻辑倾向于将法律和法律论证的形式结构和内容因素分隔开来；极为可能导致将法律的论证方式降低到形式结构上……另一方面，'实质的'法律逻辑的设想，具有忽视把形式逻辑运用到法律和法学领域中的可能性这一危险"①，但即使存在对规范逻辑或者规范命题逻辑的质疑，不可否认逻辑化的语言可被用于重构各种法律论述，逻辑是法律论述的重要评价标准，"一个可接受性的判决结论的证立必须具备的前提条件：只有当支持该证立的论述可被重构为逻辑上有效的论述时，才能从法律规范及裁判事实（前提）当中得出判决（结论）"②。因此，形式有效性即法律逻辑的正确性是司法裁判结论有效性和合理性能被司法人员、当事人和大众广泛接受的前提。

三段论推理是通过一个共同词项将两个前提命题相联系，并通过命题间关系可直接得到新命题作为结论的推理形式。三段论推理中结论的真实性完全依赖于前提的真实性和三段论结构的具体形式，而因为对三段论推理形式的研究已经较为明确地了解到不同三段论逻辑形式的推理有效性，因此可以通过判断推理形式是否符合三段论规则而对结论的真实性、有效性作出判断。

1. 有效的三段论形式中有且只能有三个不同的词项

因为三段论实际上是通过中项与大项和小项之间的关系推导出大项和小项之间的关系，如果没有了中项或者有更多词项则无法以逻辑关系推导出命题之间的有效关系。同时，大多数情况下并非词项明显缺失或超过三个，而是词项的内涵在不同语境中可能有所不同，此时需要谨慎判断是否有"偷换概念"的嫌疑。

2. 中项在前提中至少周延一次

周延乃是否覆盖概念的全部外延的范畴。如前所述，中项是前提命题之间的桥梁，大项与小项之间通过中项加以联系，而更具体地分析，概念的外延可能在不同语境中有所不同，因此只有大项的全部外延与中项发生联系，小项的部分或全部与中项具有联系的情况下，才能保证中项与大项、小项之间有实际

---

① 阿图尔·考夫曼等：《当代法哲学和法律理论导论》，郑永流译，法律出版社2002年版，第23页。

② 伊芙琳·T. 菲特丽丝：《法律论证原理》，张其山译，商务印书馆2005年版，第207页。

联系。如果大项、小项只与中项的部分发生联系，就有可能存在大项与中项的某一部分具有联系，而小项与中项的另一部分具有联系的可能，结论的有效性也就得不到保证。因此中项在前提两个命题之间必须至少周延一次。

3. 在前提中不周延的词项，在结论中不得周延

之所以三段论推理中结论的真性可以保证，正是因为前提的内涵范围包含结论的内涵范围，因此结论命题中概念的范围超出前提命题的范围时，其有效性不能通过逻辑形式而得到保证，有可能出现前提为真而结论为假的情况。

4. 从两个否定命题不能推理得出任何确定结论

在两个前提命题均为否定命题的情况下，大项与小项和中项之间都没有联系，中项也就无法作为连接大项与小项之间的桥梁使其产生联系，大项与小项之间的关系也就无法仅通过逻辑形式而确定。例如"所有没有不在场证明的人都没有证据未参与案件""某 A 没有不在场证据"，此时某 A 是否进行了犯罪活动无法得到确认，既不能确认其参加了犯罪活动，也不能确定其并未参与犯罪活动。

5. 如果两个前提中有一个是否定的，那么结论是否定的；如果结论是否定的，那么必有一个前提是否定的

如果前提命题中有一个是命题是否定的，根据前一规则，只有另一命题为肯定命题，此推理才有效。此时大项与小项中其一与中项为否定关系，另一为肯定关系，因此大项与小项之间必然为否定关系，因此结论命题必然为否定性。对应的，如果结论命题为否定命题，那么大项与小项之间为否定关系，又因为这种否定关系是通过中项的联系而实现的，因此大项与小项必有其一与中项为否定联系，另一为肯定联系，因此，结论命题为否定命题时，前提命题必有一命题为否定命题。

6. 两个特称命题不能得出有效结论

依照如前所述规则，两个特称命题不能得到有效结论。这一判断可通过反证法证明其真实性。现假设存在两个特称命题，根据"中项在前提中至少周延一次"的规则，因为特称命题的性质其主项不可能周延，又因为肯定命题中谓项不周延，只有否定命题中谓项周延，所以两个前提命题中必有一个命题为否定命题。又根据"如果两个前提中有一个是否定的，那么结论是否定的；如果

结论是否定的，那么必有一个前提是否定的"的规则，前提命题中存在否定命题则结论命题必然为否定命题。另根据"在前提中不周延的词项，在结论中不得周延"规则，在前提中不周延的项在结论中也不得周延，因此大项在前提中必须周延，另一前提命题必须是否定命题。但根据"从两个否定命题不能推理得出任何确定结论"规则，两个否定命题无法得出有效结论。因此两个特称命题不可能得到有效结论。

7. 如果两个前提中有一个特称，结论必然特称

这一判断比较符合一般性认知，即如果前提命题中存在"有的人……"结论命题必然不可能有"所有人……"的结论。这一判断也可以经由真值表得出。两个前提命题中有一个特称命题，那么另一个为全称命题，这两个命题既有可能是肯定命题也可能是否定命题，但根据真值表，这四种情况下均得到特称命题的结论。因此只要两个前提命题中有一个特称命题，结论命题即必然为特称命题。

对于三段论推理，其有效性可以通过命题形式得到直接判断，但对于司法推理活动，更要注意三段论推理的局限性。首先司法活动中判决的有效与否不可能通过将司法话语直接转化为形式逻辑而得到检验，同时司法活动中概念需要得到解释，案件事实发现是动态往返的反复过程，因此需要通过其他推理方法对三段论推理进行补充修正。

(二) 归谬推理

诉讼过程是双方当事人提出各自主张、提出各自证据、反驳对方主张的过程，当事人双方展示的案件事实往往有所差异甚至截然相反，因此为了进行法律适用必须对涉案证据的真实性作出判断。这一通过排除矛盾命题而确定案件证据真实性的方法即是归谬推理。

归谬推理的前提基础是形式逻辑中基本原则之一的"矛盾律"，即两个命题之间存在矛盾关系时，其中一命题为真则另一命题必然为假；其中一命题为假则另一命题必然为真。具体到法律逻辑中，归谬逻辑的标准是案件证据的融贯，即"案件证据之间相互印证"。若一方当事人提出的主张为真，必须以其提出的证据之间相互融贯、没有矛盾为基础。如果当事人提出的证据之间存在

彼此矛盾的情况，则其证据之中必然存在假的证据，进而可以推论得知其主张观点（命题）为假。其过程可简要概括为，若要证明一证据为真，则先假设其为真，其为真则另一证据必然为真；现另一证据已知为假，则此证据亦为假。① 通过归谬推理，法官可对当事人提出的证据进行检验，对有矛盾的证据进行排除。对此，诺伊曼也曾提出：".......不矛盾律表达了一个法律论证的标准，至少具体的逻辑规则对于法律论证有明显的约束力。"②因此，归谬推理是发现证据错误、排除错误证据、检验证据真实性的有效方法。

（三）溯因推理

溯因推理是在已知一定事实结果的情况下，通过相关规律性知识，推断该事实结果产生的原因的假设性推理。溯因推理的特征是以某一特定事实结果作为推理的逻辑起点，以推理主体的背景知识、生活常识等探寻该事实结果发生的原因、条件。③ 溯因推理展现了人们从结果到原因、从现象到解释、从事实到假设的思维活动过程。

在司法活动中，双方当事人提交的证据仅是案件事实的部分片段和间接线索，而对案件事实的还原仅能通过溯因推理得到实现，这也是由案件事实的性质的特点所决定的。案件事实并非客观事实本身，英国著名哲学家罗素对此也有过说明："当我谈到一个'事实'时，我不是指世界上的一个简单的事物，而是指某物有某种性质或某些事物有某种关系。因此，例如我不把拿破仑叫做事实，而把他有野心或他娶约瑟芬叫做事实。"④在司法领域所探讨的"事实"实际有至少三种含义：生活事实，证据事实，案件事实。生活事实即是指现实发

---

① 参见杜国平：《反证法与归谬法的现代分析》，载《自然辩证法研究》2005 年第 3 期。

② Ota Weinberger. Neo—Institutionalism：My Views on the Philosophy of Law［M］// Wintgens Luc J, The law in Philosophical Perpectives：My Philosophy of Law, Boston：Kluwer Academic Publishers, 1999.

③ 参见杨猛宗等：《溯因推理新论——法律论证的视角》，载《政法论丛》2013 年第 5 期。

④ 伯特兰·罗素：《我们关于外间世界的知识》，陈启伟译，上海译文出版社 1990 年版，第 47 页。

生的事实或事件；证据事实指当事人提交的证据所展现的事实；案件事实是与法律规范所对应的案件中的事实情况。司法判决基于事实，当事人也在努力向法官和对方当事人展示说明自己视角中的事实情况，然而事实既然已经成为过去即无法得到完全重现，只能经由众多证据所展示出的片段对案件事实加以认识。也正因此，证据事实可能并非真正的事实，却又是司法判决所能依据的唯一基础。只有通过溯因推理，当事人和法官共同对证据进行解释、推理，从而得到案件事实的轮廓和确认对案件有重大影响的证据的真实性和有效性。

溯因推理的过程首先需要一定的事实材料，如特定的案件结果，受损害的现状。根据已有材料，推理者作出不同解释，如当事人的损害与对方当事人相关、与自己相关或与第三人相关。之后，推理者需从众多可以对该事实进行解释的假设中选择一个进行假设性的推论。最终推理者确定该解释是一个可接受的解释，也是众多解释中最符合现实状况的解释。具体到司法审判过程中，在对案件事实定性的过程中主要所运用的就是溯因推理的方法。推理者从已确定的案件事实出发，挑选出该案件事实可能符合的法律规范，进而选择最符合该案件事实的法律规范，最终确定该规范应当得以适用并确定案件结果。溯因推理并非可以从案件事实确定地得到可以适用的法律规范，案件事实与法律规范之间并不存在将其截然分开的清晰界限。法律逻辑研究法律命题的有效性，而法律命题推理不同于一般形式逻辑的特殊性就在于，法律推理是不断往返于案件事实和法律规范之间的过程，并不能由案件事实直接确定地得到某种法律规范，以至于在此过程中并非某种推理方法直接适用，而是在溯因推理的过程中夹杂着其他推理方法如归纳推理、演绎推理和类比推理等其他推理方法，甚至直觉思维等非逻辑方法。

(四) 类比推理

在众多案件"同案不同判"争议的背景下，虽然我国作为成文法国家，演绎推理、三段论推理是主流的推理方法，但类比推理的方法也受到了越来越多的重视。类比推理在司法领域的适用基于"同等情况相同处理"的法律原则，当某案件的情况与另一案件相类似时，也应获得与另一案件相类似的处理结果。类比推理的过程是首先确定某案件的关键特征，之后确定典型案件的关键特征，再比较两案例的相似性，反复进行这一过程以发现与待定案件最相似的典型案例，最终得出结论，因为典型案例具有一定的法效果，待定案例与典型案例情节相似，所以待定案例应与典型案例具有相似的法效果。在类比推理中，关键步骤是发现与待定案件相似的典型案例，这一过程包括两个前提：一个是大前提，这是一个概括性命题；另一个是小前提，它引证了具体案件中已经被观察到的具体发现和事实。类比推理中的关键要素可以概括为不同关键词，典型案例中的情节可以概括为特定关键词，只要待定案件有与之相同的关键词，便可推理出其具有与典型案例相似的特征、性质和结果。也由此，类比推理可以简化为寻找与某个主题密切相关的关键词的过程，这些关键词即是司法案例中被类型化、有典型法律意义的词语，由这些关键词可以检索出相关案件的法律评价。例如，借助"取走财物""欺骗被害人"等关键词，办案人员可以定位案件为盗窃案件或诈骗案件以及应予以适用的法律条文，之后，"自行前往公安机关""坦白交代问题"等关键词使办案人员界定犯罪嫌疑人具有"自首""坦白"等犯罪情节，以最终判处恰当的刑罚。这一过程并非一蹴而就，需经过多次检验，试错，排除不相干案件，最终确定待定案件的法律属性。

（五）涵摄推理

"法律事实所指向的客体事实并不依赖于人的经验性活动而客观存在，但是法律事实却是人们通过本体论上的一套法律制度具体建构而成的"[①]，赛尔曾如此描述法律事实的构建过程。法律事实是司法裁判所依据的事实基础，但法律事实并非静态不变，在庭审活动中并不能只需要依据已有的法律规范和案件事实即直接作出判决，法律事实发现是伴随着庭审活动的开展而逐渐发现、案件事实与法律规范要件相结合、案件事实是否符合法律规范构成要件而不断审视的动态过程，应当检验得到认定的事实是否满足相关规范的事实构成，它要在整个法律秩序中寻找解决纠纷的答案。因此，在经由当事人提交证据、质证，展现出完整的案件事实之后，还需要在案件事实和法律规范要件之间巡回

[①] 李力等：《解释论、语用学和法律事实的合理性标准》，载《法学研究》2002年第5期。

审视，以规范要件对案件事实进行筛选，剥离法律规范中无关的案件事实，使案件事实符合法律规范的构成要件，这即是"涵摄"的推理过程：将某一对象归入特定概念之下，即法律规范：对 T 的每个事例均赋予法效果 R；（逻辑表述为：凡 T 皆为 R）；S 为 T 的一个事例；（逻辑表述为：凡 S 皆为 T）；对于 S 应赋予法效果 R；（逻辑表述为：凡 S 皆为 R）。这个过程要从生活事实和法律规范两方面进行：一方面，生活事实要具有规范的资格，并与规范产生关联，必须符合规范；另一方面，规范要与生活事实产生关系，必须符合事实。具体而言，法律规则在结构构成上可以进一步细分为假设条件、行为模式和法律效果等法律要素，而这些要素又可以进一步细分，如行为模式在诈骗罪中可进一步细分为诈骗行为、受害人受诈骗、受害人因诈骗而给予财物、诈骗人因诈骗获得财物。若仅是构成要件因素较多，只要对号入座总可以顺利完成，更复杂的是，涵摄推理中的构成要件因素并不像法律规范文本本身看起来的那样清晰完整。因为语言具有多义性、模糊性、流变性，这直接导致法律规则的不确定性，进而导致法律规则在案件中并不能清晰地与案件事实相互对应，也因此法律规则的适用必须伴随着对法律规则的解释，从而使法律规则的内涵得以显现。同时，虽然通过列举式或概括式的立法技术，表面上法律条文明确地规定了法律规则的构成要件，但无论是客观事物本身的限制还是立法者主观认识具有缺陷，法律的要件要素都不能理想地完全穷尽所有构成要素，仅能以不周延的、不完全的概括特征大致描述构成要件的轮廓。其次，如拉伦茨所言："如果精确地审视就会发现，不是事实本身被涵摄，被涵摄的毋宁是关于案件事实的陈述。"①涵摄推理的目的是实现案件事实与法律构成要件的对应，然而涵摄推理中不得不夹杂着司法者个人的价值判断，如此使得涵摄推理的结果近乎因人而异，也使得案件事实与法律构成要件的完全一致成为一种不可实现的理想情景。为避免这些问题或解决这些问题，唯有法律人"在事实与规范之间目光穿梭"才能实现。因此，在事实与规范之间的反复多次的来回审视中，既要不断地排除与法律规范没有联系或关联不大的事实，又要不断地排除与事实不相匹配的法律规范。所以，涵摄推理实质上是案件事实与法律规范要件之间相互

---

① 卡尔·拉伦茨：《法学方法论》，黄家镇译，商务印书馆 2020 年版，第 347 页。

对应、匹配的过程，这个过程中案件事实向法律事实的转化并非单方向的，而是循环反复，既要从案件事实到法律规范，又要从法律规范到案件事实，在彼此之间进行比较、权衡，从而使抽象的文本中的法律规范成为具体的案件适用中的裁判规范。

四、逻辑学的司法话语功能

逻辑学在司法话语领域中的得到广泛运用，主要在于能够发现和把握司法话语正确的思维过程形式特征。通过逻辑学思维被认识和形式化，而且逻辑提供了正确运用概念判断推理的规则。我们在运用这些思维形式时，可以使思维具有确定性、不矛盾性、协调一致性和论证性。这就使得我们可以通过有意识的学习和逻辑训练，实现思维规范化，逐步改变思维的习惯性自发性而代之以思维的科学性。随着判决书的公开、司法活动的直播，法庭内的神秘性逐渐消散，法律活动的封闭性被打破，司法活动从开始就经受着法庭外目光的审视，司法人员和当事人都需要接受自己不仅与法庭内人员话语互动而且进行着与法庭外人员话语互动的现状。而这种审视的对象就是司法活动中各方话语的逻辑是否正确。如某案件案中法官对救人行为的逻辑推理"不是你撞的你为什么去救人"就遭受了极大的批评。某案件是否撞人的客观事实尚不明确，但仅以救人行为推导出必然撞了人，这在逻辑上就是十分荒谬的。逻辑形式的协调一致本身就与案件事实真相保持了合理的距离，成为评价司法活动的一项独立标准。司法话语交往中各方话语逻辑的重要性也越来越得到重视。

此外，逻辑学对司法话语也具有方法论的意义，推理既是一种特定的判断联结方式，也是一种认知手段，因而，它运用的本身就具有方法论意义。司法话语交往的有效性也需要求助于话语的逻辑可推导性。各方要达到话语有效沟通，需要自觉地以逻辑形式优化自身话语。逻辑学虽然不提供推理前提内容方面的知识，但是，又告诉了我们应当通过什么样的方法去获得所需要的前提，如何运用已知的前提来构造推理以及怎样看待所运用的推理的结论性质。这些无疑都有助于我们扩展运用推理的能力，提高运用推理的技巧技能，从而避免运用推理的随意性，进而实现话语有效交往。不仅如此，由于推理是判断的联结，而判断从根本上来说，就是由概念构成的，因此概念是否明确，判断是否协调一致，也就成为正确运用推理的基础逻辑。逻辑学关于如何明确概念，怎样正确理解一个判断的实际断定，以及在证明和反驳中怎样保持判断的协调一致，不相互矛盾等方面的知识，更是直接体现了他的思维方法的意义。

逻辑学还有助于正确进行司法话语交往，提高论辩能力。逻辑学不仅有助于我们表达清楚，准确做到论证合乎逻辑，而且它还有助于我们在论辩中识别和驳斥谬误，提高论辩能力，减少话语中的模糊性和不确定性。一般而言，论辩中的谬误不外乎来自两个方面，即内容方面和逻辑方面。前者涉及的是相关的具体科学知识的问题，以及是否科学，是否合乎客观实际的问题；后者则是论辩是否符合思维规律规则的问题。但是，这两个方面的谬误却不能截然分开。因为内容方面的谬误往往又是与逻辑方面的谬误密切相关的，比如由于推理形式方面的错误而得出的方面结论，就其表达的思想不符合客观实际来看它属于内容方面的错误，而从得出这一结论的过程来看，则往往又是不正确地运用推理的结果。既然论辩中的谬误来自两个方面，我们要识别和驳斥谬误，当然也就必须从这两个方面展开，这就要求我们不但要具有相关内容方面的知识，而且还具有逻辑方面的知识，甚至从某种意义上来说逻辑方面的知识在识别和驳斥谬误中还显得更为重要。因为如果抓不住司法话语论辩中的逻辑，对内容方面的谬误也难以抓住要害。

第二节　司法话语的法哲学资源

实现司法"规范性"能动与"行为性"能动是司法"对接性"与"对话性"模式转型的制度保证。以司法"规范性"能动与"行为性"能动推进司法"对接性"与"对话性"模式转型，实行司法话语交往，达成司法协商目标，这才是司法话语交往模式达到实质性转型的新时代选择。因此，司法话语的哲学基础首先是对立统一规律，而对立统一规律在司法话语架构中则是以权能衡平理论体现出来。司法话语利与司法话语力既对立又统一，有效地推动着司法话语交往活动的良性发展。

一、主体间性理论

诉讼就是各话语主体之间的交往与互动，司法话语的行使需要新型的主体间关系。主体间性是对主体间关系及其价值的一种认识。主体间性理论的提出，旨在通过交往主体间的话语地位之重构，求得主体间的话语沟通与共识，以更好地实现司法话语主体之间的司法话语。

主体间性又称为互主体性，是一个后现代哲学思潮的概念，是由哲学家拉康提出来的。他认为，主体是由其自身存在结构中的"他性"界定的，这种主体中的"他性"就是主体间性。主体间性（intersubjectivity）是主体与同样作为主体的他者之间的关联性和相关性。主体间性是一个关系范畴，强调一种平等的主体观。①

在胡塞尔的基础上，哈贝马斯对主体间性理论进行了更加深入的研究。他认为主体可以通过自己与他人的社会关系将自己解释为社会化的人。经验自我与先验自我也可以通过主体间性联系起来。主体通过自身的理性认知、言语和行动能力来理解与诠释自身，通过以往的自我与此时的他我重构并不断发展对自身的身份认知。"人能够克服自己的自我毁灭能力而存活下来，这也必定是因为他能与自己的同类进行交流并且达成相互理解。"②因此，主体必须将其置身于言语互动的参与者的关系架构当中，使主客二分的思维模式走向主体间性。主体间的互动也构成了法律话语对理论形成的基础和原则性要求，"对任何法律理论而言，其焦点必须是人的互动与沟通"③，法律话语自身存在于主体间的沟通当中，因此，必须要求认知主体对他者的认知、理解与认同，而不是通过将他我客体化的同时，也将自己客体化，这样最终会导致法律话语的独白与外在系统的宰制。自我依靠与他人对话而认识自己，自我与他人共生交流，也包含了平等尊重的伦理意蕴。

---

① 参见王晓东：《西方哲学主体间性批判》，中国社会科学出版社 2004 年版，第 18 页。

② ［美］富勒：《法律的道德性》，郑戈译，商务印书馆 2005 年版，第 215 页。

③ ［比］马克·范·胡克：《法律的沟通之维》，孙国东译，刘坤轮校，法律出版社 2008 年版，第 18 页。

司法活动本身就是一种社会活动，因此，司法话语交往行为所提到的主体间性原则也是社会学角度的。

司法话语交往作为语用的重要表现形式预示着在交往的过程中要充分考虑到话语主体的互动因素和会话语境的因素。在传统的司法语境中，审判人员成为司法的主体，其他当事人成为了司法的客体，在审判人员面前处于劣势地位。主体间性语境的司法话语交往行为模式对审判人员的个人素质和修养有较高的要求，一个没有良知的法官对司法话语交往的公平性有巨大的恶劣影响，在这里，法律将形同虚设，话语交往的形式是法治的，而实质是专制的了。

司法话语交往行为是具有主体间性特征的。主体间性的话语交往模式要求司法话语主体都处于重要的位置，没有主体客体之分，不让任何一方凌驾于其他人之上，话语主体进行平等辩论，有的只是平等主体之间的对抗。在庭审程序中，坚持主体间性原则，挑选诉讼标的，决定论争点，提供证据，揭露证据等各个环节，都由当事人推动，他们为了自己的诉讼目的积极主动地与对方争辩，用各种证据说服对方，整个司法过程的对抗性明显并且非常激烈，始终是控辩双方当事人唱主角，法官及陪审团只是对庭审过程中的对抗作出裁判，这一点并不难理解，因为他们是司法话语的主体，他们的言辞对抗与推理的结果息息相关，自己为自己争取权利，自己为自己的话语行为负责，双方当事人因为是案件事实的参与者，他们比任何人都清楚事情的真相，他们在辩论中也会据理力争。在诉讼程序的过程中，从开始进行诉讼到最后司法结论的得出，话语交往主体一直平等地参与其中。

司法话语交往"不光是法官的事情"。① 只要我们承认和尊重话语交往行为人的主体地位，遵循主体间性的话语互动模式，才有可能达成良好的沟通效果。司法裁判就是在这样一种多方主体参与、多种言语行为交往的基础上得出的。司法话语交往行为的主体间性使当事人没有理由去质疑这种带有自己话语烙印的交往过程，即使话语交往结果是他所不期望的，他也愿意承认交往的有效性。由此交往的有效性从依赖于诉讼结果对自己有利转向司法过程的公正性本身。

---

① 张宝生：《法律推理的理论与方法》，中国政法大学出版社 2000 年版，第 63 页。

二、交往行为理论

诉讼需要对话，需要沟通，司法话语需要话语。交往行为理论旨在通过交往主体间的话语商谈所形成的话语共识，实现权利话语与权力话语的互动、制约，为中国司法话语交往行为提供技术支撑。

哈贝马斯继承了马克思主义哲学的实践精神和批判精神，以马克思主义哲学的批判精神，批判性地反思了马克思的实践观。他主张以语言(言语或言语行为)为中介，将主体与客体联结起来，将社会真理、伦理真理和法律真理置于"主体间性"之间所构成的"生活世界"之中，社会、伦理、法律的真理的有效性，只存在于多主体之间的交互行为活动所达成的共识之过程和论辩程序之中。可以说，哈贝马斯在实践观上拓展了马克思主义的实践观，他继承了马克思主义的实践观，即实践的观点是首要的观点，他认为，实践又是一个随着社会发展和时代进步而不断发展的观念，商议、对话、谈辩、演讲、教书、说书等言语行为都属于社会实践，是社会实践的一种基本形式，实践绝非限于生产、科学实验和阶级斗争这三种形式，在后现代①语境下，实践是交往，即具有言语行动能力的——多主体之间的——以语言为媒介的交互行为活动。这样的实践观或交往观，将商谈纳入实践，即将思、言、行一体化。根据这种实践观，说同时也就是做；人作为符号化的动物，其作为行动主体的存在是言语行为(会话、言谈、商谈、论辩等)的存在，其真理及其有效性表现为言语行为的存在，道德、伦理、法律的真理及其有效性只存在于主体之间的对话、商谈、商议、论辩的言语交往行为之中，因而它由单一主体的实践理性转向了面向多主体的交往理性。因而，交往行为在实质上就是交往主体之间的商谈关系。这便是法律商谈理论的基本出发点。由此，哈贝马斯提出了以商谈理论为基础的交往行为理论。

话语共识是交往行为理论的核心内容。哈贝马斯交往行为理论中的共识不是基于某种交往前已存在的、受共同约束的世界观、价值观或共同的规范，而是通过彼此之间的沟通建立在相互理解和信服基础上的一种"求同存异"，这

---

① "后现代"在哈贝马斯那里被称为"晚期资本主义社会"。

种共识尊重交往主体价值观和利益需求的差异性，其目的不在于消灭差异和分歧，而是在肯定多元的价值领域内达成主体间认识的一致性，这种共识无疑为意见的合法性提供了支撑。

哈贝马斯的交往行为理论是一种程序主义民主模式。① 哈贝马斯以交往理论为认知模式，肯定了共和主义民主的价值，因为共和主义民主也是一种"交往型"的民主。当然，哈贝马斯也指出，共和主义民主让民主过程依附于公民的道德趋向，以道德来约束政治话语是错误的。利益和价值的分歧需要依靠均衡达成共识，利益均衡的实质是通过商谈实现妥协，而妥协的前提和程序决定了妥协的公平合法与否。② 因之，程序主义民主模式应运而生，这种模式强调交往是前提、商谈为核心。在哈贝马斯提出的程序主义民主模式中，民主的形成过程是商谈和交往。它依靠公民的文化共识，通过商谈和交往程序建立起了一种有机的话语联系。在这种前提下，哈贝马斯相信合理乃至公正的结果是可以取得的。其次，民主的核心是商谈和交往程序的规则化。程序主义民主模式不是以国家而是以政治意见和意志的形成过程为核心的，为了保障以形成话语共识为目的的政治意见和意志形成过程——商谈过程的有效性，话语共识必须符合以下规则：一是话语主体放弃权力和暴力；二是自由平等参与话语交往；三是具有追求、服从真理之心；四是遵守达成的共识性规则并承担责任。③ 另外，程序主义民主模式超越了以主体性为核心的传统意识哲学，对主体间性的宠爱和张扬成为其最大的理论特色。哈贝马斯认为，交往行为理论基本原则的运用不是独白式的，而是对话式的，它是用以调节不同参加者之间的讨论论证的，而这种对话式商谈的基本精神就是主体间性。这样，在哈贝马斯的视野中，主体性成为一种基础层面的铺垫，而关注的核心转向了主体间的交往形式——商谈、理解和沟通。

哈贝马斯认为交往行为理论完全可以适用于司法领域，并把商谈视为"合

---

① 参见［德］尤尔根·哈贝马斯：《包容他者》，曹卫东译，上海人民出版社2002年版，第280页。

② 参见［德］尤尔根·哈贝马斯：《包容他者》，曹卫东译，上海人民出版社2002年版，第284页。

③ 参见张国锋：《哈贝马斯访谈录》，载《外国文学评论》2000年第1期。

法行使之民主统治的基础"。这种新语境使原有的实践理性生长出新的启发性价值。它不再直接引出法和道德规范，而是引导话语主体对话语网络进行重构，使法治国的交往形式成为生活世界的有机部分。① 在此基础上，哈贝马斯还运用交往行为理论对司法的合理性进行了专门的探讨，指出商谈原则可以帮助人们推导出法律面前平等对待等等司法权利②。

哈贝马斯的交往行为理论探讨了交往主体间的商谈、沟通对于形成话语共识的积极价值，同时也支撑了通过这种机制获得的意见或意志的合法性。尤其是他运用交往行为理论模式对司法判决过程的分析，凸显了司法判决形成过程中在各诉讼主体之间进行的辩论、沟通所具有的重大的诉讼价值，它对于增强判决理由的说服力以及保障判决的合法性发挥着重要的功能。③ 也正因如此，在研究司法判决的合法性问题时，不能忽略哈贝马斯交往行为理论的巨大借鉴价值，他为我们提供了一个崭新的理论视角，把理论研究中已经忽略的论辩对司法判决合法性的影响重新纳入我们的视野，使我们有可能从各诉讼主体间关系的维度来重新审视判决的形成过程，从而对影响判决合法性的因素进行相对周全的分析，完善中国司法话语系统机制的合理建构，进而促进司法判决的合法性。

三、程序正当理论

诉讼程序作为国家的重要法律制度，必须符合正义的内在要求。程序正当主要体现在程序的运作过程中，是评价程序本身正义性的价值标准。

程序正当理论在诉讼中与司法话语的关系在于：一方面，程序正当的实现必然要求保护司法话语利；另一方面，司法话语利在诉讼话语交往中的驻足正是承载了程序正当的理念。这一相互关系主要体现在诉讼话语交往过程中的如

---

① 参见［德］尤尔根·哈贝马斯：《在事实与规范之间——关于法律和民主法治国的商谈理论》，童世骏译，活·读书·新知三联书店 2003 年版，第 7 页。

② 参见［德］尤尔根·哈贝马斯：《在事实与规范之间——关于法律和民主法治国的商谈理论》，童世骏译，生活·读书·新知三联书店 2003 年版，第 152~153 页。

③ 参见［德］尤尔根·哈贝马斯：《在事实与规范之间——关于法律和民主法治国的商谈理论》，童世骏译，生活·读书·新知三联书店 2003 年版，第 283 页。

下方面：

(一)法官中立

法官中立是程序正当理论最基本的准则，法官中立可以体现为以下几方面：

1. 法官应与案件、案件的当事人没有任何利益牵连

这是起源于英国的自然正义之理念。自然公正与自然法的思想有着密切关联，是指那种"不证自明"的原则和要求，即任何人不能担任自己案件的法官，是不需要证明，而是有天然的正当性。① 这也成为自然法发展的硬伤。我们完全可以为"任何人不能当自己案件的法官"这一自然正义要素找到支撑的理论根基。这是因为：

第一，法官应与案件、案件的当事人没有任何利益牵连，体现了人类对人的利己性的认识和正确对待。人都是利己的，追逐自己的利益最大化是人的本性，同时也是推动社会进步的原动力。人的利己性同样应被法学学科所重视，并作为程序设计的理论支撑。我们要做的应该是用制度规范人的行为，将人的利己倾向约束在合法、正当的范围内。如果法官与案件、案件的当事人有利益牵连，法官在审理案件时，必然会倾向于追求自己的利益，这是人的天性的自然体现。为了追求自己的利益，法官要么偏向于与自己有关的当事人，或者为故意彰显自己的公正而被迫只能作出不利于与自己有关的当事人的判决。如此法官就陷入了一种道德困境即或者被认为徇私或者被迫作出不利于与自己有关一方当事人的判决。而为了使法官不至于陷于如此的道德困境，最好的办法也就是立法者直接作出规定使法官不能接触与自己有利益关系的人的案子。这样的话，任何人不能当自己案件的法官便是自然的了。

第二，法官应与案件、案件的当事人没有任何利益牵连可支撑判决的正当性。法官应与案件、案件的当事人没有任何利益牵连，遵循这样的裁判制度往往能加强纠纷解决的可接受性，法官审理与自己有利益牵连的案件的程序无法

① 参见［德］拉德布鲁赫：《法学导论》，米健等译，中国大百科全书出版社1997年版，第121页。

支撑其判决的正当性。法官在审理自己的案件时，要想使判决看起来比较公正，使判决能够得到公众的认同，其实只有一条路可走，那就是：判己方输、对方赢。在这样的情况下，法官没有选择公正判决的空间，只要是判己方赢——即使己方在实体法上确实是需要法律救济的权利主体——那么他的判决就不会得到社会的认可，社会完全有理由质疑其判决的公正性。任何人不得当自己案件的法官，是规避人的利己性的必然要求，同时也是支撑判决正当性的制度基础。

第三，任何人不得当自己案件的法官已经构成了最基本的诉讼文化。法官既然是裁判员，那就自然不能再当一方的运动员了，否则，裁判的中立性显然是无法得到保障的。在此基础上，各国均形成了司法回避制度，即当法官是本案的当事人或当事人、诉讼代理人的近亲属，或与本案有利害关系，或与本案当事人有其他关系，可能影响对案件公正审理时，法官可自行申请回避，当事人也可申请使其回避。

2. 审判者无偏见

法官中立还要求审判者在审理案件时不能对案件当事人产生偏见或偏袒，避免法官由于自身的偏见而作出不公正的判决。审判者无偏见，是为了避免法官在裁判过程中受法律之外因素的影响而作出不公正的判决。显然，法官周围也存在着社会关系、传统、信仰、性别、自身意识等因素，受这些因素的影响，法官也可能会形成一定的偏见，从而对裁判产生影响。审判者受自身具有的势利特性、个人好恶等因素的影响从而产生对某方当事人的偏见，最终会损害其裁判的公正性。

总之，法官的职业要求法官必须尽量剔除自身的偏见，在裁判时就不能有任何的歧视和偏袒，对不同种族、阶级、性别的人都一视同仁、公平对待。而这正是公正裁判的前提。

3. 不能对案件产生先入为主的预断

预断主要来源于接收信息时产生的印象，也就是我们所说的先入为主会使我们形成预断。这种预断会导致不公正的判决。另外，法官观看了关于案件的新闻媒体报道、社会舆论，或者自己参与了一个案件的收集证据活动等，都可能对案件产生自己的判断。因此，为了避免法官产生预断，我们的程序设置了很多相应的规则，如法官必须实行不告不理，即法官要消极，不能主动追究违法犯罪行为，必须有人来起诉，才能启动诉讼程序，法官不能主动启动诉讼程序。如在民事诉讼中，由原告方起诉启动诉讼程序；在刑事诉讼中，公诉人的起诉启动诉讼程序等。因为如果法官自己觉得某人违法或犯罪了，其主动启动诉讼程序来追究，那么，诉讼结果在诉讼开始的同时就已经确定了，程序的进行已无实质意义。但遗憾的是，在我国的诉讼立法中，还存在着一些违背法官消极性的规定。如在民事诉讼中，法院是再审程序的启动主体，法院如果认为原判有错误，可以进行再审，但这种情况下再审的结果在法官头脑中其实已经成形了。再如：法官不能收集证据，法官收集证据，会受收集到的有限的证据的影响，特别是如前所述，会受到有罪证据的影响，而过早地在头脑中形成先入为主的预断。还有立案法官要与审判法官相分离，起诉状一本主义，担任过证人、辩护人的人不得再担任本案的法官，还有我们提倡的调解法官应与审判法官分离等。

4. 不能单方面接触当事人

与行政活动不同的是，司法活动本来就是一个由法官、双方当事人三方组成的等腰三角形模式，法官位于三角形顶角，双方当事人分别位于等腰三角形的两个底角。法官要与当事人双方保持同等的距离。法官作为裁判者通常是在控辩双方同时参与下进行裁判活动的。具体而言，裁判者无论是就被告人应否承担法律责任进行实体性裁判，还是就某一诉讼行为是否合法和正当进行程序性裁判，都不能单方面地进行，而必须在控辩双方同时参与下，通过听取各方举证、辩论的方式来进行。① 否则，无论是当事者还是普通社会公众，都可能对司法裁判活动的正当性提出异议。

法官不能单方面接触当事人，应在另一方在场的情况下听取一方意见，要求法官一方面不得在另一方当事人不在场的情况下，接触一方当事人，只听取一方当事人的陈述。单方面接触之所以要被禁止，是因为这剥夺了另一方当事人陈述和对质的权利和机会，而且法官在偏听的情况下，会对案件形成片面的认识，从而作出不公正的判决；另一方面不得与一方当事人进行纯粹形式上的

---

① 祁建建等：《法官引导权略论》，载《华东政法学院学报》2000 年第 1 期。

接触，即要做到形式正义。这是对法官中立作出的形式上的要求，即法官的中立应该看得见，不能让人产生合理的怀疑。① 法官单方面接触当事人，虽然并不一定是与一方当事人进行案件上的沟通和交流，但这种纯粹形式上的接触也会引起对方当事人的合理怀疑。试想，如果一方当事人看到法官与对方当事人笑谈，或一起行走，甚至一起吃饭等，必然会认为法官与对方当事人之间有某种关系，从而会对法官的中立性或公正性产生合理的质疑。

(二) 参与

这一要求可以简称为"程序的参与性"。程序的话语参与性有着深厚的理论根基，主要体现为人的主体性原则，即人应该作为目的而存在，而不应该作为手段或者工具而存在。人既然是主体就应该自治。人应该成为自己事务的操控者，特别是在诉讼中人应该是主体而非客体，这奠定了程序正当的人文基础。

程序的话语参与性具体体现在以下几个方面：

1. 当事人在场

程序正当的基本要求是必须让双方当事人参与到程序中去，特别是在庭审时双方必须被通知到场。这里强调的是法院要履行告知义务。程序会产生对当事人有利或不利的判决，如果当事人都没有参加庭审，就被判处了刑罚，剥夺了自由，或者失去了经济利益，这显然是不公平的。所以，在诉讼过程中要进行诉讼文书送达，如开庭通知书等的送达，即人民法院要依照法律规定的程序和方式，将诉讼文书送交当事人或其他诉讼参与人。在民事诉讼中当事人有权处分自己的实体权利和诉讼权利，如果不是必须到庭的当事人，其可以放弃自己到庭进行陈述和辩解的权利(权利本身就意味着一种自由，可以行使也可以放弃)，这也意味着其愿意承担审判结果的不利风险。缺席判决的理论支撑是当事人的处分权，其存在的合理前提必须先行送达，如果没有进行送达，不得剥夺当事人到场的权利。

---

① 黄国昌：《比较民事诉讼法下的当事人图像》，载《政大法学评论》2003 年第 76 期。

但目前在我们的刑事诉讼中，却存在一种较为普遍的现象，即刑事案件的被害人被边缘化，其往往不知道刑事案件的开庭日期，参加庭审更无从谈起了。作为犯罪行为的直接利益受损者，被害人是有权参加庭审的。在认罪认罚制度中被害人权利保护问题需要得到重视，作为犯罪行为的直接侵害者，被害人与案件的审判结果有着直接的利害关系，在现行的刑事诉讼法的规则下，被害人对于侦查、审查起诉、审判等过程知情甚少，更不用说表达自己的意见。虽然说刑诉法规定认罪认罚应当听取被害人意见，但是在司法实践中，没有具体的机关听取被害人意见，也没有规定如何听取被害人意见，并且认罪认罚案件往往通过速裁程序进行审理，当被害人想要参与程序时，往往审判已经结束，被害人的程序参与流于形式。在刑事案件中，被害人的上诉权被检察院所吸收，被害人也不能得到值班律师的帮助，被害人的救济途径很少，被害人与被告人之间的权利并不平等。在认罪认罚案件中，被害人的主体地位并未被确认，程序参与权利未被重视，其缺乏有效的参与与足够的重视。

2. 当事人发出自己的话语

程序当事人不但必须被通知到场，而且必须被给予机会发出自己的话语。即有权提出自己的主张和证据，并对不利于自己的对方的主张的观点和证据进行反驳。这是当事人参与程序的基本内容和目的。这样可以让法官听到双方的陈述和辩解，做到兼听则明，有利于实体正当的实现。

任何一种程序的运作结果都可能会给一方参与人带来不利益，诉讼程序尤其如此，让得到不利益结果的参与人有为自己申辩的机会非常重要。可以说，给程序参与人，特别是程序不利益结果的承受人一个说话的机会，是程序正当的基本要义，而且这条规则应该贯穿到所有广义上的程序的运作中。

3. 所有的参与活动者要对裁判的结论有积极的影响

当事人要到场，而且要发出自己的话语，那么，当事人到场和发出自己的话语的目的是什么？即话语参与的意义何在，程序的意义又何在。其实，当事人话语参与程序的最重要的意义是对裁判的作出产生积极的影响。

当事人无法对判决的作出产生影响，法院判决结论不是来自程序，是对程序正当最严重的践踏和破坏。在此种情况下，所有的当事人都只能充当被动接受处置、消极承受审判机关审判裁决的诉讼客体，而丧失了"为权利而斗争"①的机会，无法成为自主地决定个人命运、主动从司法中寻求救济的诉讼主体。这种程序的非正当最终所导致的，是当事人人格尊严的丧失和诉讼角色的奴隶化。

所以，法官应该在听证的基础上作出判决，这样当事人的辩护等自然要对法官的判决有影响。

(三) 对等

对等，又称为平等武装，是指程序双方当事人在程序话语参与过程中要受到对等的对待，即从形式上说，当事人要有对等的抗辩机会，立法制度和法官必须保障这种形式平等；从实质上说，当事人要有对等对抗的能力，并且有对等对抗的效果。具体为：

1. 当事人有对等抗辩的机会——形式平等

这一方面要求程序制度设计要赋予当事人双方平等的诉讼权利和相应的制度保障，如民事诉讼程序设计了当事人诉讼权利平等的原则，具体体现为民事诉讼法赋予原告和被告同等或对等的诉讼权利。同等的诉讼权利为：原告和被告均有辩护权、聘请律师的权利、举证权、质证权、上诉权等；对等的诉讼权利为：原告有起诉权，被告有反诉权；原告有选择管辖法院的权利，被告有提出管辖权异议的权利等。这些体现的就是正当的程序要给当事人平等的抗辩机会。

另一方面，要求法官切实保障诉讼当事人双方对等的权利和地位。如果只在立法上赋予当事人双方平等的权利和地位，而在实践层面不保障这种平等性，这种平等性也只能是形同虚设的。

为什么要给控辩双方平等对抗的机会呢？这是由法庭审判的性质所决定的。一般来说，受到平等对待的要求，源于"人类希望受到尊重"，并且"不愿受他人统治"的愿望，"当那些认为自己同他人平等的人在法律上得到了不平

① ［德］鲁道夫·冯·耶林：《为权利而斗争》，胡宝海译，中国法制出版社 2004 年版，第 23 页。

等的待遇时，他们就会产生一种卑微感，即产生一种他们的人格与共同的人性受到侵损的感觉"。① 在刑事法庭上，尽管原告为代表国家行使刑事追诉权的检察官，被告人则为处于受追诉地位的个人，辩护律师也不过是为被告人代行辩护权的社会法律工作者，但都具有受到平等对待的愿望。作为弱者，被告人和辩护律师一旦不能得到与检察官平等的对待，他们内心就会生出强烈的不公正感，就会感到其人格尊严受到贬损，其基本权益和自由受到忽视，甚至连其说话和发出自己话语的机会都被强制剥夺。这种源于人性之中的被尊重的要求，一旦得不到满足，被告人、辩护律师就会对法庭审判的公正性产生深深的怀疑，对自己受到的不公正对待形成强烈的不满。而这种就程序过程所产生的不满和怀疑，会进而影响他们对裁判结论的信服和尊重。如此，司法公正、程序正当都将不复存在。

2. 有对抗的能力——实质平等

当事人有平等对抗的机会只是前提，形式的平等并不代表事实的平等，程序应促使达成当事人之间实质上的平等，只有在势均力敌的双方当事人最激烈的抗辩中，法官才可能感知到最接近真相的事实。如果双方当事人力量太过悬殊，诉讼结果可想而知。

在民事诉讼中，当一方当事人是财大气粗的企业大集团，请得起最好的律师，有足够的钱用于诉讼开支，而另一方当事人却是毫无法律知识，且经济拮据的农民，请不起律师，只能自己出庭时，诉讼结果就可想而知。在这种情况下，就需要法官发挥自身的调控作用，须将天平倒向弱者，以弥补一方当事人力量的欠缺。法官的这种职责叫做释明权，即当弱势的一方当事人不懂法律，不知道其行为会带来什么样的法律后果的时候，法官需要进行释明，向该当事人解释其行为的法律后果，其还有什么别的方式可以选择，相应的法律后果又是什么等，这样才能在实质上减少当事人双方之间力量对比的悬殊，从实质上增强弱势一方的对抗能力。

如在刑事诉讼中，作为个体的被告人和作为代表国家、可动用国家资源来

---

① ［美］埃德加·博登海默：《法理学：法律哲学与法律方法》，邓正来译，中国政法大学出版社 1999 年版，第 311 页。

侦查和起诉的公安机关及检察机关的力量对比更可谓悬殊。所以，在刑事诉讼中被告人的保护问题一直是理论研究的焦点问题。

用来保障当事人实质平等的程序规则有很多，比如证明责任的承担和倒置等。在民事诉讼中，由于当事人双方均为平等的民事主体，所以，程序设计是按照双方主张的事实分配提供证据来说服裁判者的证明责任，一般来说，谁主张，谁举证，双方当事人都可能会承担一定的证明责任。如果双方当事人实力悬殊，或一方处于垄断、优势地位导致双方力量过于悬殊时，民事诉讼规则中相应设置了证明责任倒置。如在民事医疗纠纷中，作为弱势的患者本应该承担证明医院侵权的证明责任，但由于其处于收集证据的劣势地位，法律就把一部分证明责任倒置给医院，由医院证明其不存在过失等。在刑事诉讼中，侦查和起诉方为公安机关和检察机关，是国家机关，他们可以动用国家资源来进行收集证据等活动，而犯罪嫌疑人或被告人只是弱势的个体，双方力量悬殊，因此，在刑事诉讼中，主要由控方承担证明责任。

另外，还要有平等的对抗效果，即法官必须保障或促成当事人之间力量的实质平等。如法官只听检察官说，而不听被告人的辩护，也不能做到当事人之间的对等。

（四）司法理性

1. 司法判决应来自双方提出质证、辩论过的证据、观点和主张，判决应该当庭宣判，避免先定后审，审、判分离。

程序产生判决，判决应来自程序。判决是法官在听审的基础上，在双方当事人最激烈的抗辩中，从当事人双方质证、辩论过的证据、观点、主张中自然得出的结论，而不能是在审前就作好判决，庭审只是走形式。如果法官在审前就作好了判决，程序就失去了意义，更谈何程序正当。这一点尤为重要，它是程序存在的最基本的理由。

司法判决应来自双方提出质证、辩论过的证据、观点和主张，判决应该当庭宣判，避免先定后审，审、判分离。当庭宣判应成为法官判案的一种主流方式。

2. 司法判决应以理性推演为依据

法官作出判决不是件简单的事，每个案件都有其特殊性，法官作出判决的过程是一个复杂的思维活动过程，法官要依靠本身的法律专业知识、逻辑知识、生活经验法则等进行逻辑推理。①

在现实中，法官断案同样需要进行推理，只有经过理性推理的判决才能获得大众的认同和接受。否则，法官的判决可能会引起大众的批判和质疑。如某案件判决的推理就受到了很多人的质疑。

此案之判决书，满是"根据日常生活经验分析""从常理分析""如果……更符合实际的做法应是……根据社会情理……其行为显然与情理相悖"等文字表述。但此判决书作出后，其依据的常理却并没有得到普通大众的认同。法院按"推理分析"作出赔偿 4 万多元的判决后，舆论一片哗然。短短几天时间，天涯论坛上万人跟帖。网友们几乎一边倒对判决表示不满。

但是，我们也有一些较好的法律推理的例子。比如下面这个案件的判决推理：

原、被告是邻居，被告院内养有蜜蜂。2000 年 8 月 21 日，原告在自家院内洗衣服时被蜜蜂蜇伤，住院治疗三天，花去医疗费 266.10 元。原告以被告饲养的蜜蜂蜇伤为由诉至法院，要求判令被告赔偿其医疗费、误工费等损失。

本来，侵权案件中应由原告证明其损害是由被告饲养的蜜蜂所致。但此案中由于蜜蜂与其他饲养动物相比，几乎没有个体特征可以辨认，在群体中更无可能，何况其为飞行物，不能为人的视力所追踪。要求受害人原告举证证明蜇人之蜂为被告所养的，事实上不可能，也不公平。因此，应借助推定规则即由审理案件的法官借助已有事实，据以推出另一相关事实存在的高度盖然性假设。在本案中，被告作为原告的邻居，在自家院内养蜂，且蜜蜂具有蜇人本性；飞入原告院中的概率肯定比其他人家养的蜂或野蜂飞入原告家的概率要大得多，这是已有的客观事实。在这客观事实的基础上，被告饲养的蜂蜇伤原告具有高度的盖然性，在被告不能举出相反的证据证明蜇人之蜂不是其所养，即推定被告所养之蜂蜇伤原告之侵权事实成立。②

总之，断案是一项需要法官发挥积极主动性，并需要法官依据其具有的经

---

① 蒋秋明：《司法理性论略》，载《学海》2002 年第 5 期。

② 参见张卫平：《民事诉讼法教学案例》，法律出版社 2005 年版，第 111 页。

验法则、逻辑规则，以及其他的各种知识进行理性推理的活动，这也是法官发挥自由裁量权的主要内容。自由心证制度要求法官在证据规则的约束下，主动进行理性推理，其符合司法活动的性质和规律。

3. 司法判决要说明理由

法官不仅要进行理性推理，还要在判决中公开自己的推理过程，让自己的推理活动为当事人双方所了解，为普通大众所了解。一方面，了解法官的推理过程是当事人的权利，同时也是法官的义务。自由心证证据制度下，法官在判决中公开自己的心证，也是对法官形成心证过程的约束机制。另一方面，判决不说明理由，法院的正当性和权威性就难以建立，就无法建立司法的公信力。

（五）及时

有句法律格言，迟来的正义为非正义。这是被很多人引用的经典法谚。但实际上，对此法谚，大家并不是在同一层面上去使用它。有的人引用它是指实体正当的问题，即迟来的正义并不能带来实体上的正义结果；有的人则是在程序的层面上使用它，即迟来的正义本身就是一种非正义。

从程序法的角度来说，迟来的正义为非正义更多是指程序意义上的含义，① 即迟来的正义本身就是一种非正义。也就是说，抛开实体结果的正义与否，程序过于延迟本身就是非正义的。原因有二：第一，一个判决过于迟延的产生，必然导致人的利益长期不被解决，长期处于不确定的状态。第二，迟来的正义为非正义还有一个因素就是，使有关当事人在诉讼过程中受到第二次伤害。这是来自国家司法的伤害。因为它体现了国家对个人利益的漠视、冷淡和不关注。

（六）终结性

程序的终结性要求任何一个司法审判都要有一个终结的结论，而且终结结论一旦产生就不能轻易推倒重来。司法是正义的最后一道防线，法官不能拒绝

---

① 陈瑞华：《程序正义论——从刑事审判角度的分析》，载《中外法学》1997 年第 2 期。

作出裁判。一个审判程序一旦启动，法院就必须给出一个终局的结论，否则，当事人双方的利益一直处于不确定的状态，无疑会增加社会的不稳定因素，并影响司法的权威性。同时，一个终审结论一旦作出就不能轻易推倒重来。这是建立司法的权威性和严肃性的理论支撑，同时也是在老百姓心目中建立司法信仰的基本前提。

但是，在我们的司法实践中，却存在法院反复发动再审，使得生效判决的效力无法确定的现象。一些民事案件，经过多次终审判决，又被反复发动再审，甚至发动再审的法院包括高级和最高人民法院，使得一个案件在长达七八年的时间里，一直处于被反复再审的状态。这已成为民事诉讼中的严重问题。

第三节　司法话语的社会制度理论

国家离开个人利益，就没有独立存在的价值和意义，这一理念也在近代形成的人民主权原则中得到充分的体现。① 话语交往离不开社会的传播制度。从该种意义上看，人权理论、传播理论无疑是司法话语必备的社会制度理论基础。

一、人权理论

人权理论的两大主题是自由、平等。人权理论作为资产阶级反对封建统治的理论武器，在资产阶级革命取得胜利后被写入宪法，成为司法话语的社会制度理论基础。

我国的人权事业已经取得了很大的成就。其中包括 160 多项法律法规的制定与实施，以及我国参加了 27 项国际人权条约这一事实。无论在理论层面、立法层面还是在实践当中，我国的人权保障进程已经取得了一系列的成果。从人权理论的发展进程来看，自改革开放到 20 世纪 90 年代初的主要成果是中国的第一个人权白皮书《中国的人权状况》面世。随着我国公民的权利意识不断

---

① ［斯洛文尼亚］卜思天·儒佩基奇：《从刑事诉讼法治透视反对自证有罪原则》，王铮等译，载《比较法研究》1999 年第 2 期。

增长，思想解放，政治进步，许多新的观念逐渐成为人们的共识，比如，以人为本、人权、私有财产、法治、公民社会、和谐社会、政治文明、全球化等。尤其是"以人为本"的提出，以及"国家尊重和保障人权"被载入《宪法》，标志着我国政治文明建设迈上了一个新台阶。2004 年人权入宪则意味着我国人权事业开拓了新领域。2012 年 6 月，国务院新闻办公室发布了《国家人权行动计划(2012—2015 年)》。这是我国的第二个围绕人权推出的国家规划，其中对于中国人权发展的预期、任务以及措施在这四年中的要求都作出了具体的规定。①

21 世纪以来，随着国际国内形势日趋复杂，进一步加强我国人权理论体系的完善与发展仍然是重大历史课题。我国应当以人权作为内核，推进我国的法治进程，在人权理论的哲学与理论基础、人权保障与合作，尤其需要在本书涉及的司法语境下的话语权利的理论与实践等方面寻找新的突破口和创新点。

在司法领域中，我们同样应该把保障人权放在重要的地位，程序正当就彰显了对人权的保障。可以说，对人权的保障延伸到了程序的每个枝节：法官要中立，不能对一方当事人有偏见，要听取双方的陈述，要保证双方当事人真正的对等，判决要及时，要说理，要有终结性等都无不体现了对当事人权益的关注。

因为刑事诉讼往往带有强烈的强制性和诉讼双方力量的不对等性，所以，保障人权的要求就更强烈地体现出来了。刑事诉讼比民事诉讼和行政诉讼等更为复杂，其涉及更多的诉讼主体和诉讼阶段，如侦查机关是立案侦查阶段的诉讼主体，其可能会对锁定的嫌疑人进行强制措施，检察机关在提起公诉阶段是诉讼主体，其掌握着对某人提起公诉，将其置于被告人地位的权力，而法官只在审判阶段是诉讼主体，其享有对被告人裁判罪名是否成立的权力。因此，程序应设计好相应的制约权力的机制，要严格规范和限制国家的侦查机关、控诉机关、审判机关的权力，防止其滥用权力侵犯诉讼参与者的诉讼权利，重视对诉讼参与者特别是被告人的人格尊严和基本人权的保障，以把被告人作为一个

---

① 人民出版社编辑室：《国家人权行动计划(2012—2015 年)》，人民出版社 2012 年版，第 61~93 页。

自主、自立且有权自由表达自己意志的重要诉讼主体来看待，不可随意处置。

诉讼法中的非法证据排除规则，较好地体现了程序对人权保障价值的追求。2001 年 12 月，我国最高人民法院颁布了《关于民事诉讼证据的若干规定》，该规定第 68 条规定："以侵犯他人合法权益或者违反法律禁止性规定的方法取得的证据，不能作为认定案件事实的依据。"此规定对收集证据的手段加以限制，保障了公民的基本人权，如隐私权。试想如果有人为了所谓的取证，而偷偷地在我们家中安装了摄像头或窃听器，那我们还谈什么隐私权？同时，这种做法也维护了一种安定的社会秩序，否则，我们一回到家就必须四处检查，看看有无摄像头或窃听器什么的，人心惶惶，根本无法安居乐业。

我国《刑事诉讼法》第 52 条规定审判人员、检察人员、侦查人员必须依照法定程序，收集能够证实犯罪嫌疑人、被告人有罪或者无罪、犯罪情节轻重的各种证据，严禁刑讯逼供和以威胁、引诱、欺骗以及其他非法的方法收集证据。此规定虽然由于各种原因在实践中并没有得到很好的实施，但其本身的正义性是无可辩驳的，其充分体现了程序对人权的保障，特别是对刑事诉讼中的弱势主体被告人的保护。

坚持程序正当观念，并在法律程序的设计和运作中贯彻落实，有助于确定基本的公平权衡机制，使公民权益得到应有的尊重。权力乃黑白相间的精灵，它既是安全的保障，又是自由的可能侵害者，因为谁也不能保证占据权力位置的人一定是有道德的人，不会滥用权力，而权力一旦"被人滥用，任何暴政都要甘拜下风"[1]。因此，程序对人权的保障是通过权利——权力的制约、抗衡机制来实现的。整个诉讼程序的设计就是要通过侦查机关、检察机关、法官和当事人之间的力量制衡来保障程序正当的实现。在诉讼构造中，法官拥有的是司法权力话语，当事人拥有的是司法权利话语，权力相对权利而言，无疑具有很强的优势，如何对权力进行约制就成了程序设计的基本出发点。特别是在刑事诉讼中，侦查机关、检察机关的优势地位和被告人的弱势地位形成了鲜明的对比，如何赋予被告人相应的司法话语力来对抗或制衡侦查机关和检察机关的

---

[1] [英]丹宁勋爵：《法律的正当程序》，李克强等译，法律出版社 1999 年版，第 86 页。

司法话语力就成了刑事诉讼程序设计的核心内容。

二、传播理论

传播理论是以话语信息交流为研究对象的。传播理论已经广泛运用于人类社会的活动领域，丰富了话语交往社会制度研究的理论视野。

传播理论于 20 世纪 40 年代末 50 年代初发轫于美国。"二战"后，美国的新闻事业，特别是电视业的发展对传播学的勃兴起到了很大的刺激、推动作用，但西方传播理论的源头可以追溯到 19 世纪下半叶发展起来的演讲学、社会学、人类学，以及以后诞生的语言学、政治学，甚至可能追溯到两千三百年以前亚里士多德的修辞学。信息论、控制论和系统论的创立则从方法论上为传播理论的研究做了准备。可以说，传播理论的根基是扎在上述各门学科之中的；传播方法论也是一种综合的、跨学科的方法论。

经过长期的积累，传播理论已初步形成了自己的内在体系，它包括总论、一般理论和分支理论。

传播理论总论是这一学科的方法论，包括信息论、控制论和系统论，以及社会学家乔治·米德创立的象征互动论。但这还是不够的，因为上述三论和象征互动论无法解决种种社会、人文因素对话语传播的困扰和纠缠所引起的问题。因此，传播理论总论还应包括美国传播思想家唐纳德·库什曼提出的规则理论。规则理论以描述人的行为的选择性的行动理论为基础，认为话语规则是行为选择的标准。库什曼的规则理论给传播理论研究带上了更多的人文主义色彩。

传播理论包括传播的信息、符号、意义、过程和效果等诸种理论。信息是认识话语主体与话语客体之间的媒介物，话语主体对话语世界的感知必须经过信息的媒介作用。信息又有直接和间接之分，直接信息是事物运动的存在形式，间接信息是它的表达形式，因此，从总体上说，话语是一种间接信息。信息要传递，必须有载体，符号就是一种信息载体。符号不是事物本身，而是一种象征系统，是指说事物后的。按照美国哲学家苏珊·朗格的说法，符号可以分为两种，一种是推理符号，另一种是表象符号。以自然话语为信息载体的，则属于推理符号系统；以非自然话语为信息载体的，则属于表象符号系统。表象符号的意义就在于它自身中。作为一种推理符号，话语有着自己独特的功效，比如话语可以展示法律复杂的深层制度。

信息、符号和意义是传播理论中几个相异的概念。意义问题是传播理论当中的核心问题之一。在现实生活中，经常会发生误会或误解，发生传而不通的情况，那是由于对信息、符号的相异理解。符号既有固定的意义，又有随语境变动的因素。符号意义的固定成分是话语得到传播的前提条件，因为假如符号不包含某一社会群体的成员都能分享的意义，那么他们相互之间就无法进行话语交流，社会生活就会变得混乱不堪。但由于话语主体各自差异的存在，因此，意义又产生于各自独特的理解当中。

每个传播过程涉及三个要素：传者、话语和受传者。由于传者和受传者都具有主体性，因此，传播过程总带有双向互动的性质。

在一定意义上说，传播理论的创立就是为了探寻最佳的司法话语传达效果。用传播理论的方法来研究司法话语传达，就是运用传播理论的视野、方法来审视司法话语的整个传播过程，把司法话语交往看成信息交流的社会现象，并使之上升为社会传播制度的有机部分。

第三章　法庭域内：司法话语的交往

司法话语除了要接受先进理论的洗礼，还需要得到实际的运行，这就涉及司法话语系统机制的交往机制问题。司法话语场域是以法庭话语场域为核心生成并运行着的一个具有相对独立性和自律性的动态场域。法庭话语场域虽然比不上司法话语场域的广阔性，但它是法院（法官）进行司法职业专门活动的特定场域，是司法话语场域的中心区域。法庭话语场域包括法官、公诉人、律师、当事人和证人等司法话语主体。他们在这里进行话语交往，适用法律，解决纠纷，实现司法话语。在现实司法生活中，司法话语主体运行的梗阻是司法话语博弈失序的根本原因，因此，着眼法庭，探讨司法话语主体的运行，是实现司法话语的重要进路。

第一节　法庭主体司法话语的基本特征

哈贝马斯认为，法庭司法话语交往的不对称性不仅仅是话轮分布的不平等，也是社会权力和身份的分布不平等。[①] 法庭话语交往最显著的特征就是各方参与者之间的权势关系不对称。法庭话语是一种"战争性"话语，充满对抗性。机构话语中的最典型是法庭话语，交往过程中时刻体现着各方话语权力和控制的过程，各方都为了话语权力进行努力和抗争。[②] 在法庭裁判、调解、和解过程中，司法话语的参与者像法官、公诉人、原被告、证人等，为了实现自

---

　　① 参见 Habermas，J. Theory of Communicative Action. Vol. 1. Reason & Rationalization of Society. London：Heinemann，1984。

　　② 参见孙亚迪：《法庭重述话语的意义重构策略》，载《湖北大学学报》（哲学社会科学版）2022 年第 49 期。

己的利益诉求和主要目标，会使用话语打断、封闭式问话等方式化解交往中的阻碍。

一、法官：支配与控制

(一) 裸权力话语

裸权力话语是指不对称交往中，权力高的一方明确或不明确地暗示自己职位的权力，企图以机构权力压制对方，控制对方的话语走向。① 这往往发生在当权力高的一方发现自己权威被挑战，面子遇到威胁，或自己的话语达不到应有的效果时。一般情况下，机构会话是在潜规则的机制下运行的，即法庭交往参与者对机构环境中的会话是在高度共有知识的前提下进行的。在双方的共有知识结构中，参与者对该说什么、不该说什么以及各自与特殊机构角色相关的权利义务是相当明确的。正因为如此，话语交往中，有的话语交往者会有意识地利用语境实施对其他交往者进行话语控制，这在不对称交往中尤为明显。在庭审过程中，法官的话语权地位最高，其对话语交往把控的权威性是显而易见的。

在不对称的话语交往过程中，权力高的一方在意识到言语本身不足以控制权力较小的一方时，往往借助语境对对方实施控制。② 在话语交往过程中，拥有较高权力的一方只需界定交往事件的性质和整体目的，安排其进行的时间地点，和计划日程等控制话语方面的情况，便可控制权能低的话语交往行为。如对交往事件进行界定——是听证而不是提问，是记者招待会而不是总统演讲。此外，权力方也可通过控制参与者及他们的角色来控制语境，如谁可以参加话语活动，谁可说话或听话，谁必须说话。以传统的董事会议为例，秘书虽然可以参加会议，但是只能当听众。而老师讲课时，如果发现有人在讲话，就会说"现在是上课时间，请不要讲话"，讲话的学生很快会停止。同样，庭审过程

---

① 参见 Thomas, J. A. Towards A Dynamic Pragmatics. Journal of Pragmatics, 1985, p. 776。

② 参见廖美珍：《法庭问答互动研究》，法律出版社 2003 年版，第 298 页。

中，主审法官往往通过界定交往事件的性质或发生的地点而控制他人的话语权。①

在话语交往行为中，言说者只有得到言说的机会才能行使话语权。从这个意义上来看，言说者的身份是言说者实施控制、说服别人的途径。话语交往行为中的说话者得到话轮却沉默不语，说明他们自动放弃了说服他人的机会，是话语权弱势的表现。例如：

例(2)

审判长：被告人不要重复陈述。

被告人：为什么不让我重复陈述，我认为公诉人的指控的事实都是捏造的。

审判长：法庭已经听清楚你的陈述，没有要补充的陈述，就不要再说了。

被告人：(礼貌地沉默)

例(2)充分体现了法官的裸权力话语，其话语的权威性表露无遗，而被告人的话语则明显要受到法官的调度。

(二) 封闭式问话

封闭性问话对答话人的控制力较强。封闭式问话包括选择问话、正反问话、附加问话。②

首先，选择问话。例如：

例(3)

审判长：怎么样达到的呢？

证人蔡：它就是从坡子上冲下来，上快了后倒了，倒了后……

---

① 参见吕万英：《法官话语中的权力分配》，载《外语研究》2006 年第 2 期。

② 参见刘亚琼：《试析反问句的附加义》，载《修辞学习》2004 年第 3 期。

审判长：是前轮倒了还是后轮倒了，还是碰到砖头了，说清楚。

证人蔡：嗯，那当时……我记不起来。

其次，正反问话。例如：

例(4)

审判长：被告，你收到了我院的告知书？

被告：什么告知书？

审判长：有关诉讼权利义务的告知书啊。

被告：嗯呐。

审判长：清楚里面的内容吧？

被告：晓得，晓得。

审判长：审理人员有你需要回避的吗？申请回避吗？

被告：没有。不用。

最后，附加问话。例如：

例(5)

被告：就是说那个筒子做的30%，就是出的房子钱，个人他已经粉刷过了，就说再剩下的，我们那就是付了一万一千块钱的，具体的筒子后来就说剩下的这是两万多……

审判长：行了，行了！也就是说你这个证据上面并没有说明你付的是多少和具体内容，没有说明，对不对？

以上是在法庭话语交往过程中的几种问话形式，法官话语权对当事人话语权的控制表现得相当典型。并且，在中国的司法实践中，当事人如果不积极配合法庭，对法官的问话不予回答，势必会带来十分不利的法律后果。

(三) 话语打断

话语打断的首要功能是获得对话语的控制。据有关对法庭交往语料中的打断进行统计的分析表明，法官打断当事人占总打断次数的53%以上，而法官被打断的次数则只有5.54%。① 在法庭上行使司法话语能够通过打断限制说话人的话题内容的只有法官打断其他交往者，很少有其他交往者打断法官的。例如：

例(6)

审判长：请注意，维修费是否真的领取了？当事人双方是有争议的……

被告律师：这个这个，我……

审判长：稍等一下，听我说完，知道吧？

原告：呃，他还有……

审判长：请原告发言时不要对被告指指戳戳。你讲你讲……

从例(6)话语的打断情形可知，法庭话语交往主体的权能关系明显不对称。

从专门知识上看，法律知识是一套专业化程度极高的知识。法官所拥有的法律专门知识会无形中强化打断的频率和权能。例如：

例(7)

法官1：你还有别的辩护意见吗？

被告人：我再仔细想想。

法官1：想什么？就是辩护意见，还用仔细去想吗？还有的话就快点说。

审判长：请就公诉机关的指控，发表你对自己的辩护意见。

---

① 参见廖美珍：《法庭问答及其互动研究》，法律出版社2003年版，第12页。

被告人：绑架我当时因为一下楼……

法官1：你说你的目的是逃命，公诉人刚才已经指出来了。

被告人：因为当时……

法官1：你为了逃离他人的追打，当时劫持了陈海花，那么警察到了之后，其他人已经停止对你追打，这个时候你还继续劫持陈海花……所以认定你的行为属于挟持人质，构成绑架罪。

在2022年2月27日，法官"3次打断律师发言"被处诫勉，并向律师道歉，在审理刑事案件的过程中，广东省高级人民法院的法官罗某在法庭调查阶段提醒辩护律师发言时，3次用语不当，违反程序法的规定，媒体与公众对全程的庭审直播提出批评，下面是法官与律师的对话：

例(8)

法官：辩护人，对上诉理由有没有补充？

律师：有！

法官：简单的说哈，你要是都念的话没时间。

律师：审判长，我认为这是个人命关天的案件。(被法官打断)

法官：让你说，问题是你要抓住重点，别长篇大论。

律师：你总是强调时间，如果时间不够可以下午继续开庭啊，这是刑事案件，你需要让我们充分辩论、充分发表意见，我现在简单地说一下。(再次被法官打断)

法官：我说过了，你即使充分发表意见也不一定能把案件事实说清楚，你水平不足，不能归纳，抓不住重点，你能理解吗？

律师：我都还没开始发表意见，你怎么能知道我没有抓住重点，你连听都不想听(再次被法官打断)？

法官：请你节约时间，庭审的时间不是无限的。

律师：我是遵守刑诉法的规定，但是我现在并没有发言，你就给我定义水平不够，这样讲话，是不是有点……(法庭一时安静)

由此观之，司法公正的天平随时可能会因为各方言说能力的差异和职务财富的差异等因素而发生倾斜。

(四) 元语评论

元语评论是指对话语本身的谈话，即关于谈话的谈话。① 在法庭互动中，最常见的元语评论是法官针对当事人，或律师针对证人或对方当事人，间或有法官针对律师，通过元语评论限制当事人的司法话语行使空间的。

在法庭交往行为中，法官是话语权最大的交往行为参与者。法官话语权主要来源于其机构权力。法官的司法话语不仅表现在他们所能利用的话语资源和话语行为自由，最重要的是法官话语所能达到的交往效果及其对当事人的控制。法官可从多方面对当事人实施话语控制。

法官在法庭上行使话语权较典型的问题是中立态度缺位。法官在法庭上打断他人话语的现象很多，却几乎没有发现法官打断公诉人话语的现象。法官在控方问了之后，限制辩护人的发问，说是不要重复提问，即使是相同的问题，也应该让双方平等地问，因为经过不同角度地发问才能得出全面和公正的判决结果。实际上，法官正需要这种正反对比性的，或者不同视角的发问才能得出全面和公正的判决结果。在美国，法庭审理一个堕胎案，控方指出，那个被打出来的是"婴儿"，而辩方则认为，那个被打出来的是"胚胎"。这种对同一事物不同视角的说法体现出相异的法律意义：如果打掉的被视为"婴儿"，则是谋杀罪；如果被视为"胚胎"，则属于非罪。正是在这种不同观点和不同说法的碰撞中，正确的东西，合理的东西，合法的东西，才能彰显，才能最终胜出，也才能真正服人。此外，法官询问被告人也往往带有拷问的性质，在整个审判过程中有的法官不让被告人坐下，等等。而新的《刑事诉讼法》第 155 条规定："公诉人可以讯问被告人"，而"被害人、附带民事诉讼的原告人和辩护人、诉讼代理人"则需要审判长的允许才"可以向被告人发问"。这无疑会强化法官对双方不平等的预设，造成法官的中立态度缺位，加剧控辩关系的不平等。

---

① 参见冉永平：《论语用元语言现象及其语用指向》，载《外语学刊》2005 年第 6 期。

(五)重述话语

重述话语是一种普遍的语言现象，常常被法庭主体不自觉地使用，重述是对于原来话语的重新表达，重述话语可以促进司法话语主体有效沟通，相互理解。在法庭中的重述话语并非简单地重复，而是存在一定的目的，以目的性为导向，是根据上一轮的话语有选择性地删减、增加或者改变某一部分从而作出的全新的表达，对于重述话语不同的选择反映了权力的不平等。法庭的重述话语现象在法庭中分布并不平衡，法庭互动话语中的重述现象体现和塑造了法庭的机构权力。法官在法庭上经常使用重述话语，用来调查清楚案件事实，例如：

例(9)

审判长：你和张某，是在什么地方贩卖毒品的？

被告人：在银泰百货。

审判长：就是在李渔东路边上的银泰百货吗？

被告人：对的。

审判长为了知道被告人与张某贩卖毒品的地点，问到被告人地点时，被告人只是简单交代在银泰百货，而银泰百货在全国各地都有，指向性模糊，审判长需要更多具体明确的信息才能确定具体地点，故审判长通过重述被告人的话语，并在被告人话语中增添信息"李渔东路边上的银泰百货"，使该地点"银泰百货"更加具体明确，并进行引导，使案件事实清楚。

例(10)

审判长：你们什么时候一起共同盗窃的？

被告人：记不太清了，大概在 5 月份的时候。

审判长：大概在 5 月份？到底是什么时候？是 5 月份还是 4 月份？

被告人：是在 5 月底，因为我们都失业了，想着搞点钱花花。

审判长：后来和他一起盗窃了？

被告人：对的。

　　审判长：想着让他和你一起盗窃，是不是你的主观意思，对不对啊？

　　被告人：对的。

　　审判长询问被告人盗窃罪的具体时间，后续通过重复话语"对不对啊"来确认"犯盗窃罪"的结论，被告人一开始并没有表达明确的意图，而审判长根据被告人的话，将被告人没有明说的意思进行重复表述。这属于重述话语中的扩展式重述，其目的是让话语信息表达朝着自己的话语目的发展。

例(11)

　　审判长：你开设赌场开了多少时间？

　　被告人：可能是农历六月十六左右开始吧？是阳历的 8 月 2 号开始？到农历的七月十六结束吧？是阳历的 8 月 31 号吧？好像是我儿子过完暑假就结束了吧。

　　审判长：简单来说，从 2023 年的 7 月底开始，到 2023 年的 8 月结束，对不对啊。

　　本法庭对话中，审判长对于被告人断断续续的话语进行总结，表达自己对于被告人话语的理解，审判长通过重述"简单来说"，归纳被告人开设赌场的时间，明确被告人的犯罪时间，以便于对于被告人按照法律的规定，判处刑罚。

二、公诉人：追诉与指令

(一)话题控制

　　法庭交往行为的话语权关系通常表现为权能较大的一方对权能较小一方的言说行为的限制。为了实现话语控制，权能大的一方往往通过控制最有效的话语特征来影响他人。① 法庭交往行为中，公诉人对被告人或证人进行严格的话

---

　　①　参见葛云峰等：《法庭问话中的话题控制与信息获取》，载《山东外语教学》2005 年第 6 期。

题控制，以主导话语信息流向。例如：

例（12）

公诉人：请说一下案情？（原话题）

被告人：是公安局找到我的。（回避话题）

公诉人：说案情。（重提原话题）

被告人：我昨晚没休息好……（回避话题）

公诉人：你哪年出生的？（新话题）

被告人：1968 年。（回答新话题）

（二）指令性话语

法庭交往行为最能直接反映公诉人话语权力的是指令性话语。指令性话语，就是说话人试图让听话人去做或不做某事，所表达的是说话人的希望或意愿。① 根据吕万英教授对 8 场刑事诉讼的庭审讯问语料统计分析，公诉人所用的指令性交往行为的总数是 58 次，其中直接指令为 49 次，占总数 84.48%；间接指令 9 次，只占指令总数 15.52%。② 这充分说明了公诉人对被告人或证人的支配与控制的超强程度。

例（13）

审判长：嗯，下面由公诉人对被告人进行讯问，被告人可以坐下了。

被告人：谢谢。

公诉人：被告人张某，今天根据法律规定对你进行讯问你听清了吗？

被告人：听清了。

公诉人：今天是在法庭上，要如实陈述！啊！如实回答!! 怎么样?!

被告人：是。

---

① 参见李军：《使役性言语行为分析》，载《语言文字应用》2003 年第 3 期。

② 参见吕万英：《法庭话语权力研究》，中国社会科学出版社 2011 年版，第 155 页。

此例表明：公诉人想用这种问话来表达自己的司法话语力，震慑被告人一下。话语权往往表现为权位高的参与者控制和约束权位低的参与者的言说。权位高的参与者决定和控制交往的过程和话题，并且能利用话语策略控制和操纵受话人思维，最终达到预期的交往目标。

(三)评论性话语

所谓评论性话语是指公诉人对于被告人的行为或者个人在道德、法律、社会价值等方面进行的评价，以求达到降低被告人信任度和社会评价之目的。评论性话语一般而言是权力较高或者较为权威的一方对于处于弱势一方的评价，对于被评价的人而言具有较大的支配力。法庭审判强调的是公平与公正，评论性话语会导致公平与公正的有所缺失。对于禁止评论性话语刑诉法也存在相关的规定，刑诉法规定被告人之前的违法犯罪行为，之前的品德等不能作为证据使用，我们将这些证据称为品德类证据。在审判过程中，法官一般保持中立的态度，而当事人之间或者公诉人与辩护人经常会采用消极的评论性话语以求给对方带来消极影响，降低对方个人的人品或者证据的证明力在法官心中的信任度。例如：

> **例(14)**
> 公诉人：尊敬的审判长，你可以看到关于被告人在本次犯罪之前的判决书，多份判决书显示被告人在 2008 年、2018 年、2022 年实施了多次盗窃，可谓是前科劣迹满满，可见本次盗窃他虽然不认罪，但是其具备这个动机，其主观恶性极强。
> 被告人：我这次没有盗窃，你乱说。
> 审判长：法庭已经注意到这个情况，但是被告人的历史行为不能作为证据使用。

虽然本对话当中，审判长并未采取公诉人的发言，但是公诉人的发言或多或少影响了法官的心理，造成了对于被告人的不利局面，公诉人对于被告人之前的历史行为作出了负面道德评价，想要作出有罪推定，但是这种推定不符合法律逻辑学，历史的违法犯罪行为与本次社会危害结果并没有本质上的因果关系，历史行为可以作为审查起诉阶段的采取强制措施的依据，但是不能作为法官审判的证据依据，公诉人对于被告人的攻击，对于本就处于弱势地位的被告人而言是不公平的，不利于保障被告人的人权，违反了刑法的基本原则，再例如：

例(15)

公诉人：审判长，被告人用这把刀杀了张某。

被告人：我没有，这把刀上没有我的指纹。

公诉人：举个例子，我用刀切菜，但是刀上并没有我的指纹，因为可能被水冲洗掉了，但是这不能证明我没有用过这把刀，同样你杀了张某，虽然刀上并没有你的指纹，但是也不能证明你没有杀张某。

被告人：你这是什么逻辑，你的意思是不管刀上有没有指纹，我都是有罪的？

审判长：公诉人你的逻辑可能存在错误。

在该对话当中，我们明显感觉到了公诉人的有罪推定，公诉人认为即使刀上没有被告人的指纹，被告人也摆脱不了嫌疑。公诉人的逻辑推理是有误的，公诉人可以结合同案犯的供述或者其他证据来证明被告人有罪，但是不能从能证明被告人无罪的证据推理被告人有犯罪嫌疑，这明显不符合法律逻辑，公诉人如此进行评论性话语，显然破坏了被告人与公诉人之间的平等地位。

(四)预设

为了准确高效地再现犯罪过程，为指控成立寻找足够证据，公诉人在讯问中常常通过预设，引导被告人答话朝公诉人预先设计的话语指向发展。

根据预设的触发机制，法庭交往行为中的预设主要是以含蓄性词语，状态改变性动词、特指问句(含特指问句的断裂句)和时间状语从句所触发的。

首先，含蓄性词语。例如：

例(16)

被告人孙：她就说——一个月——不跟我联系。然后——呃——如果要是——有机会，她跟我发信息之类的。

公诉人：跟你发信息？有什么暗号呢？（秘密约定信号）

其次，状态改变性动词。例如：

例(17)

公诉人：那你是在什么时候，开始下手的呢？（下手）

被告人孙：12 点 10 分吧。

再次，特指问句。例如：

例(18)

公诉人：第二天早上，你——跟熊彩芬说了，有关的事情没有？

被告人孙：没有。

公诉人：那你跟她同住的，说了话没有？交代了昨天到哪儿去了没有？情况没有，说到没有呢？

被告人孙：跟——跟她没有。

公诉人：熊彩芬是什么时候知道你杀了人？（熊彩芬知道你杀人）

被告人孙：（省略）

公诉人：在什么情况下知道的？（知道）

被告人孙：呃——因为第二天早晨，有——警察，呃——就是——查访，查访，就是，就找这个人。

最后，时间状语从句。例如：

例(19)

公诉人：在 2003 年 12 月 1 日晚上，你是几点钟从什么地方出去的？

99

被告人孙：是。

公诉人：就是作案的。(实施犯罪活动)

被告人孙：噢，是——9 点 40 几。

三、律师：操纵与捍卫

(一) 概念操纵

在法庭话语交往过程中，律师对证人的概念操纵是在操纵概念视角的基础上进行的。审判过程就是叙事的过程，原告或公诉人有一个属于自己的叙事版本，被告或辩护人则有另外一个版本。诉讼双方都希望通过自己的话语交往行为控制法官的情感，使法官按自己的意见去思考问题，这更是专业律师的心愿和惯用手段。前面例(1)显示了律师话语的概念操纵特点。

(二) 打断

打断在法庭交往中频繁出现。律师对当事人和证人的打断则不是为了提高庭审效率，而是为了胜诉。廖美珍教授认为，律师打断己方当事人主要是合作，而打断对方话语的原因主要是对答话不满或催促对方答话。[1] 例如：

例(20)

原告：他(被告)的车速度很快，撞向我……

被告律师：原告注意当时是大雾天。(打断原告)

被告：我的速度是有点快。

被告律师：大雾天，你看得清人吗？(打断被告)

(三) 诱导性提问

诱导性提问是指在法庭话语交往过程中司法话语行使者向证人、当事人、

---

[1] 参见廖美珍：《法庭问答及其互动研究》，法律出版社 2003 年版，第 92 页。

被告人、被害人、鉴定人等提出直接或间接表明特定回答的问题。诱导性询问是围绕寻找证据、发现事实而展开的。因此，诱导性询问的主体是证据搜寻者，主要是控辩双方律师。[①] 例如：

例(21)

被告人郭的律师：盗窃这事，你主动约过这个廖斌的？（诱导性提问）

被告人郭：没有。

被告人郭的律师：你知不知道这个廖斌的机子是盗窃来的，他有没有跟你说过是盗窃来的？

被告人郭：没有没有。

被告人郭的律师：也没有？（诱导性提问）

被告人郭：是

很明显，在这桩盗窃案审判过程中，被告人郭的律师为了使被告人郭减轻处罚，连续使用了有利于被告人郭的诱导性提问。

四、当事人、证人：维护与抗争

根据《中华人民共和国民事诉讼法》第48条之规定：民事诉讼当事人包括原告、被告、共同诉讼人和第三人。根据《中华人民共和国刑事诉讼法》第106条之规定：刑事诉讼当事人包括被害人、自诉人、犯罪嫌疑人、被告人、附带民事诉讼的原告人和被告人。由于在司法实践中，绝大多数的民事案件均由律师代理，当事人直接参与法庭互动的比例极低，当事人的话语很少。在刑事诉讼中，被害人实际很少出庭，因此，话语空间很小，有时等于零。自诉案件也不多见。此处所讨论的当事人主要指民事诉讼中的原告、被告和刑事诉讼中的被告人，证人也包括民事诉讼中的证人和刑事诉讼中的证人。

---

① 参见焦洁颖等：《论禁止诱导性询问规则》，载《重庆邮电学院学报》2005年第1期。

刑事诉讼的被告人在当事人中的话语空间最大，这是因为：第一，民事诉讼当事人可以不出庭，完全由律师代理，而刑事诉讼被告人却不可缺少；第二，虽然很多被告人聘请有律师做辩护人，但是，被告人仍然有较大的话语空间，有相当程度的话语交往参与。① 这源自《刑事诉讼法》的规定：被告人有为自己辩护的权利，可以对证据和案件情况发表意见，并且可以互相辩论；在审判长宣布辩论终结后，有最后陈述的权利，等等。

在司法话语权能不对称的法庭话语交往过程中，当事人虽然多数时候处于被动应答的地位，但是，为了自己的权益，他们总会竭力寻求机会抵制法官、公诉人和律师的控制。与此同时，当事人之间的话语互动也能反映他们各自对自身话语权的维护。关于权能低的原告、被告和证人抵制权能高的法官、公诉人和律师的情况，"即使被告坚持回答法律人员的问话本身，他还是可以利用他的话轮自愿说出一些并没有索问的信息。实际上这种扩展式回答是被告抢占话语空间的主要手段"，从角色关系看，原告、被告对法官或公诉人的抵制方式较为间接，对律师的抵制则比较直接。②

（一）申辩

法庭上，附带超量信息是当事人争取话语权、维护自身权益的重要申辩手段。因为超量信息是当事人借以辩解的宝贵机会。抓住机会进行申辩就可能为自己争取更多的话语权益。请看：

例（22）

审判长：看到她跌倒的？当时她跌倒的时候，是坐到地上还是躺到地上？

证人刘：坐到。

审判长：坐到地上？

证人刘：是的。实事求是，是，我就讲实事求是的，讲，我跟谁又不

---

① 参见廖美珍：《法庭语言技巧》(第三版)，法律出版社 2009 年版，第 254 页。

② 参见廖美珍：《法庭问答及其互动研究》，法律出版社 2003 年版，第 361 页。

认识，我是外地到这儿的。

在此例中，证人超出问话要求，对自己话语的真实性加以强调，就是争夺司法话语的一种典型表现。

(二) 闪避

闪避是一种常见的话语交往行为策略，是指有意使用不精确、不具体的话语表达某种交往意图。法庭上的闪避是答话人在不回答和如实回答两难抉择时的无奈选择。无论是国外法庭审判还是国内法庭审判，闪避都是当事人、证人常用的维护话语权益的策略。① 法庭交往中的闪避回答包括以下几个方面：

首先，改换问题焦点，回避正面答话。例如：

例(23)

公诉人：其他在案的这些人你都认识是吧？

被告人：是的，都认识。

公诉人：那么，你认识的这些人和你干过些什么？

被告人：这四个人是通过刘子兵一个人认识的。当时他说小孩是他老乡超生的⋯⋯

此例是一起拐卖儿童案的庭审对话节录。尽管答话仍在问话的语境框架之内，但是，被告人所提供的信息显然不是公诉人此次提问所期待的话语信息。

其次，否认预设，摆脱问话控制。例如：

例(24)

公诉人：你总共向他要多少钱？你向他要过钱？

被告人：我没要，动员他做佛事捐款。主要是殷凤珍的，她给他治过病，作过法。

---

① 参见胡桂丽：《刑事庭审会话中的闪避回答》，载《修辞学习》2006 年第 4 期。

公诉人：在殷凤珍动员他捐款时，你说过话没有？

被告人：说过。我说这个大师信佛很虔诚，动员你捐款，你应当多捐点。

上述法庭话语交往行为，公诉人问话中含有一个预设：你（被告人）向他（捐款人）要过钱。如果被告人认可该预设，则是认可其有犯罪的主观故意，但被告人的回答直接否认了这个预设，没回答总共多少钱。这样回答给自己的司法话语争得了辩解的空间。

最后，寻找借口，间接拒绝回答。例如：

例（25）

公诉人：审判长，鉴于张琦当庭供述与侦查阶段供述不一致，宣读被告人在案发后在派出所的供述……被告人张琦供述宣读完毕。

审判长：被告人张琦你有意见吗？

被告人：我没有看！

上面的对话中，答话人显然属于"当庭翻供"，公诉人因此宣读被告人案发时的供述笔录，以戳穿被告人前后矛盾的供词。在这种情况下，被告人承认和否认先前供述都比较尴尬。因为承认先前供述意味着庭上说了假话，而否认供词又有当庭翻供的嫌疑，情况属实的话会对判案产生不利影响。因此，被告人干脆找借口拒绝回答。从话语交往行为的意图上看，被告人的抵触情绪比较明显。但又迫于法庭规则的压力，被告人不得不进行回答。

（三）话语打断

尽管法官和公诉人打断他人话语的比例在法庭审判参与者中最高，但这并不意味着，权能低的当事人、证人完全处于被动和受控制的局面。为了维护与争取权益，权能低的当事人、证人也会偶尔打断权能高的法官、公诉人和律师，这种打断以冲突性打断为主。冲突性打断往往是由于听话人急于对说话者进行反驳，强行打断说话者的话轮。

在法庭话语交往过程中，权能低的原告、被告和证人虽然属于权能低的交往参与人，但如果他们能顺应语境因素，适时运用话语打断策略，尤其是恰到好处地运用打断策略，将有助于为自身争取到一定的话语权益。例如：

例(26)

法官：原告愿意承担多少？按你的意思办。

原告：我一半吧。

被告女婿：啊，一半？

法官：原告你好好想想。

被告：就这样，一半。

被告女婿：好，一半！

第三人：可以！可以！

法官：一半是吧？原告一半，被告、第三人一半。好的！

正当法官准备再次提醒原告认真思考时，被告女婿及时打断法官，抢过话轮，直接去算一半的诉讼费，其目的不是为了计算而是为了转移话题，以免原告在法官的提醒下反应过来，对被告方不利。法官由于事先说过"按你的意思办"，这时，被告方又打断法官转移话题，法官也没有再坚持。从被告方的立场出发，这两次打断是十分及时和恰到好处的。

在法庭话语交往过程中，权能低的原告、被告和证人虽然属于权能低的交往参与人，但如果他们能恰到好处地运用打断策略，将有助于为自身争取到一定的话语权益。

(四) 模糊限制

模糊限制语在话语交往中十分普遍。模糊限制语是指"具备模糊限制功能"和"把事情弄得模模糊糊的词语"，"模糊限制语是一些有意把事物弄得更加模糊或更不模糊的词"。① 模糊限制语都是说话人为保护自己、使自己留有

① 参见董娜：《模糊限制语的界定与分类》，载《北京第二外国语学院学报》2003 年第 4 期。

余地的话语交往策略，在法庭话语交往行为中常被处于权能低位的当事人、证人用来完成特定的话语交往目标。例如：

例（27）

被告律师：那么你接小孩回来以后是几点钟？

证人刘：呃，应该是差不多就是 5 点 20 的样子，5 点 20 到 5 点半的样子，一般要一二十分钟，因为当时也没有看表。

例（27）中出现的"差不多"属数值型范围变动语，是对精确时间 5 点 20 分进行限定，听话人对该时间的理解在 5 点 20 分前后 20 分钟之内都是正确的。当然，不同听话人对该时间范围的变动的理解可能不同，有些人可能在前后 10 分钟内进行估算；而有些人可能估算的范围会更宽。"5 点 20 到 5 点半"中的"到"是数值型"N 到 M 之间"的省略形式，表明说话人只是一个大体估算，不能十分精确。"一般"则属于非数值型范围变动语，是根据平时经验的推算。证人多次使用模糊限制语使其证词更符合生活常理，更为客观；相反，如果证人对时间说得十分精确，则反而显得不真实。本案中的证人是受原告委托来就原告在施工工地摔伤进行说明，被告律师询问证人经过事发地的时间是想从时间上推算证人是否有可能亲眼见证事发过程。为了使自己说话有根据，不武断，经得起被告律师的盘问，证人没有使用准确的数字，而是用多个范围变动语，给话语留下回旋的余地，使言说严谨，进而达到作证的效果。模糊语词的使用反映了权能低的交往者不甘受支配，尽量争取主动，做到进退有据，维护自身的权益。

（五）直接挑战

由于利益关系的原因，话语交往过程参与者的目标关系纷纭复杂。廖美珍教授认为，法庭话语交往过程参与者之间的关系至少存在三种明显的关系：目的冲突、目的一致和目的中性。目的冲突体现在民事审判中的原告与被告之间、刑事审判中的公诉人和被告人之间以及交叉询问中的问答双方之间。目的一致体现在直接询问中的问答双方之间和刑事审判中的辩护律师和被告人之间。在典型和理想的情况下，目的中性体现在法官和其他参与者之间。①

在法庭话语交往过程中，交往行为参与者是否遵守合作原则首先受目的支配。在目的冲突的话语交往中，是否合作是交往行为参与者的选择。在利益关系明显不一致的情况下，冲突是必然的。法庭冲突话语一般发生在目的冲突的交叉询问和刑事审判的公诉人与被告人之间，有时也发生在问话法官和其他答话人之间。②

首先，否定法官判断性陈述。判断就是对事物作出肯定或否定的断定或表达某种肯定或否定的观点。在话语交往中，听说双方就某事展开会话，一方的观点或看法必然引起对方作出相应的反应，或者赞同或者反对。当听话人认为说话人的某种陈述或观点不正确时，就会否定其判断，引发话语冲突，形成冲突相邻对。例如：

例（28）

审判长：那个车子有没有开到她面前了？

被告证人符：没有碰到她。老太在车的后头，在车的屁股后头，我看见老太坐下来，我就奔过去，哎呀，我说驾驶员又没碰到你老太咋会坐下来呢？

审判长：你听好，老太跌倒的时候。

被告证人符：坐倒，不是跌倒。

审判长：好比这是老太，这是汽车。这个汽车，汽车开到什么位置她跌倒？是汽车过了一段，还是就在这个位置？

被告证人符：哎呀，你讲简单点。汽车过去她才跌，一吓她就坐倒了。

例（28）对话中，法官的判断性陈述"你听好，老太跌倒的时候"，是在表达自己的观点"老太是跌倒而不是坐倒"。很显然，法官是希望证人同意这种

---

① 参见廖美珍：《法庭问答及其互动研究》，法律出版社2003年版，第185页。

② 参见赵英玲：《冲突话语分析》，载《外语学刊》2004年第5期。

观点，而证人则针锋相对地回答"坐倒，不是跌倒"，断然否定法官的判断，证人的答话是不合意应答，导致了话语冲突，同时也反映了证人不甘心受法官控制的心理。在权能明显不对等的交往行为语境中，作为权能关系相对较低的证人，不遵守会话的礼貌原则而针锋相对，使用具有威胁法官面子的直接指令性话语，对法官的话语方式提出要求，显示了证人对法官话语权威的挑战。

其次，纠正和指责公诉人用词。根据上面的分析，在法庭话语交往过程中，法官、公诉人和律师在强制权能、专家权能和正当权能等方面都高于原告、被告和非专家证人。从强制权能看，权能高的法官和公诉人对态度不好、不积极配合法庭调查的原告、被告和证人有产生消极影响的控制权，如可能对法官裁决产生负面影响，律师可要求法官制止不恰当话语。从专家权能看，法官、公诉人和律师专门知识和从业实践经验高于一般原告、被告和证人。而正当权能正是法庭作为国家机构法官、公诉人和律师的工作职权，在法庭上他们有权要求原被告证人按一定要求回答问题，有选择语言形式的自由，可以用带有威胁性的直接指令性话语，可以纠正和评论权能低者的话语方式。而反过来看，权能低的原告、被告和(非专家)证人在言说方面要更加礼貌，在措词方面要更小心谨慎，无权指责和纠正权能高的法官、公诉人和律师，更没有资格用带有威胁性的直接指令性话语对权能高者提出要求。这是一般规律。但个别情况下，有些权能低的当事人和证人也会违反权能等级，对抗权能高的法官和公诉人。① 例如：

例(29)

公诉人：你应该看到爆炸了吧？

被告人：先生，请你用词注意一点。没有爆炸，是燃烧！我想要引爆，但实际上没有爆，没有炸起来。

例(29)中，被告人对公诉人的回答是不合意应答，不仅否定公诉人问话

---

① 参见朱德锴：《被告谋略：被告的诉讼策略与技巧》，法律出版社2008年版，第195页。

的预设，纠正公诉人用词"没有爆炸，是燃烧"，最威胁公诉人面子的是，被告人用具有指责意味的元语评论"请你用词注意一点"。例(18)也是典型的不平等话语交往行为。不同的是，本例中是处于从属地位的被告人使用了元语评论，要求公诉人"用词注意一点"。该元语评论是一种预期性的、以听话人为导向的语用策略，它限制了听话人用词的自由。该元语评论以直接指令的形式说出来，既是一种提醒，同时也含有指责公诉人用词不当的意味，威胁到公诉人的消极面子。此外，元语评论之前的称呼语"先生"，某种程度上加重了这种威胁程度。因为在法庭这种机构语境中，合适的称呼应该是听话人的机构身份，此处应称呼"公诉人"。"先生"作为呼语称呼减低了法庭话语的正式程度，拉大了公诉人与被告人之间的距离，表明被告人不卑不亢甚至有意挑战公诉人话语权威的态度。再看《走进〈庭审现场〉》的玩忽职守案庭审对话：

例(30)

公诉人：你是常务副总，你的职权怎么样？

被告人：就是主持日常性的工作。

公诉人：就是财政权……(被告人打断)

被告人：我是侧重技术和业务的，无关财政权。

公诉人：那关于起诉书的指控，你进行一个合理解释。

被告人：起诉书的指控？

公诉人：是的。

在刑事诉讼中，公诉人的话语功能主要是针对被告人的。一般情况下，由于公诉人代表国家机关处于对话情境中的强势地位，被告人是弱势的个体，其话语地位明显不对等。但是，也有例外，在以上法庭会话中，被告人纠正公诉人讯问，抢先表白自己"无关财政权"，即是说明虽身为常务副总，但出现财务问题自己没有多大责任。这次的话语打断取得明显效果，公诉人放弃了关于财务问题的纠问，而是给了被告人一个开放性问话，话语空间变得很大。至此，公诉人等于把话语权交给了被告人。

最后，反抗律师控制。律师出庭辩护的目的是通过证人和证据展示，构建自己的叙事版本，并努力使审案法官相信自己的叙事。律师通过组织、引导以及提示当事人或证人按照己方立场，以符合法律规定的方式再现事实情节。为了达到这种目的，律师总是精心设计问话形式，控制和支配答话人，限制他们的话语空间。很多时候，律师通过封闭式问话，把想法和证言放到证人嘴边。但是，尽管律师总是竭力实施话语控制，但很少有律师能够完全控制询问的全过程，无论是交叉提问还是直接提问。因此，控制的程度因参与人不同而不同，有时律师甚至会失去控制。① 在下面的法庭话语交往过程中，律师也是试图通过陈述性问话和要求性指令，控制证人的答话，但律师的控制遭到了证人的强烈反抗。

例(31)

原告代理人：不是要求你事后去看，是按照你当时所在的位置。

被告证人：当时我就下去了。路上一堵车，本身我就站在马路上，当时就下去看了，当时老太就坐在那里。

原告代理人：老太坐地上？

被告证人：她原本是站路上的，接下来，不坐地，请问坐哪好呢？

原告代理人：简洁点，回答我是或不是。

被告证人：是的，你有点强迫我啊，难答的问我。我不跟你争，你问我的，我知道的一律可以回答。

在法庭话语交往过程中，问话权基本上属于权能高的法官、公诉人和律师，原被告和证人处于被动应答的话语地位，而问话本身对答话人就会产生约束和控制力，一般而言，答话人都必须进行回答。

在例(31)第二个话轮中，律师使用了陈述性问话"老太坐在地上"，控制答话走向的意图很明显，证人只需回答是或否即可。但证人摆脱律师的问话控

---

① 参见 Hale, S. & S. Beatriz. Discourse of Court Interpreting: Discourse Practices of the Law, the Witness and the Interpreter. Philadel phia: John Bejamins Publish in Company, 2004: p. 210。

制，用反问回怼律师，进行强势反击。

话语是权能的表现，在话语的实践中潜隐着权能的运作。因此，话语蕴涵着权能，话语显现、释放并行使着权能，话语即权能。话语的争夺实质上即话语权的争夺，话语的拥有意味着话语权的实现。法庭话语中权能的支配与控制是其主要特征。但为了尽可能保护自己的利益或减少损失，法庭交往中的权能受支配方并不总是处于被动，他们也会尽力寻找机会抵制和消解权能支配方的控制与支配。尽管法官、公诉人和律师对当事人和证人的话语控制有合法的机构权能做支撑，但以上话语交往过程显示这种控制并不总是持续得以实施。有时权能支配方甚至失去对权能受支配方的控制。当事人和证人的抵制策略有的间接迂回，如他们在遵守话语交往合作原则的前提下，通过超量答话，为自己辩解和提出要求；通过闪避策略，回避关键事实或间接拒绝回答；在答话过程中使用各种模糊限制语，给自己留有余地，以便进退有据；有时，他们的抵制则显得很直接甚至有点强烈，如在关键时刻打断问话人，争夺话语权是一种直接的反控制行为；而对权能高者的抱怨、纠正、反问和指责甚至加上威胁面子的元语用评论，则是对权能高者权威的直接挑战和对抗。权能低者的抵制方式和强烈程度取决于一系列因素，如他们在具体语境中话语应变能力，以及答话者在案件中的角色和利益关系，如与案件无利益关系的中间证人对权能高者的抵制会更加直接和无所顾忌。同时，权能高者的提问方式和用词也会触发答话人的抵触情绪。不过，总体来说，这种抵制是短暂的。权能高的法官、公诉人和律师常常会在随后的提问中，抓住答话人试图回避的因素，迫使证人回答先前不想回答的问题，从而重新获得对答话人的控制。

五、参审的人民陪审员（专家）：非职业法官

在竞争式民主方式中，任命是产生法官的主要模式，法官是长期或终身任职的；法官的司法话语受到当事人与法律职业共同体的平等制衡；而民众通过制度化的代表机关或委员会与非制度化的社会舆论或大众传媒等话语平台监督法官的司法话语，消解法官的话语"前理解"①。这些制度设计可以在很大程度

---

① 参见［德］尤尔根·哈贝马斯：《解释学要求普遍适用》，载《哲学译丛》1986 年第 3 期。

上有效预防法官违法行使司法话语。但是，它的不足之处在于无法从根本上解决法官判断的相对性和缘此而生的法治的正当性问题。欲弥补这些不足则亟需参与式民主。

在参与式民主方式中，人民直接担任法官，行使审判权。但是，根据参与的强度与参与的数量成反比的影响递减率原理，参与的有效性决定了真正意义的参与式民主必须符合以下条件：民众广泛、连续地参与审判；审判组织的人数受到严格限制。因此，它需要民众具备司法热情、时间和精力诸条件。在高生活压力、快工作节奏的当代社会这些条件很难齐备，况且，参与式民主本身在一个较大范围内是无法实现司法民主的。① 但是，如果我们把参与式民主看做民众与法官在法庭里共享裁判权的模式，此模式就富有启发意义了。民众参与司法的这种设计属于混合审判制度。混合审判制度包括了英美法系的陪审团制度、大陆法系的参审制度，是民众话语跻身法庭的典例。

职业法官获得专门法律知识，在从业当中时时觉得自己是一门尚未普及的不可缺少的科学大师。② 这种职业的高贵感一方面保持了司法独立的特征，另一方面使司法越来越远离社会实践。非职业法官参与司法审判，以道德良知作为判决的标准，因而，对民间话语具有敏感性，从而可以制约法官的官僚化倾向，使司法贴近民众，维持着民众对法律的信念。

混合审判制度的发源地是欧洲大陆。该制度最初是用来查询官吏的方法，后来用之于私人权利的确认。到 15 世纪以前，现代陪审程序基本定型，此后，转变为防范皇室权力滥用的制度。混合审判制度在英美法系和大陆法系差异明显。英美法系实施陪审团制度，即在陪审团决定事实的基础上，由法官决定法律。大陆法系国家则实行参审制度，即职业法官和非职业法官组成法庭审理案件，两者有协商对话的平等权。当代中国的人民陪审员制度、专家陪审制度都属于参审制度。

20 世纪 30 年代，中国共产党领导的革命根据地就实行了人民陪审员制

---

① 参见［英］安德鲁·埃德加：《哈贝马斯：关键概念》，杨礼银等译，江苏人民出版社 2009 年版，第 42~44 页。

② 参见［法］托克维尔：《论美国的民主》，董果良译，商务印书馆 2004 年版，第 302~303 页。

度，2004 年全国人大常委会通过了第一部有关人民陪审制度的单行法律《关于完善人民陪审制度的决定》。随着我国法治建设的发展，人民陪审制度也在不断完善，在 2018 年 4 月公布了《人民陪审员法》。

按照我国法律规定，人民陪审员在审判活动中的权力与法官的权力是同等的。根据案件性质、社会影响力大小的不同，合议庭进行审判时分为三人合议庭或是七人合议庭。三人合议庭审判时，人民陪审员在事实认定、法律适用方面同法官的权力一样，能够独立发表意见，行使表决权，人民陪审员的数量为一到二人。在以七人合议庭审判时，人民陪审员在法律适用方面仅能独立发表意见，不能行使表决权，人民陪审员的数量为三人，法官为四人。尽管人民陪审员在三人合议庭和七人合议庭中的诉讼权力有所不同，但总地来说参审的人民陪审员（专家）在法庭中的话语角色视同职业法官。

实行人民陪审是人民当家作主的体现，可以吸引人民群众参与审判过程，提高人民群众的法治责任感，使审判工作置于人民群众监督之下，提高审判质量。① 法院是拥有国家司法权力的主体，人民陪审员（专家）的选任工作都应该由法院组织。人民陪审员都是从人民群众中随机抽取，源于人民群众，这样才能贴近社会生活，其庭审中表达的司法话语才能贴近人民。法官的法律专业知识和素质使其在庭审过程中表达的话语具有较强的专业性，而人民陪审员的话语来源于社会经验，更能体现民意，从而实现两者之间的话语互补互进。

中国化的参审制度代表了正义的人民司法话语，能够提升司法机关地位，减轻司法隔离感，充分彰显人民的"交往权力"②。参审制也被称为陪审制，一般而言，法庭可能会因为太封闭而无法在案件审理中合理评估司法话语的社会环境影响因素，所以，参审制的设立可以增强司法话语公正性，增强与法庭内外司法话语场域的衔接，是一项符合中国实际的出色设计。

在中国的参审制度中，人民陪审员实质参审的重要体现就是独立行使司法话语权，对案件的事实部分、法律适用独立提出处理意见。参审的人民陪审员

---

① 参见张希波：《马锡五与马锡五审判方式》，法律出版社 2013 年版，第 80 页。

② 姚大志：《何谓正义》，人民出版社 2007 年版，第 432 页。

在法庭中的话语角色视同职业法官，但有时却又出现"干坐法庭""有口难开""陪而不审"的情况。事实上，在合议庭中，人民陪审员的话语权处于弱势的地位，会受到法官话语的影响。人民陪审员因自己欠缺专业法律知识和审判经验而缺乏自信与底气，从而不愿意多发问，多表达意见，尤其是与法官不同的意见。① 且人民陪审员多是从普通民众中选出，大部分人不懂法律，只是经过短暂的法律培训，也并无过多的司法审判经验。当其与职业法官一起工作时，自然会对职业法官的专业知识产生尊敬甚至敬畏的心理，进而产生权威趋从心态。② 经常参审的陪审员多为"编外法官"，他们与法官保持稳定的合作关系，容易听从法官的意见，即便在个别案件中与法官有不同的意见，但其大多与法官的利益保持一致，所以，选择与法官保持一致意见仍然会是他们的上佳选择。有些法官在庭审中还通过话语交往影响和控制人民陪审员的话语，潜移默化地改变他们对案件的独立意见和观点，并使其逐渐趋同于与自己的相似的意见。甚至有人提出人民陪审员审理的案件出现错误时也应当像法官一样被追究，这就让更多的陪审员不敢发言，只能听从法官的话语。因此，人民陪审员在庭审中行使话语权时会受到各方面的影响，这导致其不敢行使自己的话语权，最终成为法官的话语附庸。

在一些专门领域案件中，各地法院纷纷在妇女儿童权益、金融犯罪、知识产权、劳动纠纷等案件中聘请相关领域专家充当陪审员，弥补法官在专门领域中专业知识缺乏的现象，也促进了当事人之间的纠纷妥善解决。这些具有专门知识的陪审员也被称为专家陪审员。与普通人民陪审员不同，专家陪审员的最大优势就是具备法官所缺乏的相关专业知识，在事实审理中能够独立协助法官阅读、分析并准确把握本领域的相关结论和证据，不受法官话语的影响，发表独立的意见。通过对案件中专门问题的解释，弥补法官专业知识不足，因此，法官一般不会对专家陪审员的话语进行影响和控制。这样，专家陪审员比普通人民陪审员在庭审中就有着更大的司法话语空间。特别是一些知识产权案件，

① 参见廖永安等：《人民陪审员制度实证研究（2004—2014）——以中部 H 省为分析样本》，中国人民大学出版社 2018 年版，第 29 页。
② 参见尹生：《人民陪审员必读》，知识产权出版社 2012 年版，第 38 页。

由于知识产权存在行业壁垒，法官很难理解相关的专业术语，对于专门的知识产权法院而言专家的陪审员是相当重要的，其作为法官身边的技术翻译，全程参与庭审，提出专业的技术意见，为审理知识产权案件提供很大的帮助。2023年武汉市江岸区法院引入专家陪审员参加知识产权案件审理，提供专业知识支撑，由于该案件涉及计算机软件知识技术开发等问题，专业性强，需要专家来陪审，故法院邀请了具有理工科博士学位的陪审员。在庭审的法庭调查阶段，专家陪审员就软件开发过程中的开发需求、验收标准等问题向双方当事人发问，向当事人双方当事人告知软件开发的市场价值和风险，双方当事人对于专家陪审员及法官的讲解表示认可，基于双方与法官的共识，案件很快审结，提高了司法效率。专业的人民陪审员可以破除技术类案件审判的行业壁垒，综合专家意见和证据材料，法官可以依据法律的规定，依法作出判决。法院依靠专家陪审员，可以短时间作出决定，如果没有专家陪审员，委托鉴定机构进行鉴定，可能需要花费几个月以上的时间，这对于一般而言涉案标的额较大和危害结果较严重的知识产权案件而言可能的损失是巨大的，专业的陪审员可以增强法官的内心确信。

为解决人民陪审员参审案件中出现的事实审理和法律适用问题，保证人民陪审员行使应有的话语权利，最高人民法院尝试性地结合英美法中的陪审团法官指示制度，提出了法官指示制度，并在司法实践中加以适用。法官指示是指在案件审理过程中，审判长就案件所适用的实体法律及其含义、审理的程序规则(主要为证据规则)以及司法职业伦理等事项，向参审人民陪审员所作的提示和解释。[1] 人民陪审员只有了解案件，才能发表意见，其在庭审开始前很少接触案件卷宗材料，无法了解案件事实经过，只能依靠庭审中双方当事人之间的话语交往以及法官的提示和解释中来了解所审理案件的事实，行使话语权。人民陪审员作为法庭中的话语角色，要"敢说""多说"，并积极与职业法官、当事人的话语交往，实现话语效能，才能免受法官的话语控制。

---

[1] 参见唐力:《"法官释法":陪审员认定事实的制度保障》，载《比较法研究》2017年第6期。

第二节　法庭主体司法话语的说服修辞

司法话语交往在于通过主体之间的沟通理解，最终达到说服的目的。说服对于法庭主体司法话语交往是特别重要的，而法律修辞对于说服的帮助很大。修辞不仅是话语的表达技巧，而且是话语的论证方法，能够提升论证效果，增强说服力。修辞话语不仅能让法庭主体充分表达司法话语，促进交往互动，更重要的是，能够加深话语主体的相互理解，造成说服信服的效果。

一、法律修辞的含义

修辞分为修辞学和修辞术，修辞学是理论上的构思与想法，而修辞术是偏于实践方面的技艺。修辞术通过法律修辞技术、手法在法律论证的运用，以达到说服的目的。亚里士多德把修辞定义为一项技术，而这项技术的目的是说服听众。[①] 在古典修辞学中，法官或组织者居高临下地说服听众，听众被动地接受。新修辞学则强调平等的沟通，要求说者和听者处于平等的地位，双方相互沟通相互理解。佩雷尔曼认为新修辞学是一门实用学科，它的目的不是想创作一幅艺术珍品，只是想通过语言或者文字对听众或者读者进行说服的一种活动，它研究的对象是商讨技术，如何让听众接受演说者的意见，让听众在思想上接受演说者的观点。[②] 三段论对于问题的解决往往只有唯一的途径，但是许多人对于问题的解决会有不同的观点，而且这些观点大部分都是合理的。佩雷尔曼主张运用修辞学来弥补形式逻辑的不足，因为价值判断是多元的而不是单元的，新修辞学是一门辩论学，它通过辩论与沟通交往来说服听众。

法律修辞学是指在法律的范围内，通过论证的方式达到说服为目的的交往行为理论。法律修辞学是以论证为手段，说服为目的的修辞学。法律修辞学不仅关注程序法治也关注实质法治，不仅关注法律也关注道德，不仅关注法律逻

[①] 参见[古希腊]亚里士多德：《修辞学》，罗念生译，上海人民出版社 2006 年版，第 7 页。

[②] 参见廖义铭：《佩雷尔曼之修辞学》，唐山出版社 1998 年版，第 16 页。

辑推理也关注论辩论证。法律修辞学反对过度的道德说服，更强调运用法律进行说服。法律修辞学在立法、司法、执法过程中都有所体现。法律修辞学运用于法律的适用过程，能使司法、执法活动更容易理解，也能使法治的效果被更好地提升。

法律修辞具有场景依赖性，注重司法话语场域①。在不同的司法话语场域，由于参与人的不同、价值取向的不同、所产生看法的不同，说服的效果自然不同。这就是法律修辞的场景依赖性。只有把对方说服了，才算是实现了话语效能。理想的司法话语交往场景指的是，任何参与司法话语场域的人都可以参加论辩，任何人都可以提出主张，并合理地表达愿望和态度，任何参与者都可以行使权利，不受司法话语场域内外的一些强制的阻碍。法律修辞发生的场域情景主要在法律文本和司法活动中。关于法律文本，任何法律活动需要通过一定的文字进行，在立法和书写判决书会经常用到法律修辞，在立法中，我们通常能见到"模糊修辞"，比如"经常""不断"等词语，"模糊修辞"可以提高法律的灵活性，扩大法律概念的范围，为法律的适用提供更大的空间，在判决书中也经常能看到法律修辞的运用，特别是离婚案件和继承案件。关于司法活动，司法活动的主体可以分为两类，第一类为当事人及其辩护人，第二类主体为法官。在每一件案件中，原告根据自己的诉讼请求向法院提起诉讼，被告根据原告的诉讼请求提出自己的辩护意见，起诉状与答辩状都是法律文本，他们为了使自己的主张得到法官的认同，都会在各自提交的起诉状和答辩状中采用各种的修辞方法，以此来博得法官的认同。在庭审中，法官会使用一些专业的法律术语，引导庭审的进行，在书写判决书中，法官需要寻找一种共识让各方都可以接受，共识的达成受到修辞环境的影响，法官需要运用法律修辞使各方可以接受。

法律修辞可以让司法话语主体更好地理解相互的司法话语，法律修辞可以更好地表达立法者的立法意图并使公众易于接受，法官可以利用法律修辞让司法话语主体更能理解其表达的法言法语，法官也可以利用法律修辞在裁判文书

---

① 参见［荷］伊芙琳·T. 菲特丽丝：《法律论证原理——司法裁决之证立理论概览》，张其山等译，商务印书馆 2005 年版，第 41 页。

中说理，使当事人理解案件的论证过程，从而让当事人对裁判文书中的说理感到信服，使当事人信赖司法机关，从而改善部分公民对司法机关不信赖的现状。律师、当事人可以利用法律修辞（如比喻、对比、拟人）更好地维护自己的司法话语，让自己的话语表达使法官、检察官更能理解。部分当事人由于表达能力差或者重复表达，再加上部分律师由于法律素质不高，经常被法官打断发言，没有充分表达自己的司法话语，导致迁怒于法官，怀疑法官司法不公。而站在法官的角度，由于每天必须在快节奏中处理大量的案件，时间和精力非常有限，当事人或者律师以为法官可以理解其话语，其实法官根本不理解，为了效率考虑，只能打断当事人或律师的话语，从而导致恶性循环，当事人或律师对司法机关产生不信任感。

不管是在法庭内的司法话语场域还是法庭外的司法话语场域，总是会出现很多激烈的争辩，法官或者组织者应该学会分辨不同的争辩观点，找出争议焦点和关键，找出最能让当事人被说服，和解决问题的关键。对发现问题和解决问题的思路进行梳理，并运用法律逻辑、法律方法、法律解释对问题加以分析。法律修辞不是单一的法律论证和用法律进行说服，而是具体情况具体分析，结合当事人的诉讼请求、结合案情、法律整体的合理性、社会公众的合理期待，使用司法话语各方主体都能接受的修辞方法和表述。

在法庭域内的司法话语交往中，最常见的是法官对当事人的说服修辞、律师对法官的说服修辞、当事人对当事人的说服修辞等。

二、法官对当事人的说服修辞

法官对当事人运用法律修辞进行说服，让当事人理解其所欲表达的司法话语。这不仅体现在程序上也体现在实体上。体现在程序上，法官运用法律修辞对程序中的回避、举证、质证、认证进行充分说明。例如：

例（32）

法官：原告是否要申请回避？

原告：什么是回避。（当事人法律素养不高）

法官：回避就是在上面坐的人，有没有和你比如说有关于友情、爱情

或者财产等利害关系。（法官运用举例子或打比方的修辞方法让当事人理解）

　　原告：没有。

　　法官对当事人的说服，具体体现在判决中或者说裁判文书中。一份判决或裁判文书的质量可能直接影响公民对司法机关的信赖，从而影响公民的司法话语表达。在刑事诉讼中，法官依靠证人证言、被告人或者被害人的陈述、证据，尽可能地去还原一个完整的事实，由于案件发生在诉讼之前，对于不是站在上帝视角的法官来说，还原之前发生的完整事实是很有难度的。因为法官需要从双方提供的各种利己证据中进行分析，而且一些证据只能证明一些片段，证明力很小，况且这些片段也不能连接起来，中间存在一些断裂和间隙，无法完整还原事实。此时，法律修辞学就不是所谓的表达语言的辅助者，而是帮助法官尽可能描述完整案件事实的工具，法律修辞学可以用来将碎片化的证据有序链接起来，使事实趋向完整化。特别是刑事案件，更加需要法官运用法律修辞学的技艺，拉近法律规范与事实、大前提与小前提的距离，实现二者的有机契合，让审判的结果具有公正性与社会公众普遍可接受性，提升话语说服力，提高司法权威。法官运用法律修辞对于法律进行解释和适用，离不开立法者对于法律的解释。

　　立法、执法、司法像是在建造一条铁路，立法在铺设轨道，执法是火车运行，而司法在不断调整轨道。立法者立法时也采用了法律修辞，比如说比喻的修辞手法，把事实上没有生命的公司拟制为法律上的"法人"，使其人格化；把股东滥用股东权利，造成人格混同，比喻成揭开公司的面纱，让公司和股东承担连带责任；还比如说移植，移植本来是用在医学和植物学等领域，意思是将生命体或生命体的部分器官移植，现在运用到法律上叫法律移植，表达一个国家对其他国家法律上的借鉴和吸收，这些关于比喻的修辞手法，拉近了立法者与公众的距离。当然，其立法仍然存在一些局限性。

　　立法是有漏洞的并且立法具有滞后性，对于日新月异、高速发展的社会来说，有些犯罪形式或者损害结果，立法者是无法预见到的，美国学者哈罗德·伯曼说："人类深谋远虑的程度和文字论理的能力不足以替一个广大社会的错综复杂情形作详尽的规定。"①比如因为科技的发展出现的利用网络进行虚拟货币交易，冷冻胚胎技术等都是立法者在立法时不能预见的，加上因为法律是由语言组成的，语言具有模糊性，每个人可能对语言的理解可能都是不同的。在这种情况下，即使事实是明确的(比较常见的是，事实往往不会很明确)，大前提的适用也会存在着困难，这需要法官运用法律修辞解释模糊的语言，去解释法律的适用问题，弥补司法三段论的形式逻辑上的不足。

立法者在立法时有自己的价值取向，而法官在判决时与立法者的价值取向大致相同。法官在法庭中的判决，其实是把立法者的价值取向应用到具体实践中。法官的裁判文书是否能让当事人信服，很重要的因素在于，当事人与法官是否能在价值取向上取得同一。在当今社会，出现一些复杂案情和新类型的案件，比如说虚拟货币案件，关于虚拟货币是否受法律保护，各地的法院对虚拟货币案件出现了同案不同判。山东省高级人民法院的判决认为投资或交易虚拟货币的行为不受法律保护，而上海市闵行区人民法院判决虚拟货币比特币为合法劳动所得，具有可支配性、可交换性和排他性，具有虚拟货币的属性，受法律保护。法官与法官价值不能取得同一，法官之间不能相互说服，自然不能说服当事人。

法官可以在裁判文书中运用法律修辞学加强说理，提升话语说服力。裁判文书中，我们最常见到的是司法三段论，即把裁判规则的规定作为"司法三段论"的"大前提"，把特定的案件事实作为其"小前提"进行逻辑推理，推导出(案件判决的)结论②。司法三段论虽然可以有效限制法官的自由裁量权保证公正司法，但是司法三段论存在固有的缺陷，首先司法三段论缺乏价值判断，司法裁判过程中必然存在价值判断，特别是当法律规则与法律规则、法律原则发生冲突时，价值判断尤为明显，在"泸州遗产继承案"中，遗赠扶养协议的规则与公序良俗的原则发生冲突，这时就需要法官的价值判断作出抉择，最终法官选择了公序良俗原则，如果机械适用司法三段论，司法三段论中考虑的元素

---

① ［美］哈罗德·伯曼：《美国法律讲话》，陈若恒译，三联书店1998年版，第20页。

② 舒国滢：《法律规范的逻辑结构：概念辨析与逻辑刻画》，载《浙江社会科学》2022年第5期。

不包括道德、情感因素，会导致形式上虽然正义，但是实质上并不正义。其次司法三段论需要几乎完美的条件，第一，作为小前提的案件事实控辩双方不存在争议，案件事实清楚，能够组成一个相对完整的案发经过，第二作为大前提的法律规范用词准确、语意明确、表达清晰，与其他法规之间不存在矛盾，第三，案件事实能被转化为法律事实，并且能被涵摄在大前提之下。但是这种完美的条件在司法实践中很少有。首先，判决书中的事实为法官认定的事实，并非真正的案件事实，法官在重构案件时，大概率会有主观因素掺杂进去，也会有因客观环境的变化导致证据的缺失从而引发的事实争议，故案件很可能存在事实不清、真伪不明的情况。其次，社会的发展与法律规范的稳定性存在矛盾，社会日新月异的变化，法律规范无法在立法时就预料到所有情况，法律规范存在滞后性，法律规范无法涵盖社会中所有情况，法律规范会存在适用范围和用词语意模糊的问题。最后，法律规定的构成要件无法涵盖所有案件情况，法律规定的构成要件是对于普遍共有规律的总结，对于一些特殊案件可能不使用。法官不能机械适用司法三段论，如果法官一意孤行，在判决书中只呈现三段论的推理过程，将会导致判决书说理不充分，当事人无法接受判决书，当事人也无法被说服，而法律修辞可以弥补司法三段论存在的固有缺陷，提升判决书的可接受性，特别是在一些道德与法律发生强烈冲突的案件中。

接下来以刑事诉讼中某一案件为例进行分析。第一种，法官用的法律修辞学是剪裁，在事实认定上，法官秉持着公正、客观原则，在当事人陈述、证人证言等证据中，还原事实真相，优化法官想表达的意图。在一件案件中有些事实对于法官审判活动没有意义，比如犯罪嫌疑人的日常生活，犯罪嫌疑人与家人的日常交往等，对于与案件无关的事实法官不会写进裁判文书中，法官会挑取与案件有关的重要和关键的事实写进裁判文书中，这种挑选的修辞方法就是剪裁。但这种修辞方法强调的是客观描述事实，而不能滥用主观能动性对案件事实进行不恰当描述。法官如果对于案件事实进行不恰当描述，就可能会引起公众的不信任，也说服不了听者。在某一杀人案件中，"为父亲复仇"是一些不良媒体为了利益所做的宣传，法官为了证明犯罪嫌疑人不是激情杀人而是有计划有预谋地杀人，也为了证明犯罪嫌疑人不是只有为父亲报仇这一动机，法官在裁判文书中对案件事实进行了这样的描述，犯罪嫌疑人因为生活工作多年不如意，心理逐渐失衡，"暗中观察"被害人以及"伺机作案"。这些事实描述包含强烈的主观性，这就要求法官在对事实进行剪裁和挑选的过程中，秉持公正、客观的原则。对于哪些事实需要描述，哪些事实不需要描述，哪些事实需要一笔带过，哪些事实需要重点描述，法官必须有非常清晰的判断。当然法官在描述案件事实时，不能过度地使用法律修辞，否则会导致权力的滥用。法律修辞应该以法律逻辑为限制，修辞是让判决让更多人去接受，说服更多人，但是大多数人所接受的判决不一定是正确的判决，一份正确的判决只能以事实为依据，以法律为准绳。法官不能用法律修辞去歪曲真相，法律修辞应该以逻辑为限制。司法话语场域内的话语主体特别是法官应该具有较强推理与论证能力。

　　第二种，法官运用的修辞手法是列数字的说明法。在某一杀人案件的裁判文书中，我们可以看到很多的数字，犯罪嫌疑人为了犯罪先后准备了帽子、口罩，自制了"12个"汽油燃烧瓶，购买尖刀、玩具手枪等工具。犯罪嫌疑人在故意犯罪过程中对被害人连续捅刺"数刀"，并在故意杀人后，用一把菜刀以及两个汽油燃烧瓶故意毁坏财物，车辆毁坏价值几千余元。同时这个案件发生在犯罪嫌疑人父亲被害"21"年以后。法官在裁判文书中对于案件事实的描述中，详尽列举了这些数字，法官想通过这些数字向社会公众表明犯罪嫌疑人主观恶性极大，实际对于社会造成的危害以及可能对社会造成的危害极大，"12个"汽油燃烧瓶和"数刀"都表明了犯罪嫌疑人是有预谋地想置被害人于死地，犯罪嫌疑人不是过失致人死亡也不是激情杀人。"几千余元"不仅表明犯罪嫌疑人造成的危害极大，而且公众在看裁判文书中也会感同身受。"21"年以后，犯罪嫌疑人选择为父亲报仇，时间跨度久远，犯罪嫌疑人当时没有选择为父亲复仇而是在21年后，中间这21年中，犯罪嫌疑人经历生活、工作上的不如意，说明犯罪嫌疑人的犯罪动机不仅是为父亲报仇，还有其他动机。法官对于数字的描述，可以增强公众对于法官的判决的认同感，因为公众通过这些数字，更加形象客观地感受到犯罪分子的主观恶性及其对社会或个人已经或可能造成的危害，从而使公众认可法官的判决。在这一案件中，一些公众受到不良媒体的引导，在网络上说"为父亲复仇""孝道""道德"，认为犯罪嫌疑人不应该被判处死刑，不应该被剥夺政治权利。对此，法官运用法律修辞，通过数字描述犯罪嫌疑人的主观恶性和社会危害性，让公众更加直观地认识到法官是正确适用了罪责刑相适应原则，犯罪嫌疑人是应该被判处死刑。

第三种，法官运用的修辞手法是预设。法官往往会在裁判文书比较隐蔽的地方进行背景性的铺垫，让听者潜意识地融入背景中去，深入其中或者把自己代入其中，引导听者朝着法官预想的方向进行思考，改变听者的想法与观点，让听众产生对裁判文书的认同、对于司法机关的信任，调和公众与司法机关之间的矛盾。在某一杀人案件中，法官对于犯罪嫌疑人为什么犯罪进行了铺垫，被害人因为邻里纠纷将犯罪嫌疑人之父亲伤害致死，犯罪嫌疑人父亲案件中的犯罪人已经受到了公正的审判。因为未达到法定责任年龄，加上犯罪嫌疑人父亲也有一定的过错，所以没有判处犯罪人过重的刑罚。在该案件中，法官以事实为依据，以法律为准绳，没有作出明显不公正的判决，犯罪人已经受到了应有的惩罚，犯罪嫌疑人不应该以此为犯罪动机，况且他的动机还不止为父亲复仇这一项。当时网络上质疑犯罪嫌疑人父亲案件的司法不公，才造成了之后的案件，认为犯罪嫌疑人是孝顺的代表，是正义的行为，这些观点都是错误的。法官通过在裁判文书中对于当年案件的描述，来引导公众走向正确的方向，犯罪嫌疑人是错误的，也并不是所谓的正义，而是用一个错误的手段去挑战他所认为的"司法不公"。法官通过这种修辞方法在听众的心理预设了犯罪嫌疑人犯罪动机的不正义，犯罪嫌疑人的犯罪行为的严重程度，为后面的裁判文书能够得到社会公众广泛认同和接受进行了铺垫，提高了对除法官外的司法话语主体对于裁判文书的可接受性。

法官在裁判文书中会运用多种修辞手法，在描述客观事实的前提下，运用修辞手法来使公众更容易理解与接受法官的判决，从而拉近法官与公众的距离，使公众能够理解法官的所思所想，增强对于司法判决的认同感，使法庭内的司法话语场域有效运行，不至于被一些不良媒体所引导，造成对司法机关的不信任。首先，法官在裁判文书中进行预设，介绍了犯罪嫌疑人为父亲报仇的犯罪动机本身是不正确的，不仅是中间跨度长达 21 年，而且在犯罪嫌疑人父亲案件的判决中没有出现司法不公。其次，法官对于整体案件事实运用法律修辞学进行梳理，对于与案件事实有重要利害关系的情节进行概括和剪裁。在裁判文书中我们可以看到"除夕夜""蒙面""追杀""当众""进入被害人家中""泄愤"等关键词。从这些关键词中我们可以看到犯罪人的犯罪情节极其严重，犯罪人的主观恶性很大，犯罪人不仅有杀人的故意，而且有为了泄愤，故意毁坏财物的故意。在这个案件中犯罪人侵害了多个法益，包括财产法益、人身法益，甚至犯罪嫌疑人使用的汽油燃烧瓶有危害到不特定人安全的可能性。而"除夕夜"这个特殊的时间节点，或许能让社会公众感同身受，除夕夜本该是阖家团圆的美好时光，却经历如此恐怖的事情，公众在阅读裁判文书这个部分时会加深对于犯罪嫌疑人主观恶性的认识，产生与法官趋向同一的看法。法官把这些事实通过裁判文书展现在社会公众面前，社会公众在法官的思维引导下，自然而然会作出一定的判断，然后法官在说理部分表达自己的观点，为之后判决的可接受性埋下伏笔。最后，法官通过对案件事实的细节描述比如说数字，使公众更加直观地看见案件中的细节，产生对于案件整体的认识，强化对于法官的判决的认同感。司法判决是要具有说服力的，特别是针对一些疑难案件。这一案件受到社会的广泛关注，社会公众存在不同的利益群体，每个利益群体都会从自身的利益出发，一份判决想要说服各个利益群体是很困难的。这时候就需要借助于法律修辞学进行说理，进行论证，当然法律修辞学并不是万能的，一些相关因素也应当具备，比如说证据和证明等程序上的公正。

法官在裁判文书中描述的事实，是一种记叙文的修辞，法官把与案件相关的事实写入进来，在这一部分法院应该调查清楚当事人提供的物证和言词类证据，法官不能为了结案而结案。法官要想用自己的逻辑论证去说服别人，最重要的是说服自己。如果连自己都说服不了，如何用法律修辞去说服别人，妄想别人去理解自己都理解不了的论证。在法官终身责任制的情况下，部分法官觉得言多必失，能少说理就少说理，认为这样可以减少自己的风险。由于对裁判文书中的内容进行缩减，只保留一些片段，论证过程和事实描述缺乏整体性，不仅当事人不能理解论证过程和事实描述，其他法官和律师也同样不能理解，虽然有时候这也不是法官的错误，因为还没有确立一个统一的标准，哪些部分需要说理，哪些部分需要详细说理，哪些部分可以简单概括。法律修辞与语言密切相关。司法话语的有效表达需要语言，司法话语场域的构建也需要语言。无论是法庭内还是法庭外，语言是法律修辞的构成要件之一。部分当事人文化水平不高，法律知识不够，加之法律概念随着社会发展可能会发生改变，导致其不能理解法官所表达的法言法语。法官在给予当事人的裁判文书中或者在说服当事人的过程中，要考虑到当事人的文化水平和法律知识，不能在运用法律修辞的过程中全是法言法语，要更加灵活与变通。法律修辞可以分为消极修辞和积极修辞①，其中以消极修辞为主，消极修辞是陈述一个客观事实，是以记叙的修辞方法描述一个事实；而积极的修辞，是法官在说理的时候引起当事人和法庭外各方主体的情感同一。积极的修辞在法庭内与法庭外搭建了一个桥梁，使法庭内外的司法话语产生双向互动。法国法学家勒内·达维德认为，"情理是法律的生命。"②法官应该用感情去说服他人，特别是涉及身份案件就更须如此。在 2010 年 11 月 30 日，丰台法院的判决书把"慈母手中线，游子身上衣"写入其中。在这个案件中，已经身患疾病的母亲还没去世，六位子女已经开始对簿公堂、分割家产，而在法官把判决书给当事人看了之后，双方当事人都很感动，决定放下财产争议。法官的判决书一般是在说理，但是，在判决书中加入情感分析，能够更好地与当事人之间产生情感共鸣，能够使当事人更加信服，也能让社会公众更能理解。法律是刚性的，而道德是柔性的，将二者相结合，既能从感性的方面也能从理性的方面去说服当事人和社会公众。特别是人民陪审员与当事人的沟通，人民陪审员与当事人在感情沟通和心理交流上有着天然的认同感，善于运用法律修辞将专业法律知识转化为通俗易懂、贴近群众的语言。

三、律师对法官的说服修辞

以刑事诉讼为例，律师对于法官的说服，需要采用各种表达技巧和心理技巧，目的在于说服对方，其实是在说服法官相信自己所说的事实。律师对法官的说服，运用法律修辞的过程不仅包括理性，还包括情感与道德。在一些英美的法庭，辩护律师在辩护时，为了获得陪审团的同情、为了影响陪审团对于事实的认定、为了减轻被告人的刑罚，往往会说出一大段曲折离奇感人肺腑的故

---

① 参见孙光宁：《判决书写作中的消极修辞与积极修辞》，载《法制与社会发展》2011年第 3 期。

② 张彬：《中国司法传统中的"特色司法"》，载《时代法学》2016 年第 2 期。

事，从而影响陪审团对于事实的认定，进而影响法官的判断。当然逻辑论证更为重要，因为法官也是理性人，感性的因素可能会影响判断，但是理性的逻辑论证才是决定性因素，在正确的理性论证的前提下，感性因素可能会锦上添花。

律师是司法话语主体冲突之间的协调者。律师可以保护在司法话语主体中比较弱势的一方，保护其表达司法话语的权利，制约强势一方的权力。律师运用法律修辞可以有效的保护当事人权益，说服法官，说服听众。律师在法庭辩论中会运用情感和理性，去诱导法官和听众，进行修辞的论辩，制造出一种强烈的情绪气氛，来起到隐藏一些事实真相的目的，使听众在其强烈的情绪渲染下，与律师产生共鸣，从而让听众被说服。

在法庭内的司法话语场域，律师的语言技巧是十分重要的，律师恰当的运用修辞手段，可以起到增强说服力，生动形象地表达当事人想法，让听众产生认同感的效果。律师在法庭内运用的修辞手法常见的有比喻（打比方）、排比、反问等修辞手段。

第一，律师运用比喻的修辞手法。比喻的修辞手法在法庭辩护中很常见①，特别是在一些知识产权的法庭会话中，因为法官不是万能的，法官具备专业的法律素养，但是可能不懂专业的科学技术。对此，律师就要运用比喻的修辞对法官进行揭示和说服，让法官理解原告和被告技术的不同之处。在一项专利权的纠纷中，法官与律师都用了比喻修辞。请看：

例（33）

法官：如果你想取得保险箱里的钱，就必须破坏保险箱。（意思是被告侵犯原告的知识产权）

律师：原告只是写了一本怎么破解保险箱的书，书里的知识是人人都可以学习的。（原告没有独享知识产权的权利）

---

① 参见聂长建：《法律修辞中的"例喻"研究——语用学的视角》，载《太原师范学院学报》（社会科学版）2021 年第 20 期。

法官把保险箱比作知识产权，而律师把知识产权比作书中的知识，是谁都可以学习的，这个回答很巧妙。

在刑事诉讼中，因为关系到被告人的人身权和财产权，所以辩护律师会更加注重对于比喻的运用。请看李秀娟等所撰文章《浅谈律师法庭交叉询问及辩论的语言技巧》中的对话，公诉人与律师关于被告人是否利用假文件进行诈骗问题展开辩论：

例（34）

公诉人：被告人利用假文件进行诈骗。

律师：那不是假文件。

公诉人：那不是假文件，那是什么？

律师：我想问一下私生子是不是假孩子，如果公诉人认为是假孩子，那么这文件是假的是理所当然的，可是私生子不是假孩子，私生子只是程序不合法，但是它终究是人，只要生出来的是人，你就不能说是假的。

在辩论中，律师巧妙地把私生子比作假文件，进行逻辑论证，说服公诉人关于假文件的认定。

律师可运用排比的修辞手法。排比可以增强律师的气势，可以透彻地描述事实，条理清晰，而且可以在有限的时间把有效的内容进行集中，可以带动听众的情感。律师巧妙地运用排比可以让对方哑口无言，对方可能会被律师的气势震撼到。以段建国的《律师妙用修辞有奇效》一文的对话为例，可以明显感受到排比修辞的效用：

例（35）

公诉人：被告人取款的手段违法，从而推出其贪污了公款。

律师：我反对，应该通过现象看到本质，请问一个西装革履、风度翩翩的富豪在路边吃别人剩下的剩菜剩饭，你能推定他是一个没有收入的贫困人口吗？一个警察在黑社会做卧底，为了不被怀疑，整天和黑社会一起，你能说他不是一个警察吗？一个犯罪分子，利用抢劫或者盗窃所得到的利益，每天进入高档场所，每天进行高消费，你能说他不是一个犯罪分子吗？我认为是公款还是奖金还是有待商榷的。

这里律师运用了三个排比句来证明不能通过现象片面分析，要通过现象看到本质，排比的修辞手法，增强了律师的说理，对于论证的效果显然是明显的，可以让听众加深对于律师辩护的理解。

律师可运用反问的修辞手法。反问的修辞手法不要求回答，它比陈述多了一个层次，更能引人注意，相比于陈述，反问更有语言力量，语气更加强烈，增强对于听众的鼓动力，表现演说者的激情，增强感染力。反问是具有相当厚重的感情色彩的，演说者使用反问句其实是对自己感情的一种释放。反问经常表现为"难道不是""怎么能说""怎么知道"等词语，这些词语都是经典的反问语句。反问是抓住对方要害的辩论，反问与排比一起使用会有出乎意料的效果。反问可以加强对于司法话语交往中比较弱势一方的权利保护。

四、当事人对当事人的说服修辞

这在民事纠纷中尤为明显。在法庭域内的当事人双方相互说服、相互理解、平衡利益，最终达到同一。调解的魅力就在于使双方当事人的关系修复到未发生民事纠纷时的状态，并尽可能地防止当事人之间关系的恶化。①

在有法官参与的民事纠纷的调解中，司法三段论不能有效适用，原因有以下几点：第一，司法三段论比较适用于案件事实清楚，双方争议不大或者争议焦点不多的案件。对于一些疑难案件，首先，大前提的选择上可能会出现问题，因为法律的稳定性和滞后性导致有些时候法律可能会与社会的发展产生矛盾，需要法官对于法律进行相应的合理解释，以尽量达到缓解矛盾的目的。其次，小前提的认定上也可能会出现问题，特别是在基层民事纠纷中，双方当事人唇枪舌剑、各抒己见、据理力争，都认为理在己方，案件事实有可能很简单，但在他们的描述中会变得很复杂。第二，司法三段论排除法官的价值判

---

① 参见闫青霞：《法律调解制度研究》，中国人民公安大学出版社 2008 年版，第 64 页。

断，司法三段论对于限制法官的自由裁量权具有很重要的作用，会限制权力的滥用。但是，在民事纠纷中会涉及价值判断的问题，法官对于选择和适用法律可能会出现困难，因为可能会出现法律条文冲突，而且在民事纠纷中没必要都按照司法三段论进行推导，双方当事人可以自由协商，意思自治。第三，司法三段论强调结果的正确性和公正性，而民事纠纷的调解是需要双方都能接受的结果，强调的是可接受性。所以，法官需要借助法律修辞的方式去促进调解，提升调解的有效性，从根本上说是依赖于相对低廉的社会成本①。司法话语场域的不同，进行调解的方法和技巧也要求不同。

在法庭内当事人的数量、当事人的发言和整个法庭的气氛都是相对固定的，而法庭外的司法话语场域会受到诸多要素的影响。比如说进行调解的场所，当事人文化程度、年龄、价值观的不确定，当事人发言的不确定性。这就需要法官根据不同的司法话语场域采用不同的修辞手法。法官需要立足于一定的司法话语场域中，才能对当事人进行说服，否则法官的言论只能是自说自话，其他人无法理解。法官在参与调解过程中，面对不同的场所、不同的当事人，要注重具体情况具体分析，要注重与当事人进行交往的过程，注重相互沟通。法官不能只顾着自己发言，而是要注重当事人的感受，实现与当事人的良性互动。法官参与调解不是单向输出的过程，而是与当事人双向互动的关系。双向互动的过程也是法庭外司法话语场域有效运行的过程。

法官对当事人进行说服，首先需要树立自己公平正义的形象。法官只有让当事人感受到法官的责任心与不畏困难的品格，在调解过程中当事人才会信任法官。其次，法官应该运用情感唤起当事人的同情心。引导当事人的情感正确走向是有点困难的，因为人们都喜欢自由，不喜欢受别人的控制。这时候，法官需要运用法律修辞进行引导，需要先把自己当成听众，需要先想象自己的言论是否能说服自己，如果自己都接受不了，更不能去说服听众，听众也不会有所谓的接受性。法官需要分析双方当事人的情感需求，明白当事人想要什么，才能分析问题并解决问题。在法庭外的司法场域，由于没有法庭内的庄严气氛，当事人在进行调解时可能会出现激动或者不冷静的做法。法官需要在这个

---

① 参见沈志先：《诉讼调解》，法律出版社 2009 年版，第 18 页。

场域中起到调节气氛的作用，因为平和的语境下的调解成功率比愤怒的语境下要高很多，语境与气氛对于调解的成功率是很重要的。最后，就是逻辑论证。运用逻辑论证可以让理性的人对于法官的说服更加理解，理性与感性相结合可以达到较好的说服效果①。

调解也是需要技巧的，司法话语各方主体如果能学会司法话语调解技巧，运用到实践中，可以更好地促进司法话语主体相互理解，让司法话语场域更好地运行，维护各方的权利，促进调解的效率②。第一，需要心理学的技巧。在当事人双方相互协商时，需要注意对方的眼神、肢体动作、说话的状态。如果有协商的组织者，组织者可以观察双方当事人的肢体动作、表情，当当事人的表情出现不满，或者眼神飘忽不定时，组织者应该介入其中，维护良好的协商环境，因为在当事人情绪出现波动时，是很难达成调解协议的，也不能有效地表达司法话语。如果是双方自行协商，没有第三者的参与，当事人可以通过表情、肢体语言了解对方的想法，同时作出退一步或者争取属于自己的更大利益的选择。第二，倾听他人的意见。在调解中，不少当事人为了谋取自己的利益，当对方当事人提出不利于自己的条件时，就会据理力争，不愿意去听对方在说些什么，有时候去倾听对方的观点，可能会更有助于调解的实现③。第三，运用逻辑思维论证说服对方。在有法官参与的调解中，当事人先提出各自的观点，然后进行各自的论证。通过当事人的各自论证、相互辩论，法官了解了相关的事实及基本的逻辑关系。在调解的前期当事人双方可能会出现各执一词，对抗情绪明显的情况。法官以事实为依据，以法律为准绳，运用自己的逻辑思维，构思自己的论证过程，并把这种论证过程展现给双方当事人，让当事人接受法官的论证，进而改变其错误的观点。当然当事人观点的改变不是一蹴而就的，而是随着时间慢慢改变，是一个循序渐进的过程。法官的说服既要抓住当事人最关心的点，比如说赔偿金额，赔偿方式，还要抓住双方的争议焦

---

① 参见刘兵：《法律修辞：以听众为核心的说服论证——兼论法律修辞方法在司法调解中的作用》，载《民事程序法研究》2010 年第 5 辑。

② 参见王骏良等：《试述调解民间纠纷中语言表达技巧》，载《武汉公安干部学院学报》2013 年第 27 期。

③ 参见何胜杰：《浅谈民事调解技巧》，载《经济研究导刊》2012 年第 29 期。

点，既要说法也要说理，调解能促进纠纷解决的效率，降低当事人双方的负面影响。

第三节　法庭主体司法话语的交往机制

司法权既是政治权力，又是法律技艺。它是在解决"什么是司法话语"问题的前提下，进入到"如何行使司法话语"问题的解决。法庭是法官进行司法职业专门活动的特定场域，是司法话语场域的中心区域。这就需要我们全面考察法庭司法话语主体相互之间在法庭中话语行为内敛与外接、交涉与协调、交往与选择、对抗与妥协的机制形态①。

一、法庭主体话语交往的多维展现

在法庭中，话语交往行为主体因目的不同而被赋予了不同的司法话语权，担当不同的话语角色，并且，其话语角色与话语权层级是基本固定的。以乡村民事诉讼个案为例：

例(36)

梁某误记曾某欠其3元钱，要曾还钱，发生口角，继而发生揪打。真正的债主给梁某还来钱之后，梁发现错怪了曾。第二天，在律师调解下，梁公开向曾赔礼道歉。但曾提出自己被打伤，要求赔偿医疗费、误工费等，梁不同意。于是曾向法院起诉，要求梁赔偿300元。

由于"3元钱纠纷"，发生于集贸市场，引起不少公众围观，引起社会关注。开庭那天电视台现场报道。第一次庭审当事人双方均没有请诉讼代理人。

请看在法庭审判最初的身份核查阶段法官对原告的问话：

审判长：原告回答我的问话。姓名。

---

① 参见［英］安德鲁·埃德加：《哈贝马斯：关键概念》，杨礼银等译，江苏人民出版社2009年版，第165~166页。

原告：曾某某。

审判长：出生年月日。

原告：1976 年 11 月 5 日。

审判长：什么地方人？

原告：Y 县人。

审判长：职业。

原告：农民。

(此处的话语问答显示出法官话语权与当事人话语权极端不对称，原告话语权能被限制，只能作简短的肯定性回答)

……

在庭审过程中，被告否认自己打过原告，相反，原告倒是打了自己。除几份医院病历和医药费发票外，双方均无其他证据证明自己的诉权，都称当时有很多人看见，法官可以调查取证。休庭后，法官亲自到市场调查取证。多数人不愿作证，有的人愿意向法官陈述所见，但不愿在调查笔录上签字，拒绝出庭作证。第二次开庭，出乎法官的意外，原被告双方都表示有证人到庭，都请了律师。原告提供了一个证人，请律师为诉讼代理人。被告提供了三个证人(含被告妻子祝某)，也请了律师当诉讼代理人。审判员先传唤被告提供的证人。

证人1(被告妻子)：我说的话一句都不会假。我看见我老公的衣服被撕破了，就问是怎么搞的。他说是曾撕破的。我就去与她讲理。我什么都没说，她就揪住我的头发踢我，说："老子踢死你！"谁说假话，我就××××(脏话)！

审判长：注意，这是法庭啊，说话要文明。(法官通过界定交往事件的性质或发生的地点，即借助语境对对方实施话语控制)

证人1：(沉默)

审判长：原告可以与证人对质。原告有无问题向证人发问？

原告：有的。你到我店里来干什么？

证人1：我是来问你们为什么打架。

原告：不对，你来了先和我对骂，是你揪住我的头发。

审判长：(传证人2)你是怎么来的，为什么来作证？

证人2：我是主动来的，为打抱不平。当时，我看到曾打了祝某，用皮鞋踢她的下身。

审判长：原告可以向证人提问。

原告代理人：让他说说当时还有多少人在场？有些什么人？

证人2：都是来来往往的人，我不知道(他们是谁)。

原告代理人：他一个也报不出来，说明是伪证。

审判长：(传证人3)

证人3：那天上午大概是11点吧，我看见曾揪住祝打她。

审判长：有没有其他在场人？

证人3：有陈某(证人2)。其他人不认识。

审判长：(传原告提供的证人)

证人4：我看到一群人在围着看什么，就跟过去看热闹。看见梁揪住曾的头发。这时曾的丈夫回来，劝架说了几句。梁不放手，曾的丈夫就问梁："是真打还是假打？"

审判长：被告可以向证人提问。

被告代理人：你说你看到的，请你说出事情发生的时间、地点。

证人4：大概下午，(原告在旁边说"是中午"，于是改口)是吃中饭时。

原告：我补充两句。法官请听我说……(法官打断)

审判长：现在是证人发言，不是要原告发言。是我安排工作还是你安排工作啊，啊？(法官使用裸权力话语。裸权力话语是指不对称交往中，权力高的一方明确或不明确地暗示自己的职位权力，企图以机构权力压制对方，控制对方的话语走向)

原告：哦。对不起。

审判长：被告可以继续向证人提问。

被告代理人：还有哪些在场人？

证人4：记不得了。

被告：上次开庭，曾只提到程某某和刘某某是证人，现在怎么又冒出个姓张的？

在问明双方都没有新的证据之后，法官宣布开始法庭辩论，提醒当事人围绕争议焦点发表辩论意见，特别说明不包括曾某某与祝某之间的问题。

原告代理人：我们所说的都是事实，而被告方有作伪证之嫌。双方说的是不是事实，法庭肯定会调查清楚的。案情简单明了，我的当事人及证人都说得很清楚了，具体理由我就不啰嗦了。因此，要求对方承担我的当事人的医疗和误工费用。

审判长：下面由被告发言。

被告代理人：请法庭注意下问题：第一，两次开庭，原告提供的证人不一。而且，证人所说的时间有误：先是说"下午"，后来在原告的提醒下改为"中午"。可见这个证人（证言）不真实。第二，已经调解了，3元钱的小事本该了结，结果闹得这么大，很遗憾。第三，究竟谁打谁？原告证据不足。所谓被告两次打原告的真相是：我的当事人做到骂不还口，打不还手。请法官作出公正的判决。第四，原告提供的住院费等单据问题，请原告出示住院病历、医生处方。没有病历和处方就是欺骗。原告只有门诊病历。而从病历中看出，原告没有做实质检查，医生根据病人口述写成的病历。建议传有关医生出庭作证。而且有人看到原告从卫生院回来后还与别人通宵玩扑克，说明她没有受伤。第五，原告的姐姐声言："如果梁某某不付300元赔偿费，我叫你3000元也下不来。"这是敲诈勒索。请法庭注意。

法庭辩论过程中，双方话语激烈，情绪激动，几度出现骚乱状态，双方当事人对骂，甚至差点动手，被法官三次敲法槌制止。当事人最后陈述结束，法官征询双方调解意见，没能达成协议。法官当庭作出判决："被告梁某某赔偿原告曾某某医疗费115元、误工费70元。"被告马上表示不服。被告代理人认为此判决一派胡言，表示要继续告。被告妻子、儿子、证人及其他亲戚围上审判席，向法官争辩，拒绝在庭审笔录上签字。被告儿子甚至对法官破口大骂。当事人的"围攻"持续了约半个多小时。被吵闹声惊动的法警跑过来维持秩序。原告代理人说："坚决服从法庭的公正判决。你们扰乱秩序，公然对抗法庭，是违法犯罪行为。"法官宣布休庭。被告代理人说："在这里争没有用，我们上诉。走吧。"

以上案例多维地反映了法庭基本话语主体的话语交往情形：首先，毫无疑问，法官是法庭内的权威代表，其话语权是最全面的，自由地使用封闭式问话、裸权力话语，借助语境因素，控制对方话语，打断对方话语，享有全自由话语权。其次，诉讼双方律师与当事人是委托关系，对对方律师、原被告及证人具有提问话语权，二者均处在法官的下一级，对法官具有请求话语权，律师具有半自由话语权；在当事人无诉讼行为能力时，将话语权委托给诉讼代理人，诉讼代理人是半自由话语权。再次，证人的话语权在审判活动中处在最底层，只有回答话语权，因而，证人具有不自由话语权。最后，诉讼双方当事人在法庭的话语权是平等的。以上规律也基本适合刑事、行政案件。这正好印证了"权力意味着控制，权力控制通过话语实施"，"话语选择度最大的人被认为是最有权力的。话语表达愈受限制，说话人权力就愈低"。① 当然，处于权能低位的当事人和证人并不总是处于被动受控制地位，他们可以在有限的范围内通过操纵话语，采取一系列话语策略抵制、摆脱甚至直接对抗权能高者的控制。

以上列举的是民事庭审的话语交往案例，没有涉及公诉人。刑事庭审中公诉人的话语角色相当于民事庭审中的原告。在刑事诉讼中，公诉人的话语交往行为基本上是针对被告人的。现选取中央电视台《庭审现场》节目所播放的一个刑事庭审会话作补充。

例(37)

案由：儿子杀害父母，骗取保险金，案发，被检察机关提起公诉。以下是刑事法庭的会话录音。

审判长：公诉人准备好了吗?

公诉人：准备好了。

① 吕万英：《法庭话语权力研究》，中国社会科学出版社 2011 年版，第 33~34 页。

审判长：现在由公诉人对被告人进行提问，希望你如实供述。听清楚了吗？

被告人：听清楚了。

公诉人：今天法庭公开审理，你听清楚没有？

被告人：听清楚了。

公诉人：我问几个问题啊！

被告人：是！

公诉人：你要老实回答。

被告人：嗯。

公诉人：第一个问题是，你为什么要杀害你的父母？

被告人：我一时冲动犯下滔天大罪。

公诉人：第二个问题，你将你的父母杀害以后，到目前为止，包括今天在法庭上，你是什么心情？

被告人：我后悔得很。

审：在你和父母相处的时间，婆媳也好，你跟父母也好，在日常生活中产生过矛盾没有？

被告人：没有。

公诉人：那么，你跟你父母以前没有明显矛盾，那么，在案发当天你为什么跟你父母发生如此大的冲突，以至于发生恶性案件？

被告人：也不是当天就产生这么大的矛盾，他们经常跟亲戚朋友邻居说我不孝顺，说我不负责任，我没有做不孝顺的事。

审判长：你是怎么杀害你的父母的。

被告人：用棒打的。

公诉人：为什么要杀害他们？

被告人：那天我去放羊，他们又说我不孝，然后一直唠叨，他们手上拿着铁锹。

公诉人：他们拿铁锹干嘛？

被告人：要打我。我刚好手上拿了个棒棒，我也把棒棒拿起来了。

公诉人：先打的你的父亲？

被告人：嗯。

公诉人：打到你父亲哪里了？

被告人：头上。

公诉人：你父亲什么反应？

被告人：倒了。

公诉人：你怎么确定你的父母已经死亡的？

被告人：因为他们流了很多血，并且已经没有呼吸了。

公诉人：杀死父母后你做了什么事？

被告人：我用骡子把父母拉到了一个桥下，然后回到原来的地方把血迹擦干净。

公诉人：你刚才说是一时冲动，对吧？

被告人：是。

公诉人：你杀害你的父母没有别的想法吗？

被告人：没有。

公诉人：你在保险公司为你的父母买了保险吗？

被告人：买了。

公诉人：你已经领取……（被告人打断）

被告人：领取了保金，但与杀人没关系。

公诉人：那关于本案这个，起诉书指控的事实，你就这个事实过程你说一下，谈一下，那个怎么认识，怎么做的？

被告人：就这个起诉书上啊？

公诉人：对。

……

审判长：辩护人对被告有没有发问的问题？

辩护人：有的。

辩护人：当时案发时是一时冲动杀害了父母亲，这个一时冲动的根本原因是什么？

被告人：就是他们说我这个那个乱七八糟的，老是对我不满意。

辩护人：就是父母亲一直对你责备、责骂，导致你的自尊心受到了伤害？

被告人：嗯。

辩护人：然后你一时冲动杀害了父母？

被告人：是的。

审判长：传被告人的证人，被告的姐姐。

公诉人：被告为什么要杀害父母？

证人：我也不知道他为什么这么狠。

公诉人：他们平时关系怎样？

证人：父母很关心他，没有什么深仇大恨。

审判长：传保险公司工作人员。

公诉人：被告在你公司买了保险是吗？

证人：是的，被告在我公司以他父母作为被保险人买了巨额保险，如果他父母死亡，被告作为收益人可以得到 60 万元的补偿。

……

一般情况下，由于公诉人代表国家机关处于对话情境中的强势地位，被告人是弱势的话语个体，其话语地位明显不对等。从交往行为理论视角看，公诉人对被告人的控制表现在大量使用指令性话语，驱使被告人按要求行事，如前一段对话。但是，后段对话则出现了例外，被告人打断了公诉人的纠问，抢先表白自己"领取了保金，但与杀人没关系"。这次的话语打断取得明显效果，公诉人放弃了纠问，而是给了被告人一个开放性问话，话语空间变得很大。至此，公诉人等于把话语权交给了被告人。

刑事诉讼的主要目标就是发现事实真相，在于运用商谈来澄清"实际"所发生的事实。在刑事诉讼中，有四个基本的问题，它们涉及不同的有效性主张：(1)被告是否实施了受到指控的行为？(2)根据刑法，该行为是否属于应受刑罚处罚的行为？(3)被告的行为是否属于这种应受刑罚处罚的行为？如果对这些问题的回答是肯定的，那么最后需要询问：应该和必须对被告施加哪种刑罚？这里的核心问题涉及确定以下几点：(1)被告行为的事实"真相"；(2)被告行为的违法性和违反道德性；(3)被告本人对于该行为的责任；(4)最适当的刑罚处罚。

根据商谈中的论证条件，所有参与者都应平等地为确定上述问题作出努力。对上述问题的确定涉及有效性主张的(客观的)真实性、(主体间性的)正确性以及(主观的)真诚性。所以，给予被告人制衡或对抗司法话语力的相应话语权利就成了法律商谈的重要内容。

这对法庭刑事审判具有影响深远的效果。在刑事诉讼中，根据这种商谈，人们可以对于犯罪、罪过和刑罚的概念提出挑战，把刑事诉讼程序的法律商谈制度化将意味着，这种程序不再仅仅是实现或适用实体刑法的手段。论证过程毕竟指向达成一种共识。在这个过程中，参与者能够就受到异议的有效性主张是否正确，自由地发表意见。其间对于议题和论点都没有限制。原则上，每个参与者都可提出议题，并且都可以运用更令人信服的论证力量来反驳或支持任何事实的和规范的主张。人们不仅可以对假定的法律规范的合法性提出异议，即便人们在承认接受法律规范有效性的情况下，也可以指向个人对于该行为的责任和制裁是否具有合理性与可接受性等。因此，在理论上，刑事诉讼中的法律商谈为拓展和深化司法改良提供了机会。然而，一个必要的条件是，必须具有开放的和不受限制的法庭交往为这种商谈提供充足的空间。这些关于商谈的内在规定性，同样适用于法庭民事审判。

由以上的民事、刑事两个话语交往案例，我们可以勾画出法庭基本主体的多维性话语交往的行为网络，如图 3-1、图 3-2：

（1）民事审判

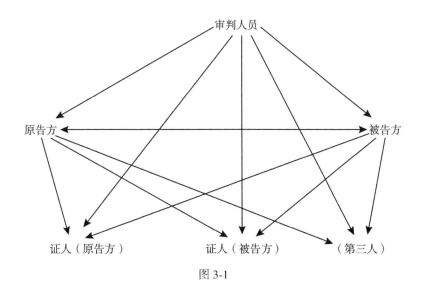

图 3-1

（2）刑事审判

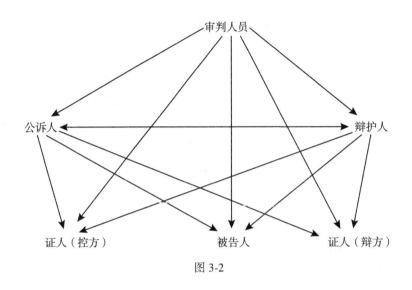

图 3-2

二、法庭话语的交往层级

通过以上法庭基本主体的多维话语关系的综合分析，我们可以把法庭话语交往的层级划分为：

一级交往是民事、行政案件中的己方与他方及证人的话语交往，己方律师与他方当事人及证人的话语交往，还有刑事案件中公诉人与被告人及辩方证人的话语交往。从上述民事案例可见，双方当事人利益对立，诉权截然相反，在法庭上各执一词，必然发生冲突。行政案件亦然。可想而知，刑事案件性质决定了其话语冲突会比民事案件更激烈。无论是民事还是行政、刑事案件，己方律师都与他方当事人、证人及公诉人，与被告人及辩方证人之间构成话语交往地位固定的法庭问答话语组合，发生的问答话语在整个话语交往活动中所占的比例最高、形式最多、强度也最大。这从以上民事案例可以见出，而刑事案件由于本身冲突的剧烈，话语交往的类似情况更加突出。

二级交往是民事、行政案件中己方律师与他方律师的话语交往、刑事案件中公诉人与辩护人之间的话语交往。首先是民事、行政案件中己方律师与他方律师之间的话语交往。律师是法律人，熟悉专业和庭审程序，虽然在庭审中为各自当事人的根本利益进行话语交往，但是，由于同行的亲合性，律师之间的话语冲突往往会通过话语技术得到一定程度的缓解，受庭审程序限制，其话语冲突一般表现为间接的形式。以上的民事案例表明，原被告双方律师的话语交往比较规范，讲究话语技术，即便产生冲突都是以当事人、证人、法官等作为缓冲地带的。其次是刑事案件中公诉人与辩护人之间的话语交往。在刑事案件中，公诉人代表国家提起公诉，受权力本位、职权主义模式的影响，公诉人拥有强大的话语支配力和控制力，如封闭式问话、打断和直接指令，根据有关刑事诉讼庭审讯问语料的统计分析，公诉人对被告人或证人大量运用指令性话语，其中直接指令占指令总数的84.48%。① 而辩护律师对被告人或证人运用的话语则是说服性的，说服是律师法庭话语的最终目的和最高境界。② 在法庭中，公诉人会比辩护律师拥有更多的话语权，话语力量级差很大，一旦发生话语冲突，辩护律师便会主动进行话语退却。因此，二者之间发生话语冲突的强度及频度会低于民事案件中的双方律师。此外，以上民事案例还表明，在庭审中最容易发生话语冲突的是相互辩论阶段，法官的最高话语权威和干预对交往双方的这种话语冲突有着重要的控制和缓解作用。行政、刑事诉讼也是如此。

三级交往是法官与当事人双方、证人的话语交往。由上面案例可知，法官的最高话语权威及其在法庭的引导协调职能使得法官与当事人双方、证人之间的话语冲突较少发生，即便发生，冲突强度也不大，当事人双方、证人通常会及时修正话语顺应法官的问话指引。由于法官话语权能目的的中立性，法官与双方发生话语冲突的概率相同。此规律适合各种诉讼。

四级交往是法官与律师的话语交往。在各种诉讼中，由于两者法庭的话语力量级差悬殊，基于话语安全，律师一般会极力回避与法官的话语冲突，即便有话语冲突的情形，如话语屡遭打断，律师也会积极终止话语冲突改为话语合作。例如：

---

① 参见吕万英：《法庭话语权力研究》，中国社会科学出版社2011年版，第155页。
② 参见廖美珍：《法庭语言技巧》（第三版），法律出版社2009年版，第191页。

例(38)

律师：被告人，警察限制你人身自由的时间是在什么时候？

被告人：我记得时间大概是……(法官打断)

被告人：(沉默)

审判长：此点属于跟案件无关的问题，辩护人就不用问了。

律师：据卷宗所述，被告人在采取强制措施6天后，侦查人员才发给法律文书，7天之后才讯问，该笔录属于非法……(法官打断)

审判长：辩护人不要扰乱法庭秩序。你无权解释。现在是对被告人发问。辩护人还有其他问题吗？

律师：没有了……

审判长：辩护人，要珍惜你的权利啊，好好履行你的辩护职责。

律师：(沉默)

由上还可以见出，在公权力面前辩护律师的司法话语受保护的境况堪忧。法律应明确规定司法过程中刑事辩护律师的话语平等权，甚至豁免权，以更好发挥刑事辩护机制的功能。[1]

对法庭的话语交往构成进行分析，可以探索总结法庭的话语交往运行的内在规律。从司法活动本身来看，平等规则是积极规避话语冲突良策；从司法改革角度来看，法官、检察官和律师等角色都有待向平等取向转换，以构建诉权与审判权相互制衡的司法民主模式；从司法意识角度来看，公民(当事人)[2]的话语技巧、权利启蒙有待强化。这样，就会"完全有可能在理想状态下展开自由而理性的对论"。[3] 这种司法话语的内向对话性行使模式能够整合当事人的纯粹自由权利与当事人之间在审判中的相互制约，既尊重了当事人的意思和主体性权利，又能引起参加话语交往行为主体的反思，"保持平等，互动应当自

---

[1]　参见潘庆云：《中国法律语言鉴衡》，汉语大词典出版社2004年版，第426～427页。

[2]　公民(当事人)是指普通公民或公民当事人。

[3]　参见[日]棚濑孝雄：《纠纷的解决与审判制度》，王亚新译，中国政法大学出版社1994年版，第125页。

由运作，应当公开观点，结论可以修正"，① 甚至能创造法律规范，最终提高审判的合法性。

第四节　司法话语的内向对话性行使模式

一、内向对话性行使模式的元素解构

尽管我国的庭审模式逐步由纠问制向对抗制过渡，法官的职权得到一定程度的弱化，法官由原来积极参与事实调查转变为听证为主，法官的职责由查明事实转向倾听"故事"，辨别真相，适用法律，中立性更加突出，被告方的辩护机会和话语空间得到一定程度的扩充，但是，目前的庭审模式中仍存在较强的职权主义色彩，法官并不能完全处于听证和被说服的地位，很多情况下法官都积极参与事实调查。在司法实践中，法官不仅积极参与事实调查的过程，并且对控辩双方的话语控制比较多。这表现在法官追求庭审效率时，根本不给当事人足够的申辩机会，时常通过打断和插话评论限制答话人的话语自由。在刑事案件中，法官并不是十分平等地对待公诉人和辩护方，法官对于公诉方的证据和指控有着确信不疑的信念，很少打断或针对公诉人话语进行元语评论，但打断被告人及其律师的情况并不鲜见，如例(6)；还有的法官地把自己的判断强加给证人，如例(19)。在无形之中，法官自身的中立性诉讼地位发生偏移。很多情况下，实质上应该通过庭审程序证明有罪或无罪或罪轻的开庭审判异化为职权式的确认程序。由此，要真正做到司法公正，首要的是必须保证法庭上控辩双方平等的话语权。如果公诉人代表的是国家利益的话，法官则是社会正义的代表，法官自身要维护社会正义的最终实现，不能偏袒控辩任何一方。

检察官话语行为取决于检察官的角色。宪法规定：检察机关是国家的法律监督机关。按照《刑事诉讼法》的规定，控辩对抗的功能提升，增强了公诉人在举证、证明犯罪方面的话语权能。公诉人的法庭话语行为比以前更多了。公

---

① 参见[德]尤尔根·哈贝马斯等：《作为未来的过去》，张国锋译，浙江人民出版社2001年版，第110页。

143

诉人代表的是国家，因此，公诉人在法庭上的话语行为也代表国家的形象。由于代表国家，有国家权力做后盾，所以，在法庭上，公诉人常常是底气十足的，如例（8）。其实，公诉人很多在出庭当中发生的问题均源自这一点。检察官出庭也是为了"赢"——让对犯罪的指控成立并为法庭采纳。但是要赢得服人，要以理服人，不能以势压人。一位律师为一个企业的厂长进行法庭辩护，当公诉人对对方证人作交叉询问时，有这么一段法庭对话：

例（39）

公诉人：被告人的钱是不是交给了企业？

证人：是交给企业的。

公诉人：当时你到底在哪里？

证人：玉环啊。

公诉人：那么你怎么看到兰化的事情？你回答问题要好好考虑考虑！

律师：审判长，公诉人询问证人应该保证证人客观作证。他刚才的话是不恰当的。

公诉人：本公诉人依法履行职责，任何人不得干涉！

此例公诉人的话语行为，既存在威胁证人之嫌，也存在以权势压人的情况。目前，由于"认罪认罚"相关制度的出台，检察官的强势地位进一步提升，检察官为完成认罪认罚案件适用率考核，强势主导量刑，控辩双方的力量严重失衡，程序中检察官处于强势地位，只要被追溯人反悔认罪认罚，甚至只是行使正当权利或者提出意见，就会引起检察官的不满，检察官在认罪认罚的强势主导地位之下，扩张了其权力范围，限制了其他主体的权利。其行使的权力足以从程序上影响结果，决定案件的走向，在 2023 年 3 月 7 日最高人民检察院工作报告披露的最新统计数据中，2022 年检察院适用认罪认罚从宽制度已经超过 90%，法院采纳检察院的量刑建议为 98.3%，换言之检察官在 90% 的案件中取代了法官，定罪量刑的由法官变成了检察官，公诉人变成了被告人的法官，违背了近些年强调的"以审判为中心"的方针，有这么一段法庭对话可以充分反映公诉人的强势地位：

例（40）

公诉人：被告人你说的关于被迫实施诈骗行为属实吗？

被告人：我是被骗来实施诈骗行为的。

公诉人：被骗和被迫是不一样的，你要说清楚。

被告人：我是被骗的。

公诉人：如果你说是被骗的，那么就不是认罪认罚，被告人我再向你说一下刑诉法的相关规定，被告人需要自愿如实供述自己的罪行，承认指控的犯罪事实，你再想一下是被骗还是被迫的。

被告人：我认罪认罚的，是被迫的。

一个优秀的或者说是合格的检察官至少应该具有三个品质：一是疾恶如仇，不畏强暴，不畏权势，刚正不阿，以彻底揭露犯罪，抨击犯罪和丑恶为己任的勇气和毅力和奉献精神；二是严谨的、实事求是的、科学的、负责任的态度；三是强烈的人道主义精神。阿列克谢耶夫在《法庭演讲艺术》一书中说："对人的个性的尊重，是科尼所有演讲的根本特色。'作为一个揭露被告的公诉人，著名检察官科尼在猛烈地抨击时，并不施加侮辱；在无情地批判时，并不进行折磨。'"检察官的刚性、人道精神、科学态度都要通过话语行为得以体现。

从律师的专业素养看，要做到为当事人争取最大的法律保护，在设计提问性话语时，应尽量做到提问思路明确，使答话人能准确领会提问意图，置答话人处于完全的控制之中。要做到这点，律师必须在充分了解案情的基础上，设计信息明确的封闭式问话。然而，现实中我国律师执业环境却不容乐观，律师司法话语地位相对低下，律师执业交往行为缺乏保障，至今还没有一个有效的机制保障。[1] 在当前我国的司法实践中，律师诉讼话语有时候根本无法在裁判文书中得以完整体现。律师被剥夺司法话语、逐出法庭的事件

---

[1] 参见赵国君：《与正义有关：中国律师纵横谈》，花城出版社 2005 年版，第 143 页。

时有发生，律师无辜被抓被关的事件也并不新鲜。辩护制度是我国法治建设不可缺失的一部分，是程序法中重要一环，但在我国司法实践当中，律师权利被侵犯的案件发生较为频繁，律师的执业环境有待提高，应该充分保障律师的基本权利。由于刑事案件涉及自由与生命，刑事辩护律师的基本权利应该得到重视。目前在司法实践当中，刑事律师权利受到限制和阻碍，刑事辩护率甚至有下降的趋势，而律师权利受损直接关系到当事人的诉讼权利是否得到实现，刑事诉讼法规定律师享有调查取证权、阅见权、会见权，律师在行使上述权利时，并非绝对自由的。虽然这是为了防止律师做伪证，但是降低了律师使用权利的灵活性。首先从调查取证权来看，调查取证权是律师区别于其他诉讼参加人的一项最重要的权利，但是该项权利也会受到限制，第一，在一些特殊案件中，律师想要向被害人调取证据需要经过司法机关和被害人的双重同意，第二，律师想要向证人调取证据时，会发生即使经司法机关同意的调查取证，也会存在律师向证人发问时司法工作人员在场的情况，对律师的自由取证产生干扰。其次从会见权来看，律师想要见到犯罪嫌疑人，并非一件容易的事情，通常情况下，律师不能即时见到被告人，耽误了律师思考如何为被告人辩护的时间，而当律师见到当事人时，也会受到会见时间、次数等限制。最后从阅卷权来看，虽然随着法治社会的建设，时代的进步，律师的阅卷权不断扩大，但是阅卷的内容和时间会受到限制，律师并非从犯罪嫌疑人被公安机关抓获时就可以享有阅卷权的，根据刑诉法的规定，辩护律师自人民检察院对于案件审查起诉之日起，可以查阅、摘抄、复制本案的案卷材料，阅卷权是律师了解案件事实，提出辩护意见的重要权利，需要予以相应的重视。

刑事律师的辩护权利为何会受到种种限制呢，究其原因有以下几点，第一，尚未形成完整的以审判为中心的司法环境，在司法实践过去的很长时间中，不是以审判为中心，"有罪推定"盛行，司法工作人员认为其与律师是对立的，在其心中该犯罪嫌疑人就是有罪的，其所谓的正义感让其觉得律师是邪恶的代表，同时由于控辩审三方处于不平等的地位，刑事辩护律师行使基本权利受到重重限制，不能更好地保障被告人的人权。第二，社会公众的法律意识淡薄，律师向证人调查取证时，由于受到传统"贱讼、厌讼、耻讼"思想的影响，证人对于律师来调查取证十分反感，不愿意配合，认为"多一事不如少一事"，导致律师不能取得证据。律师经得法院或者检察院同意后向被害人调查取证，被害人自然也不愿意配合，因为其认为律师是与之对立的一方，被告人对其造成了损失，而律师是收取被告人利益为其谋取刑罚减轻的人。有些被害人甚至由于无法向被告人进行报复，而将报复的情绪转移到律师的身上。而律师向被告人调查取证时，也会存在问题，有些被告人不会向律师叙述完整的案发事实，只叙述对于自己有利的事实，这样就会发生庭审中被告人向法官叙述的事实与被告人向刑事辩护律师叙述的事实截然不同的情况，让律师猝不及防。同时认为请了律师就能无罪的大有人在，但是司法实践中无罪辩护能成功的案例少之又少，一旦律师不能达到被告人心理预期，律师将会遭到被告人的人身攻击甚至会威胁到律师的生命。第三，对于律师的救济不足。当刑事辩护律师的基本权利受到损害，刑事辩护律师无法寻求救济，其不能向法院起诉，也不能起诉检察机关，辩护律师只能向媒体、网络、律师协会等寻求帮助。刑事辩护律师对于被告人是十分重要的，对于整个诉讼过程的作用也是不言而喻的，对于建设社会主义法治国家、法治社会、法治政府是不可或缺的，但是维护刑事辩护律师的基本权利方面仍然存在着许多的问题。如果这些问题得不到解决，被告人的人权将无法得到保障，刑法的基本原则也无法得到落实。

《刑法》第 306 条规定的辩护人伪造证据罪，司法解释确认为：辩护人、诉讼代理人毁灭、伪造证据、妨害作证罪，在司法实践中通常称之为律师伪证罪，有许多律师把它比作悬在律师头上的达摩克利斯之剑，其致使许多律师将刑事辩护视为畏途，越来越不想做刑事案件。目前，中国 70% 以上事关被告人生死攸关的刑事案件无律师介入，大多数被告人都是自辩或请亲友代理。从立法本意来讲，任何人都不能制作伪证，妨害司法审查，否则，都要受到法律制裁，刑事律师在取证方面，不能作假，立法本意不错，但是，问题出在司法实践的操作上，认定有罪的权力掌握在公诉方，就是律师对手的一方。公诉机关既是裁判又是运动员。《刑法》第 306 条规定得过于笼统，什么叫引诱？怎样界定？谁来界定？在公诉机关与律师权能极不对称的情况下，执行就会出现问题，造成冤案。这样，既不利于律师司法话语权的保障，也不利于制约公权力的司法话语以及公检法制衡的实施。

而从普通的诉讼参加者来看，在法庭上要尽量争取话语空间，捍卫自己的诉讼权利，尽量不受权力支配方的操纵和控制。此外，对不宜作简单的肯定或否定回答的问题，要跳出问话人的问话框架，化被动为主动。而对问话人提出"只回答'是'或'否'"的强制要求，也可在满足疑问点的同时尽可能扩展答话，必要时也可指出问话方式的不合理之处。

司法审判过程，无疑是一个在多方话语权的交叉交往之下，法官居中规制下诉讼双方对抗与冲突的话语交往过程，在这个"作为逻辑语言的司法"过程中，需要平等自由司法话语的"承载和展示"。①

在司法话语的内向对话性行使模式中，由于公诉人(刑事审判)和原告(民事审判)是诉讼活动的启动者、发起者，而被告(人)是被动甚至是被迫参与诉讼的，因此，双方一开始就处于话语博弈状态中。进入诉讼活动之后，博弈只是一个程度问题。刑事案件审判中的基本博弈状态有：(1)有罪(指控)——无罪(反指控，不认罪)；(2)罪重——罪轻(承认有罪)；(3)无减轻情节——有减轻情节(承认有罪)；(4)态度不好——态度好(承认有罪)等。民事审判活动中的博弈有：(1)侵权——未侵权；(2)侵权严重——侵权轻等。

无论在哪一种案件的审判中，博弈是法庭话语活动的主旋律——各方都要实现自己的权能。法官代表法庭机构的权能，对主要博弈双方来说，法官的权能是中性的，不偏不倚的。但是，法官也与双方发生博弈，有实体上的原因，也有程序上的原因。我们下面大致勾画一下法庭审判中的交往关系。图中的单箭头表示交往方向，两向箭头表示权能博弈，单线表示中性互动。图3-3、图3-4的箭头也表示过程，因此，是一个动态的标号。此处必须说明的是：这只是一个典型的范式，在实际的法庭审判活动中，其中的关系不是刻板不变的；在民事审判中，原被告均可以不出庭，由律师全权代理，而在刑事审判中，控方和被告人不能不出庭。

---

① 汪习根：《司法权论——当代中国司法权运行的目标模式、方法与技巧》，武汉大学出版社2006年版，第10页。

（1）民事审判

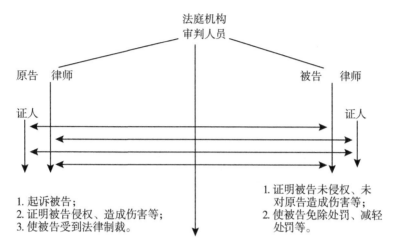

1. 起诉被告；
2. 证明被告侵权、造成伤害等；
3. 使被告受到法律制裁。

1. 证明被告未侵权、未对原告造成伤害等；
2. 使被告免除处罚、减轻处罚等。

按照程序，辨别真相，居中判决

图 3-3

（2）刑事审判

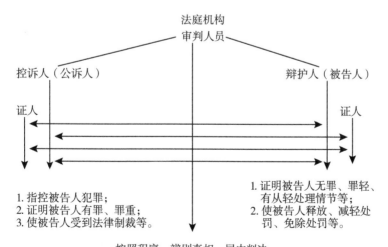

1. 指控被告人犯罪；
2. 证明被告人有罪、罪重；
3. 使被告人受到法律制裁等。

1. 证明被告人无罪、罪轻、有从轻处理情节等；
2. 使被告人释放、减轻处罚、免除处罚等。

按照程序，辨别真相，居中判决

图 3-4

因此，从话语的角度而言，庭审就是在交往理性指引下话语交往行为的一个沟通对话程序。① 在法庭话语场域构建一座诉、辩、裁三方对话的平台，并为三方平等自由对话实现有效沟通提供价值指引，审判人员在保持中立前提下能动引导诉讼参与主体平等沟通，能够体现公开和正义。中国司法的这种内向对话性模式是司法话语从微观层面在中国司法上的机制性投影。

二、内向对话性行使模式的实证分析及其建构

（一）内向对话性行使模式的实证分析——以刑事庭审会话为例

传统的司法诉讼话语交往行为模式是以法官为主导。1996 年《刑事诉讼法》引入了对抗诉讼模式，双方当事人在法官主持下平等地对抗辩论，法官居间中立。这种对抗诉讼模式因而具有商议对话性司法的性质，是诉讼模式的巨大进步。② 这里以刑事庭审为例，对内向对话性行使模式进行实证分析，体味其现实之萌芽。以下语料均记录整理自实际的庭审现场。

1. 内向对话性行使模式的话语构成

由内向对话性行使模式法庭审判方式决定形成的内向对话性行使模式法庭互动话语，包括"指令式""宣读式""陈述式""问答式""交叉询问式""辩论式""笔录式"等话语类型。其"话语场域"由法庭审判语境（语境）、法庭审判的诉讼参与人（语用主体）、各诉讼参与人（语用实体）的互动话语构成，其目的是弄清事实和适用法律。

不同身份主体的问话目的形成了法庭互动问答的话语链。基于法庭对话的目的，话语主体根据问话客体的心理、思维等因素，在句型句式选择、语义焦点确立、语用意向所指等方面作出判断，遵循案件事实与法律适用的思维逻辑展开推理。构成话语博弈的控辩双方，担负了问话焦点、意向的内向对话性行使模式的问答话语链。

---

① 参见［英］安德鲁·埃德加：《哈贝马斯：关键概念》，杨礼银等译，江苏人民出版社 2009 年版，第 25 页。

② 参见陈卫东等：《对抗式诉讼模式研究》，载《中国法学》2009 年第 5 期。

例（41）

被告人王××、吕××共同盗窃案。检察院以共同盗窃罪提起公诉。庭审中，公诉人向王××发问：

　　问：你知道你犯什么样的罪了？

　　答：犯的盗窃罪。

　　问：和谁盗窃的？

　　答：和吕××一起。

出于指控盗窃罪的目的，公诉人进行了以上针对性的讯问。王××的辩护律师根据所掌握的案情，发现公诉人的讯问忽略了对被告人有利的情节。被告参与盗窃属于被骗，并在作案后自首。于是，辩护律师向王××进行了交叉询问：

　　问：你跟吕××是如何商量作案的？

　　答：我在玩台球，吕××叫我跟他去溜达。到了现场，他叫我在门外看着人。他进屋扛出电视机，两个人就一起抬走了。

"交叉询问"往往是问话的语用主体与受话的话语客体都处于同一结构平面，即语用者的法律思维同时产生相应的法律话语。"交叉询问"语用主体（检察官或律师）的思想修养和专业能力是决定话语链成败的重要因素。

2. 内向对话性行使模式的话语互动

在法庭审判内向对话性行使模式的举证、质证程序中，"交叉询问"是法庭话语的重要推力，也是普遍的问答互动模式，因之，这几乎全是由疑问句构成的话语链系列。

在问话话语链中，疑问句从语法、语义、语用层面传递着被各方诉讼人需要的法庭审判信息。疑问句所起的法律话语作用因语境相异而不同。因此，法律人对疑问句在司法中的话语功能必须有所了解。如在刑事审判法庭辩论的内向对话性行使模式中，诉讼参与人都会形成对同一事实的交叉询问。在此种情况下，法官应尽量少发问，尽量避免倾向性问话。

我国的法庭审判方式已经由传统的纠问式转向现行的对抗辩论式，谁控告谁举证的原则得以强调，证人作证要求接受控辩双方的质证询问。这样，"交叉询问"的话语模式被提到法庭会话日程上来。

"交叉询问"在英美法系又叫"交叉提问"，举证责任在诉讼双方，原告方与被告方必须提出自己的证人。按照诉讼程序，先由本方当事人或律师对本方的证人提出问题，叫做"直接提问"，然后对方当事人或律师对同一证人提问，叫做"交叉询问"。① "交叉询问"以验证证人话语的真实性为目的。②

本书的"交叉询问"，只是指在庭审的证据调查阶段进行的法庭双方互动问答的话语模式。问答内容仅限于事实证据，通过诉讼参与人的互动问答，目的在于向合议庭传送有利于己方的事实证据。我国当前内向对话性行使模式的"交叉询问"制度仅限于法庭调查举证、质证阶段，并没有在庭审全过程中贯彻"交叉询问"。

下面是我国刑事审判的交叉询问，首先是本方的询问，即"主询问"。接下来是对方对同一受话客体的针对性询问，即"反询问"。

例（42）

张××被控窝赃罪。其辩护律师向张××发问：

问：儿子送你的这么些东西，你晓得是偷的吗？

答：不晓得。

问：你儿子怎样说？

答：他说做生意赚的。

辩护律师只用两句问话就证成了张××的行为不构成窝赃罪。被告律师主询问首先用的是正反问句，问话对答案有较大的倾向性，即引导被告人证实自己不知道东西是偷来的。辩护律师为了达到目的选择对答话范围内容限制最大的、只用是或否来回答的封闭式问话。这正好符合辩护律师的法律身份。辩护

① 参见［美］法兰西斯·威尔曼：《交叉询问的艺术》，周华等译，红旗出版社1999年版，第1页。

② 参见［英］理查德·杜·坎恩：《律师的辩护艺术》，陈泉生等译，北京群众出版社1989年版，第117页。

律师接着运用特指问句，要求听话对象有针对性地回答疑问句的信息重心——代词"怎样"，使答话的自由度增大。这一句问话显得比较公正且少有倾向性。假如辩护律师改用是非问句："你儿子说是偷来的吗？"就容易造成指供，违背法庭问话规则。

辩护律师对被告人的以上主询问启动了公诉人针对辩护律师主询问的反询问：

例(43)

问：你儿子送你的东西在哪？

答：已经交公安局了。

问：为何交给公安局呢？

答：我儿子被捕后，我和老伴害怕查出来，就埋在厕所里，被公安搜走了。

问：做生意挣来的为什么要埋起来呢？

答：听说是我儿子偷的。

问：公安局怎么说？

答：公安局说是他偷的。

问：你是怎样回答公安局的？

答：公安第一次问我，我没有承认。第二次问我，我承认是偷的。

公诉人五次反询问，其话语链是这样的：一共五问，全部特指问句，每次疑问的焦点都是疑问代词，也就是(东西在)哪→(东西)为何(交的)→(东西)为什么(埋起来)→(公安局)怎么(对你说的)→(你)怎样(对公安局说的)，提问意向一直指向窝赃罪证据。

可以看出，在刑事诉讼中虽然不同类型的问句有不同的提问意向，但是，协商的意味较浓，可以使问答互动话语按问话人预设的目标在司法话语交往中顺利进行。交叉的内向对话最终追求的问话目标使得"故事"真相大白。刑事诉讼如此，民事诉讼和行政诉讼的协商对话意味就更是不言而喻了。

(二) 内向对话性行使模式的纵深建构

1. 刑事诉讼的行使模式

关于刑事诉讼内向对话性行使模式，有必要按照一定的标准对实践中林林总总的内向对话性行使模式程序进行整理与归纳。根据不同的标准可以对之作出不同的分类：(1)以内向对话性行使模式的参与主体为标准，可以分为双边内向对话性行使模式与多边内向对话性行使模式。双边内向对话性行使模式主要有：法官——被告人模式；多边内向对话性行使模式可以分为：法官——被告人——检察官模式、法官——被告人——检察官——被害人模式。其中，以被害人是否参与对话为标准，刑事司法的内向对话性行使模式可以分为有被害人参与的模式与无被害人参与的模式。(2)以内向对话性行使模式的内容为标准，可以分为"罪之内向对话性行使模式""刑之内向对话性行使模式"以及综合两者的"罪刑之内向对话性行使模式"。罪之内向对话性行使模式又分为罪名的内向对话性行使模式、罪数的内向对话性行使模式；刑之内向对话性行使模式分为刑罚种类的内向对话性行使模式、刑罚变通为其他制裁措施的内向对话性行使模式。(3)以适用目的与动机为标准，可以分为"以节省司法资源为目的的内向对话性行使模式"，比如辩诉交易；"以有效地治理犯罪、犯罪人便于回归社会为目的的内向对话性行使模式"，比如，审判阶段的暂缓判决；以及"为破获犯罪为目的的内向对话性行使模式"，比如，污点证人作证豁免制度。(4)以法律认可的程度为标准，可以分为法律明确认可的内向对话性行使模式、法律放任的私下内向对话性行使模式与法律明确禁止的非法内向对话性行使模式。(5)以社会认可、接纳的程度为标准，分为正当的内向对话性行使模式与非正当的内向对话性行使模式。(6)以是否附加条件完成内向对话性行使模式为标准，分为直接的模式与附条件的模式。

上述划分基本是一种"理想型"分类，实践中的内向对话性行使模式的构建则是混合型的。无论按照何种标准作出的分类，这些内向对话性行使模式程序无不以"与案件的处理结果有利害关系的诉讼主体通过对话与协商来解决刑事案件"为核心理念。

2. 民事诉讼的行使模式

关于民事诉讼内向对话性行使模式，主要是从民事诉讼的特点出发，挖掘调解制度的商谈话语优势资源。谈到调解制度，不能不谈马锡五审判方式。马锡五审判方式实行审判与调解相结合，这样的审判方式，在今天仍然传承并发扬，许多民事案件都以调解优先，调解不成时再判决，这样的方式，不仅节约了当事人的诉讼成本，也节约了审判资源，减轻了法官、律师等人的负担。①

在现实语境下，调解制度仍在我国民事诉讼制度中占有不可取代的地位，即使面对司法改革，在内向对话性行使模式中，也将会有重要的地位和价值。因此，我们应认真考虑其完善问题，使其能成为与内向对话性行使模式的制度运转相吻合的重要齿轮，并与社会制度相契合。

首先应遵循调解的自治性，增强当事人的自主性。尊重当事人自由决定接受调解、如何调解、是否制作调解书等事项。在民事诉讼过程中，我国法院审理民事纠纷时，经常采用两种调解方式，一是庭前调解，即在法院受理当事人纠纷之后，开庭审理之前，根据双方当事人的申请来组织双方进行调解；二是庭中调解，即法院在开庭审理案件之后，判决书作出之前，双方当事人都可以向法院申请组织双方调解或者法院依职权组织双方调解。在上述调解过程中，以该案主审法官为中心，主持和推动双方当事人调解活动正常进行。调解法官应当在调解过程中坚守中立原则，保证当事人的平等地位。在调解过程中对弱势一方当事人的帮助，不仅能够避免行为人认知能力的不足之问题，也有利于避免他人利用行为人认知能力的不足，提高自身的调解优势。因此，法官作为一个中立方，在某些情况下，可以通过本身的权力，来倾向于调解过程中处于弱势的一方当事人，就是通过公权力的家长式干预，来完成对"福利国"语境下的弱者的保护和救济，实现矫正正义与利益的再分配。② 同时也应当防止一种很强势的法律干预话语压制和替代了公权力的家长式干预，③ 侵犯调解过程

---

① 参见李英杰：《"马锡五审判方式"的现实意义》，载《朝阳法律评论》2011年第1期。

② 参见杨翔等：《民事调解中的法律家长主义若干问题研究》，载《湖南科技大学学报》（社会科学版）2020年第2期。

③ 参见黄文艺：《作为一种法律干预模式的家长主义》，载《法学研究》2010年第5期。

中双方当事人的自主权。双方当事人自愿达成合意，同意并签订了调解协议之后，经过双方当事人的申请，法官可以依照双方之间签订过的调解协议制作与判决书相同具有法律效力的调解书。如果双方当事人未达合意，不同意调解时，法官就只能以诉讼程序来解决纠纷，并要及时审理，作出判决。当事人如果认为参与调解的法官或者其他参与调解的人员，因为调解不成，而不适合参与之后的审理过程，当事人还可以自主决定是否申请更换法官，这样不仅体现当事人应有的权利，也更能体现司法公正。这是因为调解双方纠纷的同时也涉及对案件事实的审查部分，在此过程中案件并不一定完全得到查清。法官在案件事实不清的情况下，已经与当事人进行一定接触，可能造成先入为主或者偏见。假如继续让其参与案件的审理，则无法保证公正审判。

如果确因双方当事人矛盾激烈，无法面对面形成对话，则必须采用"背对背"的调解方式，应该尽量保障当事人充分表达其意志以及达意的自主性。由人民法院主持进行调解的纠纷，可以由一名主审法官或者合议庭来主持调解过程，但在调解之前，应当禁止法官私下单独接触一方当事人；在调解过程中，法院还可以邀请有关单位和个人进行协助，既可以充当无利害关系的第三人到场见证，保证法院在公平的情景下继续调解，也可以协助法院完成调解工作；对调解进行全程跟踪记录等。调解法官应该保持消极、中立的地位与尊严，调解前适当地释法，为双方当事人释明法律，依法调解，禁止胁迫利诱或者以虚假的话语迫使当事人接受要求；坚持法律信仰，从当事人的利益出发，以理服人，消除双方之间的不满情绪，梳理案件纠纷争议焦点，充分发挥居中斡旋的作用，依法扮演好法律角色；遵从当事人自愿原则，不能强压一方或双方当事人，并根据双方当事人意愿，决定是否同意调解；在具备法律专业技能的同时，具有丰富的社会生活经验。只有这样，才能从实际出发，更好地解决当事人之间的现实矛盾，才能把内向对话性行使模式的商谈精神注入民事诉讼制度中，形成多元的内向对话性行使模式。

3. 行政诉讼的行使模式

关于行政诉讼内向对话性行使模式，建立诉讼双方的对话与交流机制极为重要。据我国《行政诉讼法》之规定，行政诉讼中双方当事人之间是平等的诉讼地位，不受一方的特殊地位影响，二者必须在合法自愿的基础上进行协商对话，从而保证协商结果的意思表达真实性。行政诉讼中有一方当事人必然是享有特殊权力的行政主体，因此行政诉讼中带有独特的"民告官"特性，双方在诉讼中的话语权力也会存在较大差距。保证行政诉讼中双方当事人拥有平等的话语权力，要矫正行政主体一方的话语权力，保证非行政主体一方的当事人不会受到话语权力的影响，能够在法庭上进行平等对峙。行政主体与非行政主体在法庭上的平等对峙进行话语交往，最终能够增强行政机关执法的亲和力，在老百姓心目中树立起行政执法机关的公信力。

　　为此，我们可以进行有限行政诉讼调解制度的构建。行政诉讼调解制度为双方当事人提供了一个平等友好的平台。依托这个平台，当事人可以充分表达自己的话语从而有效维护自身的合法利益。① 在这个平台上以法官为主导，通过法官在行政诉讼调解中的话语权力来制衡行政主体的话语权，从而达到一种平等的协商状态。行政机关对公权力的有限处分权可以支撑行政诉讼调解制度的正当性，建立行政主体与相对人双方良性的协商互动关系。②

　　行政调解制度目前存在一些问题，首先，划分适用范围的标准不合理，根据案件的不同为标准可以分为行政补偿和行政赔偿，而按照具体的行政行为的性质为标准可以分为行政机关自由裁量权，不同的划分标准导致行政诉讼调解制度缺乏应有的科学性，造成司法实务上的混乱，这种划分标准明显不够严谨，同时我国对于自由裁量权的规定也不够清晰，如果自由裁量权被行政机关在行使社会管理职能滥用，可能对于司法的公正性和社会稳定性造成威胁。其次，调解程序不完善，新发布的《行政诉讼法》只规定了调解案件类型的适用范围，调解案件的原则，对于具体程序没有作出明确的规定，虽然实践上参照民事诉讼法的规定，但是民事诉讼法调整的是平等的法律关系，而行政法律调整的是行政机关与行政相对人的关系，其本质上不同，如果一味地参照民事诉讼法，将会造成司法实践上的执行困难，完善调解程序对于促成行政纠纷的妥善解决具有重要作用。行政诉讼调解的案件执行上，行政法也不存在相关的规

---

① 参见朱苏力：《法治及其本土资源》，中国政法大学出版社 1996 年版，第 6 页。

② 参见刘鹏：《"大调解"视野下完善我国行政调解制度的思考》，载《社会主义研究》2012 年第 5 期。

定，对于当事人而言申请法院强制执行是十分困难的。行政案件经常会涉及公共利益，性质较为特殊，不像民事调解允许当事人在法庭外进行调解，如果允许像民事调解这样很难保障处于弱势地位的行政相对人的合法权益，行政调解程序需要单独设立，不能与民事调解混为一谈。再次为法官权力过大，行政诉讼调解是在法官的主持下进行的，法官居中裁判不偏不倚，行政诉讼调解最大的优势是灵活性，但是法官在行政诉讼调解中存在一定的局限性，换言之，法官既是调解程序的调解员也是诉讼程序中的法官，法官承担着审判与调解的双重职能，法官在审判之前调解的过程中已经了解清楚当事人的情况以及案件事实，法官在调解过程中为促成当事人之间的调解，对于当事人的信息进行充分调查，对于当事人的行为进行判断，而这些举动将会影响法官在审判阶段的判断，在审判中法官是否能继续保持中立的态度就不得而知了，审判中法官是禁止与当事人有任何接触的，但是调解就比较灵活。

在现有的法律中，鉴于行政诉讼的特殊性，行政诉讼调解制度不能适用于各种行政纠纷案件，行政诉讼调解的适用范围只包括三种：行政赔偿、行政补偿和自由裁量权类案件。限制适用范围是为了让法律限制行政机关的自由裁量权，提升公众对于政府的信任，保障公民的基本权利，行政调解的目的在于在双方当事人的利益冲突中找到一个平衡点，使当事人达成统一的意见，达成统一意见的前提是双方当事人主张的利益将会受到损失，因此，要通过增强行政诉讼调解制度的构建，第一，需要对于行政诉讼调解程序进行完善，在启动调解的方面，行政诉讼调解既可以依职权也可以通过当事人自主提出，当然应该以当事人自主提出为主，这样可以彰显当事人的意志，保障公众的正当权利，提高司法公信力，促进司法话语交往，但是当事人并非绝对自由的，法院应该结合当事人是否为自愿调解，该案件是否为行政诉讼调解的范围加以判断，案件是否涉及国家利益、公众利益等，如果不符合上述调解，国家公权力应该介入，终止程序，并告知当事人。在调解进行时，应该由法院居中调解，这样才能做到居中裁判，不偏不倚，法院不可强迫当事人进行调解，尽可能地合法且合理。第二，对于行政诉讼调解的适用范围也应该进行相应的调整，根据目前的司法实践，行政机关不能根据规范性文件、部门规章行使自由裁量权，只能在法律法规限定的范围内行使自由裁量权，这虽然限制了行政机关的自由裁量权，但是影响了实用性，因此可以考虑适当扩大行政诉讼调解的案件范围，将行政合同案件等案件纳入行政诉讼调解的范围内，可以提升案件结案效率的同时提升行政机关公信力。第三，增强对于行政诉讼调解的监督力度和救济力度，在行政诉讼调解当中虽然法律强调当事人的平等地位，但是在司法实践是否真的平等有待考量。在行政权日益扩张的今天，在行政调解中，行政机关往往处于强势地位，所以要加强对于调解程序的全面监督，在行政诉讼调解中，如果存在违反调解程序的自愿原则，当事人被迫行使权利，应当即时结束调解程序，进入行政诉讼程序，按照相关法律规定进行审判。而且目前随着网络的普及，庭审直播也变得普及，通过庭审直播公众可以了解审判的过程，对于行政诉讼调解也应该进行直播和公开，以便加强对于行政自由裁量权的监督。同时也要加强救济力度，救济力度的加强可以有效防止行政调解制度对于行政相对人权益的侵犯，防止调解内容损害第三方利益和公共利益，行政诉讼调解制度的救济模式可以仿照民事诉讼的救济模式进行。随着近些年来普法力度的加强，法治建设不断完善，公众的基本权利保护意识逐步加强，在行政机关处于强势地位的情况下，行政相对人与行政机关发生纠纷时，行政诉讼调解制度是化解双方矛盾，解决双方纠纷，缓和双方关系的有效途径，因此行政调解制度将变得愈发重要，应该在司法实践中推进对于该项制度的完善。

还可以通过以下几个方面来保证双方当事人在法庭内司法话语交往的平等地位。首先，法院作为审判方，除具备中立性、独立性，对案件还具有亲历性，使得法官可以在了解案件的前提下对法庭内弱势一方的非行政主体给予适当的话语倾斜。其次，现实中，在行政诉讼开庭时，行政机关一方大多存在不按时出庭，甚至不派人出庭的情况，法院虽然无法将行政机关的缺席行为作为其败诉的原因，但是可以通过向被告及其上级机关发出司法建议的方式予以规范，维护法律权威。① 最后，行政主体是强势一方，在某些特殊情况下，行政主体的举证责任应大于普通主体一方。

---

① 参见黄志勇等：《行政诉讼司法建议制度的困境与扩展——以新行政诉讼法的实施为背景》，载《中国人民公安大学学报》(社会科学版)2017 年第 6 期。

第四章　法庭域外：司法话语的交往

从司法话语场域表现形式涉及的具体空间来看，我们把司法话语能量所能辐射之处都统称为司法话语场域。司法话语场域可以划分为法庭话语场域与庭外话语场域。那么，除了法庭话语场域之外，庭外话语场域的司法话语行使现状又是怎样的呢？庭外话语主体主要包括中国共产党、人大、检察院、人大代表、政协委员、普通公民等。在这里，普通公民是最典型也最重要的司法话语权利主体，是衡量中国司法正义的晴雨表。当代法治的总体进程可以概括为由对公共权力话语的放任自流到以法律商谈程序保护公民的话语权利。① 在司法的话语交往过程中必须在以权力话语制约权力话语、以权利话语制约权力话语方面双管齐下，维护司法正义，实现司法话语。

第一节　庭外主体权力话语交往机制

当代中国权力运作的现代分化程度有很大提高，已经实现了立法权、司法权和行政权的科学划分。这种角色分化不同于西方的"三权分立"，司法权与行政权都只是中央集权的一个职能。② 党的二十大报告郑重提出，"前进道路上，必须牢牢把握以下重大原则：坚持和加强党的全面领导……"③由此，党的领导就是社会主义法治最根本的保证。这就决定了权力体系各个有机部分都

---

① 参见陈勋武：《哈贝马斯评传》，中山大学出版社 2008 年版，第 186 页。
② 参见张恒山等：《法治与党的执政方式研究》，法律出版社 2004 年版，第 277 页。
③ 习近平：《高举中国特色社会主义伟大旗帜为全面建设社会主义现代化国家而团结奋斗——在中国共产党第二十次全国代表大会上的报告》，人民出版社 2022 年版，第 27 页。

必须以服务党的路线、方针、政策及现实任务为目的。立法、司法与行政三大机关的分工并不意味着分权，也不是权力之间的制衡关系，而是任务的分工。分工的结果是不同部门工作侧重点的不同，而不是权力边界的界定。法院与其他机关一样，都是为党的中心工作服务、治理国家事务齐抓共管的力量。因此，中国共产党的权力监督话语，在庭外主体权力话语交往机制中占据举足轻重的位置。

一、中国共产党政策与组织话语

党的领导是中国特色社会主义最本质的特征，也是中国特色社会主义制度的最大优势，党政军民学，东西南北中，党是领导一切的。[①] 2019 年的孙小果案，各级党委高度重视，督促司法机关重拳出击，洗雪冤屈，严肃国法，廓清司法语境，伸张话语正义，强有力地向世人昭示：为最广大的人民群众引领司法话语是中国共产党的神圣使命，也是公正司法的生命力所在。这具体表现在：

(一) 政策话语

司法政策，就是指中国共产党在领导司法过程中为落实司法目标所采取的司法策略和措施。党的司法政策只能通过宪法、法律传达于法官，并且，法律又有返身性作用对政党产生了自缚功能。

当然，"合法化过程本身需要从法律上加以制度化。通过制度化，政治话语被赋予了法律形式特征"，"有了这些交往前提，政治过程就可以预测到它会带来的后果，因为它就是一种话语样式"，[②] 中国共产党依靠司法政策引领司法话语，应该自觉限制在法制的框架内。[③]

---

① 参见习近平：《决胜全面建成小康社会夺取新时代中国特色社会主义伟大胜利——在中国共产党第十九次全国代表大会上的报告》，人民出版社 2017 年版，第 20 页。

② 参见 [德] 尤尔根·哈贝马斯：《包容他者》，曹卫东译，上海人民出版社 2002 年版，第 280~286 页。

③ 参见卓泽渊：《法政治学》，法律出版社 2005 年版，第 80 页。

（二）组织话语

除了党的司法政策话语表达之外，中国共产党行使司法话语，主要由党的各级政法委来体现。党支持司法，就是要保证公正司法，提高司法公信力。随着市场经济以及依法治国正当性的确立和法院作用在社会生活与社会关系方面日益凸显，大众传媒对法院的公正审判也越来越关注，人民群众对法官的要求也与日俱增。司法人员职务犯罪被列为检察机关自侦部门的一项重点工作。我们必须在党的领导下，深化党的纪律检查体制改革，提升党的司法话语力，传播现代司法建构的基本理念；与此同时，要改革和加强法院自身在法官选任、司法话语行使方式等制度上的建设。

中国共产党直接行使司法话语，还可以通过党在法院内部党组织对司法的话语影响来实现。这主要体现在两个方面：一是法院党组、党支部以及党小组的组织形式，尤其是由法院领导组成的法院党组在建议从事任免、决策院内事务等起着核心的领导作用；二是法院内部设立或者党的部门派驻的监察部门和人员。在我们国家，法官队伍的建设目标是政治坚定、业务精通、作风优良、执法公正。其中的政治和作风往往是以其党员身份作为客观条件的，并且，在我国法官一般首先是党员。

现实正在经历改革与转型，司法话语的规律和特性决定了政党话语对司法的监督应当在宪政法律规范的基础上实现司法和党的领导之间的良性互动。

二、作为国家权力机关的人大

司法权源于人大集中掌握的国家权力的授权，应该对人大负责，受人大监督；但同时，也基于国体要求，只有人民法院才能成为统一行使司法权的专门主体，宪法上国家机关权限划分的决定不仅约束其他权力机关，也约束了人大自己，人大不能出于各种权益考虑而收回授予法院行使的司法权，或自行行使对某一案件的司法权，或对法院依法行使的司法权进行具体的干预。同时，作为审判机关的人民法院甚至法官对个案拥有最终的判断权，但是，这种司法独立性不是绝对的，人民法院必须接受党的领导和人大的监督，这就要求人大监督必须有相应的法律依据和依适当的形式，并以不干涉人民法院对个案的最终判断权为限。概而言之，人大对法院的监督主要有通过法院向人大报告工作和进行个案监督两种形式。根据我国《宪法》第 62 条、第 63 条、第 67 条、第 6 项、第 11 项、第 101 条第 2 款、第 104 条、第 128 条；我国《人民法院组织法》第 11 条第 2 款、第 17 条第 1 款、第 35 条、第 36 条等法律规定，我国人大主要拥有对法院的人事任免权、听取报告权、质询权、视察权、特定问题调查决定权。

在司法审判过程中，以政党、人大监督为契机建立一套运行有效的庭外权力话语制约机制，保证司法话语的公正诉求，是司法发展所期待的一个"理想的话语情境"。当前，虽然三大诉讼法都明文规定了司法机关独立行使审判权，不受行政机关、社会团体和个人的干涉，但是，权力的现实配置却是强行政、弱司法的，缺乏足以确立司法权威的权力架构机制。实际上，司法审判除了存在司法权自身原因造成的司法腐败之外，更多的却是由于司法权以外的原因而导致的司法腐败。目前，法院要有效地摆脱行政机关的多方位控制，还是极其困难的。在这种情况下，司法腐败经常只是一种表象，在表象背后，实际上掩藏着其他权力特别是行政权力的腐败。司法权自身当然应当接受人大权力的制约；但是，司法权更需要人大权力对于司法权之外的权力腐败进行遏制，这就是帮助司法权排除外来权力的非法干预，通过这种权力制约方式，支持司法权依照宪法与法律的规定独立而公正地运行，为司法话语的公正交往创造坚实的话语平台。

司法权在我国某些方面处于弱势地位，为保障司法权拥有合法的独立话语和自主话语，人大有必要通过支持独立司法权，来对抗司法权中存在的过度干预现象。案件的审判需要合格的法官和独立的司法审判程序，而不是非法且任意地进入司法。否则，就可能会造成程序的混乱以及实际裁决者的不适格，从而导致理性化司法过程的"流产"[1]。人大作为国家权力机关，在保障司法独立权不受其他行政权力机关干涉的同时，也应当防止自己成为干涉司法独立权的主体。

在现实中，处于弱势地位的司法权容易受到行政权的干涉，人大应该帮助

---

[1]　参见龙宗智等：《论司法独立与司法受制》，载《法学》1998 年第 12 期。

司法权提高独立性，摆脱行政权的过度干预，帮助司法权的有效行使。因此，人大权力在支持司法权的同时，应当对行政权加以限制。这样，司法权相对扩张，行政权相对收缩，人大权力的实际地位也会由此而上升，再配之以现有的检察权制约以及司法权内部的权力制约，可以催生出有利于司法话语交往结构合理的闭环式权力话语制约机制。

三、作为法律监督机关的检察院

在纠问主义语境下，国家担当起弹劾主义下原先由被侵权人自行承担的追诉犯罪之权，由法官集侦查、控诉与审判的职能于一身，三方组合的诉讼构造简化为法官与被告之间的双方组合。① 其后，控诉职能交给大陪审团(英美法系)或检察官(大陆法系)等组织行使，法官退守为一个中立无偏的裁判者。由此可见，从检察制度的形成史来看，废除纠问制度，确立诉讼上的权力分立原则，而创设了检察官制度。检察官的职责不单单在于追诉刑事被告人，也在于国家权力之双重控制。② 程序原则本身就具有通过立法权来制约司法权的侵权制衡意义，而通过法院行使司法审查权来对立法权和行政权进行平衡、制约的司法审查则突出表现为控诉职能和审判职能的相互分离、制约和平衡。③ 现今的诉讼制度在审判程序上分为职权主义和当事人进行主义，在事实发现上，职权主义系采用调查确信法；当事人主义则采用"辩论确信法"。④ 可以说无所谓优劣之分，但是，在程序运行中，职权主义下法官扮演三种角色，即检察官：发现对被告人不利证据；被告人：发现对己方有利的证据；法官：中立客观审酌对被告人的无利、不利的证据，认定事实。因此，法官能否确保中立就值得怀疑了，从而造成被告人的无力感，尤其是与当事人进行主义的审判中被告人以检察官为假想敌不同，职权主义审判程序中被告人以权力无上、不能击败的法官为假想敌，显然，会在心理上产生不公平的感觉。因此，两者之争不仅仅

---

①　参见公丕祥：《当代中国的司法改革》，法律出版社 2012 年版，第 202~203 页。

②　参见高一飞：《司法改革的中国模式》，法律出版社 2011 年版，第 174~177 页。

③　参见万毅：《变革社会的程序正义——语境中的中国刑事司法改革》，中国方正出版社 2004 年版，第 19~23 页。

④　参见龙宗智：《刑事庭审制度研究》，中国政法大学出版社 2001 年版，第 3 页。

涉及法条之争，而且与文化、政治密不可分。职权主义产生于社会或国家主义的文化思潮、阶级层属式的政府架构，而当事人进行主义源于个人主义的文化思潮、平等协调式的政府架构。对政府官员的信任与否，也会导致不同的制度。

第二节　庭外主体权利话语交往机制

在现实中，阻碍司法公正的究竟是强权的干预、金钱的左右，还是社会的舆论呢？2009年，一个名叫王帅的青年，因为上网发布了一则影射河南灵宝的帖子被跨省追捕。此后，因为发帖而遭到跨省追捕的新闻就时有发生，以至于"跨省追捕"演变成为了专有名词。有人觉得庭外主体权利话语造成此伏彼起的社会舆论实在是太讨厌了。庭外主体权利话语究竟冒犯了什么？如果社会舆论永远都是赞美，你还会拒绝它吗？可舆论的价值不就在于质疑和批判吗？"躲猫猫""开胸验肺""天价过路费"，这些听起来仿佛天方夜谭的案件，难道让社会表达司法话语都不可以吗？尽管这些话语可能夹杂着不良情绪和错误，但是，如果要求话语百分之百正确，那么，还有谁能进行话语交往？要求别人说的话必须是对的，就是不让人说话。难道司法的权威、独立就是对外界的意见说"不"吗？对庭外主体权利话语避而不听就是权威吗？任何一个行业，只要成其为一个行业，都必然存在专业门槛，但这不应该成为拒绝社会舆论的理由。舆论当中会存在各种相异的话语，但是恰恰在这样的话语场域里，任何一种话语都要平等经受博弈规则的考验，因为它就好像江河湖海，怕的不是有杂质，而是成为一潭死水。我们经常说要实现司法公正，哪怕天塌下来。司法公正是司法活动的核心追求。如果舆论阻碍司法公正，我们为什么不禁止它？我们为什么不在司法话语场域禁止舆论话语？我们为什么不禁止法官接触舆论话语？如果舆论话语阻碍司法公正，我们为什么还要庭审直播，司法裁判文书为什么还要上网？这是不是说明公开和公正是密不可分的？这是不是说明人民司法必须回应社会的诉求。我们早已告别了天威不可测的历史，又何必踏上司法神秘化的老路呢？法律面向的是世俗生活，法律必须讲人话、懂人性，必须接地气、得民心。特别是在网络信息时代，网络舆论是社会舆论的主要载体，即便是充斥着情绪的舆论，情绪的背后也隐藏着民众的诉求。识别并对这种诉求进行回应，不是法治的题中之义吗？如果没有得到公众舆论的回应和支持，法律是没有力量的。正是在这个意义上，我们说舆论不仅是司法的镜子，更是司法的根基。如果我们愿意体民情、察民意，如果我们相信可以做到法律效果和社会效果相统一，当舆论的灯光打下来，有什么好怕的呢？让你闭目塞听的，究竟是你的恐惧，还是你的偏见呢？一个坚守事实逻辑和公正逻辑的司法不会缺乏科学接纳舆论话语的勇气。一个真正自信的司法，永远不能，也绝对不能依靠鸦雀无声来维系。因此，公共舆论是庭外主体权利话语交往的重要手段，是促进司法话语良性运行的重要机制。

一、公共舆论

公共舆论机制是指通过公共传媒、报刊、网络等方式表达司法话语的一种互动过程。特别是在网络信息时代，公共舆论往往能够在短时间内引起社会的轰动，成为反映司法话语的一个重要途径。公共舆论机制主要表现在以下几种：

(一)公共传媒

公共传媒包括电视、广播、采访、新闻报道等，公共传媒不仅能够对法院的司法行为起着宣传、监督、批评作用，而且，能够有效地实现司法话语。麦克奈尔(McNair)认为公共传媒具有以下功能：(1)侦察或监控，告知民众在他们身边发生了什么；(2)教育民众，让其知晓发生了的事实的意义；(3)为司法讨论提供一个公共平台，促进公共舆论的形成，并把舆论回馈给公众；(4)给予公权力机构曝光率；(5)鼓吹政治观点的渠道。① 公共传媒让形形色色的人分享经验，使人们同时置身于话语交往当中，借助公共传媒，各种利益、思想、建议等才能通过话语有效地对社会产生影响并引起司法者的重视。但是，作为司法话语交往的重要渠道，公共传媒必须保持独立性与自由，才能公正、

---

① 参见[英]布赖恩·麦克奈尔：《政治传播学导论》，殷祺译，新华出版社2005年版，第21~22页。

公平地成为表达司法话语的有效通道。正是通过广泛的媒体运动，"确保了公共交往的传媒基础，它们应该使相互竞争的意见和有代表的多种意见能够公开表达"，使得公民享有了更多的表达司法话语的自由。

　　既要在审判过程中充分重视弱势群体的司法话语表达，听取相关利害关系人的陈述，同时，又要允许新闻传媒与民众介入审判过程，保证审判过程的公开、公正。社会民众通过公共传媒以舆论监督权力，其意义应该是弥足珍贵的。这是因为：首先，根据古典社会契约学说、现代税收制度理论，舆论是众多签约人、纳税人的话语传达，以舆论监督权力是他们对权力的评价性监督，其正当性不言而喻；其次，以舆论监督权力的本质是借助公共传媒直接诉诸公众的意愿，较之于传统的权力监督方式，监督权力的主体是来自权力之外的，这样的监督主体不大可能再与已然腐败的权力同流合污。就此而言，公共传媒以舆论监督司法权是克腐至廉的法宝。

　　当然，公共传媒也是一把双刃剑，既有积极作用，也有消极作用。公共传媒作为司法话语交往的重要平台，其作用在于交流观点，培育法律意识和法治精神，但是，公共传媒也有消极作用，它不可避免地会对信息进行过滤，会传达它们自己的信息安排，会成为压制甚至动乱、颠覆的工具。在司法生活中，公共传媒也容易成为被操纵的对象。公共传媒特别是电子媒体，是传达话语的重要渠道，它们因被操纵而更为关心娱乐嬉戏、广告售价，而回避对司法话语特别是敏感司法话语的传播功能。

　　要使公共传媒承担起司法话语有效表达的责任，必须处理好以下关系：首先是公共传媒与金钱的关系。公共传媒应该具有特别的司法敏锐性，为司法生活服务，而不应该成为金钱的奴隶。当金钱成为追求司法话语传播越来越重要的因素时，司法话语交往的平等性就会失去。对金钱的追求会严重危及司法话语的行使。其次是公共传媒与司法话语责任的关系。由于公共传媒仍然实施严格的政府管制，在行政权力面前公共传媒较难拥有直接强制力，就连《人民日报》遭到地方政府弹压的事件也时有发生，因此，公共传媒监督司法又很容易蜕变为行政干预司法。公共传媒需要争取、利用现有制度框架，担当起司法话语责任，发挥监督功能，避免蜕变为与权力话语同质化的说服工具。最后是公共传媒与自主性的关系。公共传媒应该努力发挥能动性，拥有自立于司法权力

167

之外的司法言说，有自己的特色性话语，用自己的手段传达司法话语，以自己的方式关注司法话语，真正成为话语交往的喉舌。面对司法过程，面对公共案件，公共传媒应恪守中立，传播法治理念，要有立场，更要有真相，有时真相比立场更需要勇气。

(二)期刊、报纸

哈贝马斯认为，期刊、报纸等作为平面媒体，是由私人构成的、不受官方干预的公共领域之私人自治领域，也是行使司法话语的一种重要舆论机制。①要使期刊、报纸等真正成为一种有效的司法话语表达方式，就必须努力创造一个学术自由的环境，解决学者们的后顾之忧，同时作为作者，应当严谨、公正、自由、负责任地探讨学术真理，承担民众司法话语表达的功能，为人民谋利。

(三)互联网

互联网全球应用是一场社会交往革命，网络社交媒体作为互联网媒介应用的形式之一，体现了互联网媒介在信息传递方面所表现出其"革命性"的特征，即用户使用网络社交媒体不仅进行信息传递，还可以进行信息的生产及消费。②网络社交媒体打破了传统话语交往场景，使人们在话语交往中不再遵循传统的固定现实场景。移动互联网和手机等移动智能终端的使用，使得人们在任何和时间和地点都可以通过社交媒体获取信息，并经过一系列交往，形成不同的话语场，使人们在话语场中自由地进行辩论、讨论。通过网络社交媒体进行交往，每个人都是网络虚拟世界的一个话语主体节点，都可以获取话语信息，发表话语信息，进行讨论。这样，互联网不仅把城市与农村、组织与个人、个人与个人联系在一起，而且还在国家与国家、地区与地区之间架起了迅

---

① 参见李佃来：《公共领域与生活世界——哈贝马斯市民社会理论研究》，人民出版社 2006 年版，第 91 页。

② 参见陈斯华：《网络社交媒体智能化对社交场景的影响》，载《传媒》2022 年第 8 期。

捷的话语桥梁，使司法话语"在公众社会交往结构中处于良好的状态"①，成为了司法话语在信息社会的重要交往形式。

司法话语主体可以在网络社交媒体平台找寻或发布自己感兴趣的话题，组成群组，进行讨论。在药家鑫案中，被害人的代理律师开庭前通过微博发表了有关案件的言论，间接地使药家鑫案的"司法话语场域"由法庭内扩大到法庭外，在网络社交媒体平台上引起了众多网友的讨论。在这一"司法话语场域"中网友对该案件进行各种评价，通过对该案件的各种讨论，大量网友的话语更偏向被害人一方。而法官在审判时会考虑到庭外话语，法官对该案的观点可能受到庭外话语的影响，使被害人律师在该法庭内间接获得了更大的司法话语权。因此，现实中许多律师为了获得有利的诉讼地位，除了在法庭上发表的话语外，还试图通过舆论诱导公众，形成对己方有利的舆论，因为律师意识到"公众意见"可能成为司法裁判理由的一部分。②

自媒体被称为"WeMedia"，是网络社交媒体平台中的一部分，许多受众利用自媒体，主动地加入到新闻对话中去，从而成为整个新闻产业流程中重要而有影响力的一环，自媒体将成为未来的主流媒体。③ 与一般用户不同，自媒体是网络社交媒体上一些专门用来分享信息的账户，且一般拥有众多的粉丝，通过在发表日常生活动态、热点信息来获取更多人的关注。自媒体的出现影响到我们生活的方方面面，在一些热门事件中，自媒体都显示出了重要的影响力，如江西高考替考案、复旦投毒案、杭州女子被造谣出轨案等均引发了自媒体的高度关注并对此进行转发讨论，并迅速地形成新的"司法话语场域"，吸引更多人加入讨论中。现在很多的法院开启了网络直播公开审判，公众可以进入其中，听取法院法官的审判，既能监督法院的程序，还能提高公民的法律素养。

---

① 参见李淑梅：《哈贝马斯以兴趣为导向的认识论》，中国社会科学出版社 2007 年版，第 58 页。

② 参见杨先德：《刑事司法中律师庭外言论法律问题探讨》，载《政法论坛》2015 年第 2 期。

③ 参见侯登华等：《论自媒体对司法权力运作的影响及司法应对》，载《法律适用》2016 年第 10 期。

互联网络在司法话语交往之间的积极作用有：一是可以在网络上形成各种各样的司法话语场域。通过网络社交媒体和网站，一些基于共同爱好、兴趣或基于共同的话题人群联系在一起，快速形成一个网络团体，这些网络团体的存在使得人们可以和不同见解的人讨论，以形成一个司法话语的竞技场。二是网络有助于监督司法权力，提高司法透明度，维护公民权利。网络是一个自由开放的空间，在遵守法律的情况下任何人都可以在网络社交媒体平台注册账号，因此具有广泛的代表性，网络讨论比现实中更少受到限制，这些讨论往往迅速聚集到一起形成一个强大的司法舆论，从而监督司法权力。三是网络话语会形成示范效应，从而培养公民良好的法治话语习惯。网络话语是社会上的新闻话语，这些新闻是最近发生的事，面对司法新闻，任何公民都可以发表看法，在网络的司法话语交往行为中形成了良好的法治话语习惯，这样就培养了公民的法治素质，有利于形成良好的法治文化。同时，要给每个人以利用网络的机会，对网络进行正确引导，保证话语交往的正当性。四是互联网络提高司法话语运行的效率，以前提起诉讼，送材料，需要到法院几次，现在由于互联网络的发展，搜索微信小程序上的"人民法院在线服务"，便无需到法院立案或者参加庭审，互联网的发展使得网上调解、网上立案、网上缴费、网上开庭、电子送达成为可能，根据数据显示，互联网法院在线庭审平均用时 29 分钟，案件平均审理周期 42 天，比传统模式大大地节约了时间，效率的提高意味着司法话语主体之间的交流变得便捷且高效，司法话语主体之间更能相互理解且说服对方。

互联网也存在弊端，网络用户在发表自己的观点、表达自己情绪的同时，也同样会出现侮辱、诽谤、谩骂、侵害公民个人信息以及隐私等问题，网络暴力的破坏性比线下暴力更为恐怖，网络暴力具有影响面广、危害性大、维权成本高的特点，技术的发展让网络暴力变得更隐蔽，方式更为新颖，"AI 换脸""人肉搜索"变得十分常见。网络暴力并非一个全新的问题，是老问题的新形态，是之前线下暴力的不道德、违法犯罪行为在网络空间的呈现，网络暴力给公众带来不安全感。相较于传统的线下暴力，网络暴力的实施者大多数是陌生人，因为网络平台的匿名制度和网络信息的即时性，遭到网络暴力的受害者很难确定网暴者的真实身份，也不能即时收取证据，固定证据。网络暴力的演变阶段可以分为造势、用势、销势，近些年来，女性遭受网络暴力的事件不断发生，"女子取快递遭受诽谤""女孩染粉头发被指品行不端"，不能否认的是即使现代社会强调了几十年的男女平等在某些网民心中还是不认可的，社会部分网民对于女性持有偏见的态度，舆论煽动了极端心理。网络媒体经常会散布一些没有得到任何证实的信息，以及微信公众平台、新闻事件、广告语言中呈现出对于女性的刻板印象。从内心消除对于女性的偏见是减少对于女性网暴的一个有效途径，需要社会各方努力建立一个平等且稳定的意识秩序。

毋庸讳言，话语主体在互联网中享受话语交往便利的同时，也应当处理好互联网络与司法之间的关系，处理好互联网络与司法话语之间的关系。其原因在于：

1. 网络社交媒体的共鸣效应。由于网络社交媒体比传统媒体的传播速度更快、范围更广，容易引起公众的共鸣，从而使公众受到道德、情感的影响，对司法活动进行评价。在某案件中，因不忍自己的母亲受到黑社会人员侮辱，犯罪嫌疑人采取了暴力方式进行反击，从而导致黑社会人员重伤死亡的严重后果，在一审中被法院判处无期徒刑。由于该案件中犯罪嫌疑人的暴力行为体现了中华民族传统文化中的美德"孝"，且对方是黑社会人员，实施长期放贷、用暴力进行催收债务的行为符合中华民族传统文化中的"恶"的定义，因此，该审判结果一出来，普通公民会从他们最朴素的正义感出发，对该审判结果进行评价，大部分公民都不能接受这样的判决。公民不认同一个为保护母亲而对邪恶的黑社会人员使用暴力行为的人受到比较重的刑罚。网络社交媒体的传播导致公民对该案件的共鸣形成的公共舆论会对依照法律进行判决的法官产生影响，甚至有公民会在网络社交媒体上对该法官进行贬低或者侮辱，甚至不少人对法院产生了不信任，不理解。同样也是为母报仇，从实施的暴力行为的主观方面来看，此案犯罪嫌疑人是激情犯罪。而另一案中的犯罪嫌疑人是有计划、有预谋的犯罪，虽然他有为母报仇的动机，但是他犯罪动机中还有工作上的不顺利和对于法律的误解，所以，法官的判决能说服当事人是非常重要的。但是有一些网络社交媒体为了博取眼球，吸引关注，故意发表一些没有说明犯罪嫌疑人是有计划而实施犯罪的言论，并称赞犯罪嫌疑人是为母报仇的"英雄"，甚至有些媒体会给行凶者营造一种悲情色彩，通过发表片面的事实经过来引导公众对案件的评价，而社会公众由于自己未了解事实或了解片面的事实，从而得出错误的判断。出于朴素的正义观、经过不完整的事实传播和网络社交媒体的共鸣效应，会产生一些错误的公共舆论，这些公共舆论可能会对司法造成不良冲击。

2. 网络社交媒体的逐利倾向。随着经济的发展和时代的变迁，网络社交媒体行业的一些从业人员缺乏相应的法律意识，只想着如何吸引更多人的眼球，实现利益最大化，不考虑该行为是否符合法律规定。在网络社交媒体中经常可以看到夸张或者充满争议的标题，里面的错误内容容易引导公众产生错误观点。在快速消费的时代，公众往往不会对案件的整个事实进行关注，可能粗略地依据对简要新闻的了解就进行价值判断。在经济利益的驱动下，有些人为了追逐利益，在网络社交媒体发表不实、片面的言论，制造社会争议，引起公民的关注和评价。比如关于弱势，有的网络社交媒体对弱势群体犯罪增添一种悲情色彩，来引起公民的共情，从而产生对于弱势群体犯罪的同情以及理解，但是，却忽略了弱势群体的犯罪动机以及对于社会的危害程度。公民具有从众心理，加上网络社交媒体的言论引导，依照所了解的片面的事实感性进行片面评价，会形成不利于司法的舆论，可能会对法官依据法律独立理性审判产生影响。近期某案件中出现了公共舆论的多次反转，一些用户为了吸引流量，利用其明星的身份，在网络社交媒体上以"法院程序错误，证据消失""被告有特殊身份，会干扰司法"等话题引发争议，制造舆论。一些人为了博取关注，获取利益，迎合这种舆论，进一步传播该不实话题。事后查明该案审理中并未出现有违司法程序的事项。该案件中，一些人为获取利益，在网络社交媒体歪曲事实真相，捏造了一个遭遇程序不公的明星与一个有身份有权力的被告对抗的故事，达到博取关注、获取利益的目的，使公民产生了对司法机关的不信任，甚至出现了对司法工作人员的攻击。

3. 网络言论有效规制不够。要保障公民的言论自由权，但是也应该对其有所限制。近些年经常出现网暴事件，对当事人的权益造成了重大的影响。构建一个和谐又合法、具备效率的司法话语场域，对于司法公正有很大的帮助，应该建立一个过滤和核准机制，对于公众在网络上的话语进行过滤，使公众进入司法话语场域的话语大部分是有效并且合法的。社会公众参与到司法中是有积极意义的，但是由于每个公众的价值观不同、法律素养不同，可能会出现话语又多又杂又乱的现象，这会导致公众分不清哪个是对的哪个是错的，容易被错误的观点所蒙骗。

网络是一把双刃剑，有一些法律素质高、道德文化意识高的人能够正确利用网络发表他们的司法话语，维护他们的合法权益，比如最近的实名举报吴某某案件，有不少被害人为了维护他们自身的合法权益，甚至把自己的个人信息公开，从而获得社会公众的关心与支持，表达自己的司法话语；而一些人利用网络对他人进行诋毁，表面上是保障自身的合法权益，行使司法话语权，实际上是引诱公众走向歧路的不法行为，是对他人权利的非法侵害。

二、公共论坛

司法话语所指的公共论坛，是现实中以口头话语表达活动为核心的公共论坛。公共论坛可以发生在众多的地方，只要有公众聚集的地方，就可以有公共论坛的存在，如公园、街道、网络、教室、会议室等。公共论坛作为司法话语表达的重要机制，具有多种表现形式：

(一)公共讨论

司法话语所指的公共讨论，是就某个司法话题发表自己的意见、建议与想法。公共讨论要正常进行，必须具备一些基本的条件：一是人们应该置身于任何话语信息之下，而不应事先被筛选。也就是说，这些信息必须是原始的、未经计划的、无法预期的，即使这些观点或主题人们从未想过，甚至令人不安，只有这样的信息，才是真实的、可用的、可靠的。二是需要一个能够进行自由表达的话语机制。公共论坛必须是开放的，每个人应该允许公开和实际地讨论基本问题，应该自由和不受干扰地发表言论，不自由的、受到限制的、被操纵的论坛是不能有效运转的。三是公民应该能够在话语交往中分享经验，分享经验不仅"可以促进社会互动，让人们拥有共同话题、任务和关心"，而且"能增进社会黏性，帮助解决共同的问题，鼓励人们视他人为同胞，有时还能确保人们对真正的问题和需求有所反应，甚至帮助人们认识自己"。① 四是要保证公共讨论的话语异质性，"自由社会应该建立很多公共论坛，让演讲者接触到不同的民众，并且确保我们可以在过程中听到不同演讲者针对不同主题的不同意见"。② 这也是哈贝马斯"理想的话语情境"所要求的。③

　　理性需要成为公共讨论的主导价值观，公共讨论需要有自己的言语边界，公共讨论的理想话语环境为他们具有交流的理性，尊重他人不同的意见与看法，能够站在对方的立场上相互理解，允许不同意见和观点的存在，通过交流达成共识。然而由于目前网络的匿名制度，理性成为笑话，取而代之的是感性甚至是怨气，生活中的不如意在网上得以发泄，与理想的话语交往环境相差甚远。在"杭州保姆纵火案"中，公共讨论中的感性因素表现得淋漓尽致，该案件多次出现反转，从一开始地同情林生斌到认为林生斌是杀人犯，公共讨论给林生斌"定罪"，依靠的不是证据，而是自己的想法，没有理性的逻辑判断，仅仅是我认为是这样就作出结论，其中的原因不乏不良自媒体的价值观的诱导，大多数人从小的固有思维无法改变，而媒体为了迎合公众的情绪、获得流量会大肆渲染不正确的观念，公众接触多了这种具有不良情绪的观念，个人价值观将会被扭曲，短时间无法作出正确判断，没有理性可言，在大数据的情况下这种不正确的诱导会被不断推送到公众身边，使情况进一步恶化，造成没有人愿意理解对方的观点，导致话语沟通困难。

　　如何让理性成为主导价值观，应该从道德与法律两方面入手，从道德上应该从小教育孩子，让孩子树立正确价值观，有自己的判断能力，不要盲目从众，不信谣不传谣，从法律上应该规制公众的言论自由，我国宪法虽然规定公众享有言论自由权，但是言论自由需要有边界，言论自由不应该以损害第三方利益、公共利益为代价，网络需要实名制，匿名制只会使网暴变得愈发猖狂，

---

　　① ［美］凯斯·桑斯坦：《网络共和国：网络社会中的民主问题》，黄维明译，上海人民出版社 2003 年版，第 69 页。

　　② ［美］凯斯·桑斯坦：《网络共和国：网络社会中的民主问题》，黄维明译，上海人民出版社 2003 年版，第 17 页。

　　③ 汪行福：《通向话语民主之路：与哈贝马斯对话》，四川人民出版社 2002 年版，第 87~88 页。

对于公共评论的对象应该从心理上怀有尊重。

(二) 对话

在信息化时代，对话作为一种重要的话语表达机制，正日益显示其重要性，"公众适应我们的时代过去了，现在我们处在一个对话的时代中"。① 斯维德勒 (Swidler) 在《全球对话的时代》中也指出，对话"不单只是一系列的会谈，而是一种全新思维方式，一种领会和反映世界及其意义的方法"。② 在斯维德勒看来，在全球化时代，全球联系更加紧密，人们的相互依赖性比以往任何时候更加紧密，同时，各种矛盾也日益增多，然而，在解决这些矛盾时，我们常常以一种对抗态度去面对与我们不同的人，时而是公开地争辩，时而是更为巧妙地论说，但总是以压倒另一方为最终目的，因为我们确信我们独占真理。今天，这种以"我"为中心的绝对的思维方式已经不适应时代的需要，对话作为一种达到互相理解的全新的思维方式，成为人与人之间、群体与群体之间相互理解、形成共识的交流过程。哈贝马斯指出："合法性原则是普遍对话的结果，而不是普遍意愿的表达。"③在这种情况下，"对话不是争辩。在对话中每一方必须尽可能开放地以同情的态度倾听另一方，以便能相互尽可能确切地设身处地地理解另一方的立场和目的"。④ 而在戴维·伯姆看来，对话不是讨论，也不是争辩，也并非只是人们坐到一起来开会而已，而是意味着一种"双赢、共赢、一赢俱赢"的思维方式，"在对话过程中，没有人试图去赢。对话本身有着另外一种不同的精髓。它追求的结果是一种一赢俱赢。……在对话中我们不是互相对抗，而是共同合作。在对话中，人人都是胜者"。⑤ 在司法对话中，

---

① 郝朴宁：《话语空间：广播电视谈话节目研究》，中国社会科学出版社 2005 年版，第 27 页。

② [美]L. 斯维德勒：《全球对话的时代》，刘利华译，中国社会科学出版社 2006 年版，第 1~2 页。

③ [德]尤尔根·哈贝马斯：《公共领域的结构转型》，曹卫东等译，学林出版社 1999 年版，第 23 页。

④ [美]L. 斯维德勒：《全球对话的时代》，刘利华译，中国社会科学出版社 2006 年版，第 8 页。

⑤ [英]戴维·伯姆：《论对话》，李尼科译，教育科学出版社 2004 年版，第 6~7 页。

人们能够相互诚恳地坐下来进行司法话语交往，共同解决面临的司法问题，从而使得司法话语得以实现。

对话是实现解决纠纷的一种实现途径，通过对话可以有效地化解矛盾，对话的过程中我们可以了解到对方的想法与观点，倾听对方的理由，不管是在调解、诉讼还是仲裁当中，对话都是十分重要的。在调解中双方当事人处于平等的地位，如果双方不进行对话，则调解不可能有结果，如果自己不想表达出自己的诉求，别人又怎么愿意让步或者进行沟通呢，而诉讼和仲裁更需要对话，在法庭调查和法庭辩论阶段，都需要发言和对话，没有发言和对话，控辩双方以及法官就无法了解对方想法，控辩双方也不能相互对话，这会导致整个庭审过程无法进行，最终导致纠纷得不到解决，激化矛盾。

司法话语的有效运行需要司法对话、立法、执法、司法、守法等过程都需要对话，在立法中立法者需要与自己对话，需要与公民对话，在书写法律条文时首先需要问问自己该项条文有助于维护合法权利或者打击违法犯罪行为吗，如果没有帮助，那为什么要写这款法律条文呢，是为了维护社会的总体利益吗，在司法中检察官、法官需要与当事人进行对话，了解案情、案件事实，向当事人告知相应的法律条文和具体规定，按照程序进行。在执法当中，需要与当事人沟通查封和扣押等事实，做到柔性执法和公正执法。在守法当中，需要加大普法力度，向公众普及法律常识，这个过程当然需要对话。可见对话在司法话语交往中何其重要。积极的对话可以促进司法话语交往，提高司法机关的效率，保障公民的基本权利，有利于保障人权，使诉求合法且合理地被表达，有利于法治社会的建设。

（三）辩论、评论

辩论与评论都是司法话语表达的一种重要机制。辩论（评论）水平是使合法性产生效力并使它成为取得共识和形成意向的力量的可接受的诸种根据的条件。[1] 辩论能够交流思想、表达观点，使模糊化的事物变得清晰化，并提高对

---

[1]　［德］尤尔根·哈贝马斯：《重建历史唯物主义》，郭官义译，社会科学文献出版社2000年版，第270页。

事物的洞察力；辩论还能够使人们认清事实的真相，从而有效地促进思想与行动的一致。许多事物，如果能够进行公开化的辩论，那么，就能够得到有效的预防和解决。如电视中就一些热点案件进行的辩论等，都有助于形成司法话语竞技场，从而使各种司法话语交往行为形成连锁反应，揭露事实的真相。评论也是一种重要的司法话语交往机制，评论有两种机制，一种机制是专家评论，即"一个由记者、分析家、政策专家以及其他专家组成的松散的集合，他们在公共论坛上发表自己独特的见解"，目的是"帮助门外汉的读者从错综复杂的政治事件中理了头绪，了解哪些事件至关重要，还帮助他们评估各种观点，并且为相关的官员提供参考意见"。[①] 评论的另一种机制是大众评论，评论并非专家们的专利。专家评论只代表了专家的某种意见与见解，普通公众的评论很多时候比专家的评论更加重要，因为普通公众最接近事实的本身，更能体验到某个事实所带来的结果，因此，他们往往更具有话语权。

目前不少公众都借助网络对于司法新闻进行评论，网络评论不同于传统的评论，其具有动态连续性、多元性、互动评论性等特点。首先其具有动态连续性，其突破了传承评论的技术壁垒，在时间和空间上并不存在间隔，对于司法类的新闻，公众传播、收到、评论新闻几乎是在同一时间进行的，有时关于社会热点案件的司法新闻一经发布，微博、微信等平台上就会出现成千上百的评论，比如"缅北诈骗案""山西重大刑事案""蛋糕店老板猥亵案"等，该类司法新闻一经发布就会受到多数网友的评论，形成热点。

网络上的评论比起传统评论而言更具有时效性，理由在于其具有更加便利的技术条件，及时性与时效性是网络评论的优势，司法新闻借助于网络呈现出全天候的滚动形式，动态且连续，让公众可以及时发现新闻并进行评论，目前大部分司法新闻的下方都设置了可以专门评论的地方，只要公众想表达对于司法案件的看法，都可以发表言论，表达自己的观点和意见，言论虽然是自由的，但也不能触碰法律的底线，需要在法律的范围内进行评论。从目前网络上的评论区看，区别于传统的评论，网络上的评论并非千篇一律，而是各执己

---

① ［英］布赖恩·麦克奈尔：《政治传播学导论》，殷祺译，新华出版社 2005 年版，第 83 页。

见，在"老人被狗绳绊倒重摔死亡案"的新闻的评论区中，有些公民认为这是意外事件，狗主人无需承担责任，有些公民认为狗主人有照看狗的职责，狗主人不仅没有尽到照看宠物的义务，反而在老人摔倒后，没有帮助老人，狗主人需要承担全部的责任，可见公众的观点愈发的自由和多样化。

首先，网络的评论没有严格形式要求，不需要有论点或者论据，有时候只需要简单的一句话甚至一个表情包就能表达其观点，不用详细地阐述推理论证的过程，而且其不像传统的评论发表那样复杂，其只需要点击一下鼠标即可上传。其次网络评论具有互动评论性，网络是可以实现双向交流的媒介，网络上的公众可以在阅读评论时，对别人的评论再发表评论，对于司法新闻及信息，每一个公众在接受的同时也在同时发布和加工，他们既是司法信息的接受者也是司法信息的传播者，传播与接受并不需要太多的技术要求，交流与互动，传播与接受都是双向的，而不是单向的，网络评论有助于司法话语的交往，在网络评论匿名的情况下，自由言论的发表成为了可能，不少公众在现实生活中迫于面子等问题无法倾诉自己的想法，但是网络评论让他们可以自由地倾诉自己的想法，他们进一步推动网络信息的交互性，传统评论虽然也在加强与公众的互动，但是传统评论由于技术的限制无法在便捷性上与网络相比。最后网络上的评论具有多元性，主体、形式、渠道等方面都呈现多元化，从主体来说，占据大部分的是公众，也有专家和专业的编辑等，而公众由于经历、学历、年龄的不同，其评论各不相同，多元的观点才能使司法话语正常运行，评论的形式表现为文字、图像、声音，网络评论形式的多样化依托于自身的技术优势。渠道的多样化指的是发表渠道的多样化，网络评论发表的渠道分为新闻评论专栏评论、网络论坛评论、网民即时评论。总结来说，网络评论可以帮助大众更好地发表司法话语，提高司法公信力，进行司法话语交往，弥补传统评论的不足。

(四) 民意调查

民意调查也是公众舆论的表现形式，经常以调查问卷的形式出现，它的反映是无形的，但可能是最科学和最明显的形式。民意调查通过抽样调查与数据统计，对其加以分析来反映某个地区或者全国对于司法的看法和观点，这种表现形式使得对公众舆论的把握变得准确、客观、真实，因为其最接近公众舆论的客观情况。民意调查是反映公众舆论的科学方法，但是民意调查并非作出决策的唯一依据，因为在民意调查中有些人会不认真回答问题、故意回答错误或者因为领导在场不得不作出违背真实意思表示的回答，再加上有些组织为了表面上公众对于司法的满意度而数据造假，民意调查最后的结果可能并不真实，其权威性并没有得到认同。

三、制度参与

制度参与作为一种重要的司法话语交往机制，不仅能够促进司法决策的合理化，从而促进诉讼问题的有效解决，而且能够有效地体现司法话语，保障公民的合法权利。制度参与主要有以下几种机制：

(一) 参与司法事务治理

参与司法事务治理是公民表达话语的一种有效途径。既然国家权力不是唯一的治理中心，那么，公民自然就成为治理的一支重要力量。公众蕴藏着无穷无尽的解决司法问题的潜力，对司法事务治理具有独特的优势，可以弥补专业法官能力的不足。如中国的陪审员司法制度就证明了这一点。因此，公民参与司法事务治理，表达司法话语，已经成为诉讼决策程序的一种重要机制。在这种司法话语表达中，公民通过一定的参与机制，"依凭交往理性，组建一个以谈话、和解与价值共识为总旨趣的话语共同圈"[1]，向专业法官表达自己的意见、建议、思想，甚至批评，进行充分沟通、协商与对话，达成共识、认同与一致，形成合作治理的局面，从而能够有效地实现司法话语。

(二) 旁听

旁听制度也是一种重要的司法话语交往机制。旁听权的本质是公民信息自由权，是公民了解司法话语交往信息的权利。公民旁听权的性质是公民对司法

---

[1]　李佃来：《公共领域与生活世界——哈贝马斯市民社会理论研究》，人民出版社2006年版，第285页。

审判活动的知的权利。通过旁听，公民可以就相关司法问题表达意见、疑问甚至批评，并提出自己的建议和想法，监督诉讼决策者，促进司法正义。

在2023年5月25日的下午，高邮法院组织来自高邮中等专业学校的100余名学生来旁听一起帮助信息网络犯罪活动罪案件，近些年来由于学生缺乏法律意识，不明白行为的社会危害性，掩饰隐瞒犯罪所得罪和帮助信息网络犯罪活动罪频发，学生们简单地认为借给别人一张银行卡不会出什么问题，但是该行为已经触碰到法律的底线，通过该次旁听，学生们认识到行为的社会危害性，也了解了案件审理的具体过程，让其受益匪浅，了解了司法话语交往信息。近些年来"扫黑除恶""打掉保护伞"等取得成效，2023年8月15日，蒙城县人民法院为了进一步提高国家公职人员的法律意识，拒绝贪污腐败，组织国家公职人员旁听职务类犯罪案件，在庭审中被告人自愿认罪认罚，并且在最后陈述阶段，进行忏悔，此次庭审不仅起到了审判的作用同时也起到了警示的作用，不少国家公职人员表示这种近距离的警示教育直观且深刻，以案释法可以让公职人员通过旁听庭审提升思想自觉和行动自觉，不触碰法律的底线。

(三) 庭审直播

庭审直播也是一种重要的司法话语交往机制，观看庭审直播是公民了解司法话语交往信息的重要途径。庭审直播可以利用网络或者社交媒体向法庭外公民公开庭审过程，及时收集公民对司法话语交往过程的意见和评论，通过这些意见和评论对公民所存在的疑问进行解答。公民对庭审的关注，也会产生公共舆论，能够通过公共舆论制约公权力机关，防止权力的滥用，使法官能够充分考虑、吸纳律师和社会公众的建议。①

为防止司法专横、法官擅断，保障当事人的合法权益，庭审公开成为了现代司法的重要诉讼制度。② 除了旁听、社交媒体报道等方式外，司法机关也积极利用互联网的便利来进行司法公开。"中国庭审公开网"自2016年开通以

---

① 左卫民：《反思庭审直播——以司法公开为视角》，载《政治与法律》2020年第9期。

② 张莉：《中国司法公开制度的发展》，载《中国司法》2011年第9期。

来，各级法院向社会公开的庭审直播数量越来越多，不断地满足着公民对庭审中司法话语交往过程的知情权和监督权，不仅提高了公民对公正司法的信心，更进一步提高了司法透明度，庭审直播制度也逐渐成为重要的司法话语交往机制。为促进司法公正，有必要提高公民参与司法活动、了解司法话语交往的积极性。传统司法话语交往过程只能通过旁听、新闻媒体等方式公开，这些方式受到司法活动地点、开庭时间以及其他因素的制约，甚至公民认为一些未经过媒体及时报道的司法话语交往活动信息是经过特意删减的信息，这导致司法话语交往过程不被公民知悉，不利于司法公信力的提升。庭审直播的方式不受时间、地点限制，解决了公民要在固定时间到达固定场所才能去旁听的限制。公民在庭审直播时，可以选择在任意地方观看庭审活动，即使在庭审之后，亦可通过重播的方式来观看庭审活动。

庭审直播可以分为视频直播、图文直播、微博直播，根据"中国庭审公开网"数据显示庭审直播的案件主要以民事案件（合同纠纷）为主，刑事案件与行政案件较为少，究其原因不难发现刑事案件涉及生命与自由的剥夺，同时部分涉及隐私和国家利益的刑事案件按照法律的规定并不公开，也考虑到有些人可能通过庭审直播学习他人的犯罪方法。而行政案件涉及国家权力机关，考虑到国家权力机关的公信力和权威，行政案件几乎不直播，特别是国家赔偿类案件，直播次数为零。数据中还显示经济不发达的地区庭审直播较少，原因在于庭审直播需要网络技术，需要一套完整的设备，每套设备都价值不菲，经济欠发达的地区不能保障每一次庭审、每一个案件都进行直播，其只能保证部分庭审是进行直播的。同时数据显示从法院的层级来看，基层人民法院网络直播较多，基层的案件更贴近日常生活，基层人民法院审理案件同时进行直播有助于普法工作。目前庭审网络直播存在对于当事人隐私保护不够、信息公开有限、案件缺乏认证标准等问题，需要进一步完善。

庭审直播开通以来，对社会影响较大、公民关注度较高的案例，都会以庭审直播的形式向社会公开，满足公民了解庭审过程的愿望，回应公民的呼声。2016 年，山东省高级人民法院在微博上直播"于欢案"二审审理过程，每一位公民都可以通过庭审直播观看此案审理中的司法话语交往过程，并对法院的审判过程及裁判结果进行讨论。微博庭审直播的方式，有利于社会公众知晓司法活动，使社会公众在对案件的认知以及评析方面具有客观性，并对司法活动产生信仰。① 2021 年江西省南昌市中级人民法院对于劳荣枝犯故意杀人、绑架、抢劫罪一案公开开庭审理并进行了现场直播，不少公民通过庭审直播，了解了案件事实发生的经过、劳荣枝对于案件的态度以及表达，也感受到其不认罪的态度。公民可能对于十几年前劳荣枝犯下的种种罪行具体并不清晰，但是通过庭审直播，公民对于劳荣枝的主观恶性以及社会危害性有了一个全新的认识，公民认为劳荣枝被判处死刑是不值得同情的，因为其对很多家庭造成了不可弥补的损害，正义不仅应当得到实现，而且应当以人们看得见的方式得到实现，庭审直播可以使公民看见正义的实现，看见劳荣枝对于社会造成损害后被判处刑罚，提高了司法公信力，也同时提醒震慑那些想要触碰法律底线的人。

在庭审直播时，司法机关也要及时通过网络媒体对直播内容引起的讨论、批评、疑问进行跟踪调查，及时关注网络留言和舆论导向。一旦网络留言出现偏激或者舆论导向被误导，司法机关需要及时站出来，纠正这一不良现象，不然因为网络的即时性，公众舆论会被误导，从而产生对于司法机关不利的情况，降低司法机关的公信力，特别是对于一些引起公民普遍关注具有较大社会影响力的案件，要及时关注公民对该案件直播的态度和时候的反应，及时回答公民的疑问并进行法制教育，针对网络上的虚假言论、误导话语进行矫正、辟谣，维护司法话语场域的稳定与安全。

(四) 投票、选举

投票、选举是重要的话语表达方式和过程。要使投票、选举这种话语表达行为真正发挥作用，必须注意以下几点：一是必须保证投票、选举程序的公开化、透明化而不被某些利益集团操纵，只有公正、公开的投票和选举，才能真正体现公民的司法话语；二是必须保证参与者的广泛代表性，公民不分民族、身份、地位、经济收入、宗教信仰等都必须享有投票权、选举权和被选举权，这样才能保证投票与选举的广泛代表性；三是要保证选举结果的公开、透明化，充分发挥司法权利话语监督的作用，选出那些真正为民着想、代表人民利

---

① 胡旭等：《微博庭审直播，司法不再"神秘化"》，载《人民论坛》2017 年第 13 期。

益的司法精英。

四、组织代表

公民话语的表达分为两种类型，一种是公民直接表达话语，另一种是公民的话语通过组织代表间接地表达。不管哪种机制，最终的目的是要使公民的司法话语得到有效的实现。当公民不能够直接表达话语，由于能力所限无法表达话语或由于话语表达受到人数、地区的限制而无法直接表达时，通过组织代表机制来表达公民的司法话语就变得重要了。公民通过组织机制来表达话语的情况主要有以下几种：

(一) 人大代表和政协委员

人大代表是一种非常重要的组织话语表达机制，公民的司法话语通过话语交往行为转换为人大代表的话语权，人大代表的话语权通过话语交往行为转换成为法院诉讼决策的输出，最终使得公民的司法话语得到实现。这种话语表达方式如图 4-5：

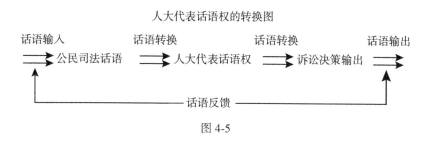

图 4-5

从上图可知，公民司法话语是初级机制的话语权，这种话语权通过人大代表的整理、加工，从而转变为人大代表的话语权，人大代表的话语经过一定形式的话语监督机制转化为司法决策输出，这种司法决策输出反馈给公民，从而又转变为公民的司法话语。在这种话语机制中，最重要的是公民司法话语的广泛性，公民司法话语必须来自广泛的群体，不仅包括工人、农民、官员，还包括妇女、少数民族、弱势群体等，只有这样，公民的司法话语才能被充分代表并有效地得到实现。同样，通过政协委员的司法话语表达也存在类似的转换路径和功能。

(二)社会组织

社会组织也称为第三部门，社会组织作为社会团体和社会关系的总和，也是公民司法话语的一种重要表现机制。随着市场经济的发展，许多社会事务都要求助于社会组织，社会组织能够提供许多公共组织无法提供或即使提供也难以达到服务质量要求的公共服务。大多数社会组织具有非营利性、自愿性等特点，公民通过社会组织表达话语有其优势，它可以避开个人能力不足或地区限制的情况，可以增强话语表达的强度，可以将"形成共鸣的那些问题加以感受、选择、浓缩，并经过放大以后引入公共领域"①；此外，社会组织为公民话语的表达提供了广阔的空间。

有效率的社会组织是司法话语增长的关键。这种有效率的社会组织应该是能够激励司法话语的组织，这种社会组织能够形成一种制度激励，促进司法话语的有效行使。建立有效率的社会组织是增强司法话语诉求能力的一种可行办法。诸如法律职业团体、工会团体、商业团体等社会组织，对民间司法话语的有力支持起到了不可替代的作用。

传统司法官僚组织垄断并压制司法话语，因此，这种组织发生不了激励效果。要形成组织的激励效果，就必须赋予组织以自治能力，力戒过多的人为控制与干预，而代之以自由平等的讨论、辩论和协商。只有这样的组织才能具有激励效应。可以成立公民权益保护委员会之类的社会组织，以司法论坛的话语方式充当司法话语场域的主体，监督司法，防止司法异化，进行司法话语交往。②

为了有效地行使农民的司法话语，在农村成立强有力的联合体，以解决农民力量分散、难以形成整体力量、无法有效表达司法话语的问题。这些联合体

---

① ［德］尤尔根·哈贝马斯：《在事实与规范之间——关于法律和民主法治国的商谈理论》，童世骏译，生活·读书·新知三联书店2003年版，第439页。
② 参见马长山：《法治进程中的"民间治理"》，法律出版社2006年版，第171~174页。

可以是农民协调委员会、村民自治委员会、农民法律权益保障委员会，等等。借助这些农村自治组织在司法层面上行使农民司法话语权。农村自治组织是我国最基层的群众性自治组织，对于我国乡村振兴战略目标的实现发挥着极其重要的作用，① 农村自治组织的主要职责为经济管理、社会管理、公共管理与公共服务，其对于促进农村经济，提高农民收入，提高农村治理水平，保护农村环境，实现乡村振兴，维护政治稳定具有重要作用。

律协、妇联、工会、共青团、商会等都可以帮助其所属群体或弱势群体表达司法话语诉求，有效行使司法话语。在"邓玉娇案"中，全国妇联在其网站首页上发表《全国妇联高度重视邓玉娇事件并将密切关注事件进展》一文，有力推动了司法审判的公正进行。

在司法实践中有些社会组织可以代表公民提起民事公益诉讼，目前虽然经济迅速发展，但是环境污染的问题越来越严重，环境污染侵权相较于其他侵权而言对于公民的损害更大，而公民在环境侵权的诉讼中处于弱势地位，因为其面对的可能是当地最大的企业和公司，加之公民的法律意识淡薄，无法更好地维护自己的权利，这时便需要社会组织代替他们表达司法话语，社会组织对比公众更为专业，法律意识更加强，法律素养更高，对比检察院、政府机关其公益性更加明显，社会组织会站在公众的立场上维护公众的利益，司法实践中的社会组织提起诉讼也同样存在限制，符合提起民事公益诉讼条件的社会组织少之又少，社会组织提起民事公益诉讼首先需要依法登记，而且需要登记层级为设区的市级以上，其次要从事环境保护公益活动时间连续五年以上且无违法记录，最后提起诉讼的社会组织不能通过诉讼获取利益。

根据数据显示，2020 年社会组织提起的环境公益诉讼案件数为 103 件，2021 年社会组织提起的环境公益诉讼案件数为 299 件，社会组织提起诉讼的案件数虽然有较大的提升，但是相较于检察院提起的公益诉讼而言还是占比较低的，究其原因还是对于社会组织原告资格的限制过多，登记层级、从事公益活动的时间、无违法记录等限制使大多数社会组织无法提起民事公益诉讼，在

---

① 参见蔡文慧：《农村自治组织弱化问题及对策研究》，载《宁夏党校学报》2019 年第21 期。

日后的司法实践，应该从立法上、司法上进行改变，例如：降低登记层级，降低要求从事公益活动的时间，明确违法犯罪的范围。社会组织参与民事公益诉讼对于维护被环境侵权的公民具有至关重要的作用，没有社会组织代表公民表达司法话语，公民可能会面临着救济无门的困境，公民自身提起诉讼会面对诉讼程序繁琐、费时间、费金钱等困难，而同时由于其面对的可能是当地最大的企业，这种企业往往是当地的纳税大户，政府为了眼前的经济发展数据，很可能会放任这种企业，公民一开始就处于弱势地位，其合法权益很难得到保障，其需要社会组织帮助，故在今后的司法实践中，重新设定社会组织提起民事公益诉讼的起诉条件，给社会组织创造发展空间，帮助社会组织克服困难，使社会组织在环境民事公益诉讼中发挥更大作用。

第三节　司法话语的外向对接性行使模式

一、外向对接性行使模式的功能定位

正如哈贝马斯所指出的："只有当它们（指法律）置身于……民族的历史的情境之中"，"从不同的文化传统、不同的民族历史的角度加以理解"，"才能在社会实践中具有形式，并成为动态地理解……这个方案的推动力量。"[①]中国的民情具有一些重要的传统特点，直接影响司法话语的行使模式的形成。

一方面，是和谐司法传统。英国的司法中，法官戴假发、穿法袍，通过司法仪式的神秘来维护司法权威。但是，中国大多数老百姓就不吃这一套，他们更信服和蔼可亲、平易近人，中国民众判断一个官员是不是"好人"，首先的评价就是这个人是否"和气"，这是中国几千年来"和"文化、"礼"文化的产物，这就是中国的民情。和谐文化也造成中国司法不同于西方对抗制文化的传统。随着司法职业化模式的发展和巩固，司法越来越远离社会话语的支持、司法精英话语与大众话语的疏离削弱着司法获得信任的基础。

---

① ［德］尤尔根·哈贝马斯：《哈贝马斯精粹》，曹卫东译，南京大学出版社 2009 年版，第 230 页。

另一方面，是实体正当优先传统。在中国刑事诉讼法学界，有人主张程序正当优先实体正当的说法。实际上中国的传统并非如此，正义是人的内心需要，一国人民需要何种正义则存在差别。美国人能够接受"辛普森'做了此事'，但在法律上以及正义上，可以合理地判决他无罪"，① 但是，中国人则普遍认为，在实现实体正当上，不应当有时间的限制，这是我们能够接受的正义观。在实际工作中，很多上访的中国老百姓从黑发告到白发，要的就是实体公正的结果。

因此，法官话语不能闭门独白，而应从中国的实践语境出发，实现司法话语行为的外向对接，但是目前还存在差距。这既表现在现行司法话语行使模式的体制性构成上，也表现在司法话语行使模式的体制性运行上。司法话语交往行为有必要形成一个集政权代表元素、民权代表元素和法律代表元素于一体、纠纷综合化解的外向对接性模式。图 4-6 是司法话语的外向对接性行使模式示意图：

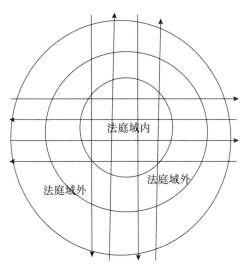

注：箭头方向表示话语对接的方向。

图 4-6

① ［美］艾伦·德肖维茨：《合理的怀疑：从辛普森案批判美国司法体系》，高忠义等译，法律出版社 2010 年版，第 7 页。

二、外向对接性行使模式的实证分析及其建构

传统的司法诉讼话语交往行为模式是以法官为主导。1996 年《刑事诉讼法》引入了对抗诉讼模式，双方当事人在法官主持下平等地对抗辩论，法官居间中立。这种对抗诉讼模式因而具有商议对话性司法的性质，也是诉讼模式的巨大进步。① 当然，在具体操作上，也存在辩论流于形式、对抗诉讼模式被架空的可能。而以外向对接性行使模式强化司法协商的社会功能，可以起到针对补救之效用。河南省高院所做的一系列"社会法庭"、死刑"评审团"等司法话语行使模式建构之努力，是从社会语境出发、倾听群众话语、探索司法话语外向对接性行使模式的实验典范。

(一)"社会法庭"

1. 何谓"社会法庭"

"社会法庭"的成立是积极探索在新形势下化解社会矛盾的新方式，聘请在社会上德高望重的老同志担任社会法庭的"法官"，由这些法官依照"循天理、依国法、重人情"的原则来及时地化解涉及婚姻家庭、邻里、民间借贷等直接关系群众切实利益的"家务事"。而其中有很多官司其实都是可以在调解中解决的。邻里纠纷等社会矛盾，坚持在查明事实的基础上，先行调解的原则，以社会稳定为出发点，注重做好当事人的思想疏导工作。特别是在保护弱势群体的合法权益上，为弱势群体开通了司法救助的绿色通道，"社会法庭"是适用于河南农村建设的新思路，这一创新理念和办案方式应该引起社会的重视。如果能实现话语沟通的经常化，"沟通行动者可以用它们把各种需要整合的语境与他们自身所处的明确的生活世界协调起来"②，促进司法启动的法治化，弱势群体的司法话语行使实效性应该会得到很大的增长。这一化解社会矛盾的新模式值得探讨，它是构建司法话语的外向对接性行使模式的一个实验性

---

① 参见陈卫东等：《对抗式诉讼模式研究》，载《中国法学》2009 年第 5 期。

② Habermas. The Theory of Communicative Action, Vol. two, trans. Thomas Mccarthy. Boston：Beacon Press, 1987, p. 139.

途径。

2. "社会法庭"产生的司法背景

制度是历史的产物，社会法庭产生在社会和谐的大背景之下，随着司法和谐的理念而生。马锡五审判方式为人们所熟知，不管是沿海还是内陆，无论是城市还是农村。"社会法庭"是一种新的调解模式，也是一种平和的纠纷解决机制，也是实现司法和谐的主要实现形式。在普法广泛以及案件数量急速上涨的司法背景下，"社会法庭"应运而生，当时全国各地强调司法工作的群众路线，使司法社会化，让民众懂得法律知识，参与司法，以自己的权利监督司法，司法是社会正义的最后一道守护，司法应该以维护人民合法权益为目标。并且随着案件量的上升，法院尤其是基层法院承受着巨大的压力，"社会法庭"的出现大大减低了该压力。

3. "社会法官"如何选任

河南省高级人民法院院长张立勇明确提出，在"社会法官"的选任上，一般不选现任的乡镇干部担任"社会法官"，普通群众更具有优势。"社会法官"应该长期生活在当地，知道当地的风土人情、风俗习惯，也对纠纷的当事人的情况有所了解，其所化解矛盾的理由和依据也为当地人所接受，效果也会比较好。因为"社会法官"是老百姓而非官员，权力的压制因素不存在，他们只能是想方设法以理服人，他们提出的方案更易为双方所接受。

4. "社会法庭"的性质

"社会法庭"是司法话语的外向对接性行使模式的试验过渡形态。这表现在：

（1）多主体性

"社会法庭"最能够体现纠纷解决的多主体性。传统的司法诉讼也强调多主体，但是，由于法官的强势地位，法官偏向一方，就会导致另一方实际上丧失主体地位，对公诉的刑事诉讼而言，"控强辩弱"是不争的事实，也不能保证控辩的平等和辩方的主体地位，这是由于法官和检察官都掌握着"权力"。从理论上讲，他们和当事双方不可能是平等的主体，可能使当事人的主体性丧失，对抗辩论看起来是平等的，但背后受到权力的侵蚀，一方当事人如果受到刑讯逼供，那么其主体地位根本不存在。相反，"社会法庭"的"社会法官"没有任何"权力"，这反而保证了当事人各方的平等地位，使纠纷是在多主体话语交往的互动中得到解决的。

（2）处于"理想的话语情境"之中

"社会法官"没有权力偏袒任何一方，也没有权力迫使任何一方接受自己的解决方案，这反而迫使"社会法官"坚守解决纠纷的唯一路径——以理服人。同样，各当事人也不认为"社会法官"有着决定案件的终局权力，也没有必要贿赂"社会法官"，迫使他们遵循解决纠纷的唯一路径——以理服人，当各方都试图以理服人时，就能处于"理想的话语情境"之中。

（3）商议性

由于没有权力因素的介入，各方在"理想的话语情境"中提出自己的要求，提出证明自己和说服对方的理由，不受任何压制和误导，"社会法官"和双方当事人是完全平等的。他们之间的对话也是平等的对话，这就在主体间性之间建立了一种真正的协商关系，"社会法庭"所作出的决定是各方平等协商的结果，具有商议的性质。"社会法庭"之商议性决定着它不但是司法解决纠纷技术上的创新，而且对巩固乡镇人民政权、沟通国家法与民意有积极意义。

5."社会法庭"面临的具体问题

（1）归属问题

"社会法庭"归属于哪个组织体系存在争议，原因在于"社会法庭"是一个准司法组织，准司法组织的概念并不明确。不同学者存在不同观点，有些学者认为社会法庭应由人民法院组织成立，其认为这样在法院的领导下可以保证调解工作的合法化，也可以保障"社会法庭"该有的民主化，有学者认为"社会法庭"应该在地方党委政府的组织下成立，其认为"社会法庭"需要有自己的配套设施，包括人员、办公地点、经费保障等，而法院的经费本来就不够，难以在支撑建立一个"社会法庭"正常运行。

（2）成员权力问题

社会法庭的组成人员长期生活在当地，知道当地的风土人情、风俗习惯，也对纠纷的当事人的情况有所了解，是一些群众威望比较高的人，但是社会法庭不是法院下设机构，也并非是政府机构和社团组织，他们拥有怎样的地位和权力是一个充满争议的问题，支持者认为应该赋予其权力，因为有国家强制力的保障，其调解才具有公信力，才能提高调解的效率，反对者认为不应该赋予其权力，因为其并非通过正常的公务员选拔程序担任调解工作，赋予其权力将会导致权力的滥用，从而降低其司法公信力。

（3）程序问题

实践当中的"社会法庭"没有受案范围和程序上操作的细则，所以实践中"社会法庭"大都按照民事诉讼法的规定进行，没有一个统一的程序法进行规定，导致不同地方的"社会法庭"操作不一，经常会出现"同案不同判"的结果，降低了司法公信力，也使"社会法庭"出现程序不公的可能性。

（二）死刑"评审团"

2009年2月17日，河南省高级人民法院公开审理"梁红亚死刑上诉案"。旁听席正中的第一批坐着由8位特邀代表组成的"评审团"。庭审开始前，本案审判长潘家玲特别说明：河南省高级人民法院专门邀请当地人大代表、政协委员、干部和群众代表组成"评审团"参加庭审。他们对一审的定罪量刑问题发表的意见，将作为二审合议庭的重要参考。据了解，"评审团"模式是该院死刑二审的首次尝试，适时可以在刑事审判中推广。

当然，此"评审团"并不等于西方的陪审团。陪审团由从普通民众中选出的陪审员组成，不受专业法官的影响，行使独立裁判权。"评审团"则仅仅是旁听并发表参考意见的监督性临时组织，是公开审判的一种特殊形式。

在人民陪审员司法话语交往效果长期不佳，而公民的司法话语交往行为意识日渐加强的语境下，在重罪案件中按照司法话语的外向对接性行使模式原理进行"评审团"实验，就显得难能可贵。

（三）"张院长新政"的启示

河南省高级人民法院院长张立勇所推行的司法话语行使模式的试验，以调解为主，法官与群众共同参与，注重实效，尤其是以减少上访次数为目标的一种模式。该模式被河南法院内部褒赞为"张院长新政"。"张院长新政"具体包括"大力发扬马锡五审判方式""重调解、轻审判""争创无赴京上访""具体到个案""审判与判决书都公开"。张院长这些举措并没有违反审判中立的原则，只是审判形式发生了相应的改变，发扬马锡五审判方式并不是意味着法官会主动找案件进行处理，法官处理案件的前提是有人上访或者起诉，在审判时也不意味着除了双方当事人外第三方也可以参加审判，判决结果也不会超出当事人的诉求范围，不会违反处分原则，方式改变不意味着原则会随之改变。在马锡五审判方式中法官并非高高在上的存在，中国社会长期以和谐为传统，公众对于高高在上的法官心理实际上持反感的态度，他们更亲近与自己处于平等地位的人，故张院长说"放下法槌，脱下法袍"才能接近与群众的距离。"重调解、轻审判"这种方式可以将问题解决在基层，提高效率，化解矛盾，既可以让公众不用经历诉讼程序，也可以减少基层法院的工作量，调解也并不会违反合法和当事人自愿的原则。"公开审判和判决书公开"，可以加强公众对于审判的监督，提高司法公信力，加强司法话语交往，加快建设社会主义法治。

法理有基本的精神，却无固定的模式。所谓"礼源于俗，俗还于礼"，"失礼求诸野"，其实，不仅是"礼"，"法理"也是如此：从司法实践中发现最适合于中国或者中国某些地区实现公正与效率的形式，这就是最大的法理，法理的背后是基本的伦理、常情常理。

第五章 司法话语的保障

司法话语的表达除了依托有效的交往，还必须建构适宜于司法话语的保障，以推进司法话语表达，保障司法话语的有效行使。司法话语得到有效保障是司法话语最终实现的关键。

第一节 司法话语的主体资质保障

在司法话语结构中，有一些最基本的话语主体角色，对司法话语的交往行为产生着重大影响，他们分别是法官、检察官、律师、公民（当事人）、人大代表政协委员和政法委。哈贝马斯认为，把商谈放在交往主体上，首先需要探讨的是主体的内在条件，也就是话语主体参与话语交往的内在能力、素质和要素等先决条件，交往主体是在话语交往过程中形成内在资质、能力，并开展交往行为的，相应的交往资质，是一定的交往活动得以展开的必要条件。① 所谓交往资质，就是以相互理解为指向的言说者把完美构成的语句运用于现实之中，并使二者相吻合的能力。② 或者说，交往资质是指胜任交往的话语主体，不论他们文化背景和操何种语言都必须具备的掌握一般交往规则的能力。因此，这种交往资质，就是能够把语句运用于现实的能力。③

---

① 韩红：《交往的合理化与现代性的重建——哈贝马斯交往行动理论的深层解读》，人民出版社2005年版，第148~149页。

② ［德］尤尔根·哈贝马斯：《交往与社会进化》，张博树译，重庆出版社1989年版，第29页。

③ ［德］尤尔根·哈贝马斯：《交往与社会进化》，张博树译，重庆出版社1989年版，第50页。

交往资质的重要性在于，交往行为是以言语为基础进行的共识形成的交流过程，如果没有基本的规则和共识，交往就无从进行。因此，司法话语要得到有效交往，就必须实现司法话语结构基本角色(交往资质)的时代转换，实现司法话语角色的资质保障，建立起参与协商的司法话语结构，打破传统的官僚型司法话语模式，建立起能够有效表达话语权的司法话语合作模式。

一、法官角色

法官由于占据着司法职位，因而拥有法律权威资源，法律权威资源的本质属性在于公平、正义的取向。但是，在实际过程中，由于经济理性人的自利性以及某些制度上的缺陷，法官的职业本色表现得不尽如人意，是"从某一以自己的目标及优先考量为出发点的行为者的视角中提出来的"，"本着自我中心的原则，基于自己的利益来决策的"。① 在这种情况下，司法参与就会被排斥，法律权益就会遭殃，司法话语就不会得到重视。为了保证法官坚守职业本色，有利于行使司法话语，实现法官角色的转换就很有必要。

首先，法官角色的转换，要求以法官体制的转变为基础。只有法官体制转变了，才能促进法官角色的转换。传统法官体制的特征是：其一，正式权威的等级结构；其二，等级正式的沟通网络；其三，广泛正式的规则系统；其四，非正式的权威结构；其五，履行职能的非人格化；其六，需要个人的效忠和投入。

司法官僚化造成法官的偏狭，具体表现在：一是在等级结构中，法官都倾向于上级好恶；二是法官处理案件时，不持应有的中立态度；三是法官裁决案件，不服从法律，而服从自身利益和上级指示；四是法官出于非法利益需要，造成同案不同判。因此，由于法官无视司法公正，压制司法话语，使得司法话语不能产生效用，导致司法腐败。

既然司法官僚化抛弃了正义的司法价值，不利于司法话语博弈，那么，司法官僚化的解构，就必须寻求一种具有针对性的司法改革。司法改革，一方面

---

① 中国社会科学院：《哈贝马斯在华讲演集》，中国社会科学院哲学研究所译，人民出版社 2002 年版，第 33 页。

必须保证司法话语得到充分的重视，另一方面必须能够克服官僚化造成的困境，具有这两方面优势的体制只能是民主司法体制。民主司法体制在借鉴司法优长的同时，既为广泛的司法参与提供了辽阔的空间，又秉持社会公正的价值追求，从而为司法话语，创造了良好的体制环境。

其次，法官角色的转换，这就要求促进法官职业意识的转变。这种职业意识的转变体现为以下几个方面：一是要从官本位意识转变为民本位意识。官本位意识是指法官从自利角度出发来考虑问题，官本位意识体现了司法对民众的排斥性和压制性。而民本位意识则体现了司法的服务性和开放性。因此，必须打破官僚思维。只有这样，才能真正听取民众的司法话语，为民众提供更多的司法话语传达机会，使得这些话语不会因法官的自利而受到排斥、打压。二是必须从封闭、保守意识转变为开放、合作意识。传统司法体制有封闭性和垄断性的缺陷。这样就造成了普通民众对司法机关内部了解甚少，这种神秘感又使得司法过程失去了普通公民的约束、监督，也就难以获得民众的支持和信服。法官与普通公民之间的鸿沟不断扩大，而法官与普通公民距离越拉越大又越来越加剧了普通公民的司法话语难以进入司法机关。因此，必须重新建立起司法与民主的互动关系，这种良性互动的目标即是要建立相互信任，形成公开对话的认知，共享信息和价值，保证职业者的专业知识与民主的目标期待相融通。司法过程只有树立开放、合作意识，才能实现司法透明，重视司法公正，给予公民更多表达司法话语的机会，也只有树立了开放、合作意识，才能在司法与公民之间建立起有效的信任，从而有效地吸纳广泛的司法参与，真正实现司法话语。三是从人治意识转变到法治意识。人治意识使得法官在司法过程中漠视法律，甚至以个人言论代替法律，使得当事人的合法权益难以得到保障。树立法治意识，就是要贯彻"法律至上"的理念，坚定法律信赖，依法裁决，允许当事人在法律的范围内充分行使司法话语，尊重当事人的法律诉求，保持中立，力戒偏私。一个法官始终要记住：在刑事审判中，坐在前面对着法官的不是罪犯，是被告人，是诉讼主体，是当事人；坐在两边的控辩双方是平等的；不能厚此薄彼，亲此疏彼。

在法律的程序正当纲领中，倾听他们"表达他们的希望和要求，说出他们的那些受到破坏的利益，特别是，澄清和确定那些关于同样的人同样对待、不同的人不同地对待的这个有争议的标准和尺度"①，作出公正裁断。此外，法治意识还内在包含了责任意识。尊重法律才能勇于承担责任，强化责任意识。这种责任意识要求司法人员坚守职业话语，不做利益集团的法律工具，勇于对自己的司法话语负责，从而增强各主体行使司法话语的勇气。

最后，法官角色的转换，要求法官职业行为方式的转变。在当下的权力结构中，行政权力逐渐扩张。但是，法官在面对律师和弱势群体时，却是执掌权柄者。小鱼面对大鱼时很软弱，但是，面对虾米时又是很强悍的。基于此，这种职业行为方式的转变要求法官从传统的专断者、命令者转变为协调者、中立者。司法话语交往行为"不仅仅受到法律程序的外在限制，而且受到用论辩方式产生好的理由这种内在限制"。② 按照修改后的刑事诉讼法的精神，由于法官的实体调查职能淡化，注重裁判的中立角色，"程序正当"已经在修改后的诉讼法中给予了高度的重视和必要的保证，"正是程序决定了法治与恣意的人治之间的基本区别"③。雷维在《说服》一书中指出："言语在关注着辩论，关注着庭审，言语在监视，禁止任何超出允许范围之外的事情发生。"这实际上界定的是法官的话语交往行为。在法庭话语交往中，程序是由法官执行的。新的刑事(民事)诉讼法，给法官的定位主要是"裁判"。例如，《中华人民共和国刑事诉讼法》第 186 条规定："审判人员可以讯问被告人"，第 189 条规定："审判人员可以讯问证人、鉴定人。"这里的"可以"两字说明法官不一定要问，法官没有一定要问的职责和义务。因此，法官的司法话语应该定位于依据法定程序，查清事实，适用法律，居中裁判。最高人民检察院公诉厅厅长姜伟说，他在法庭调查时，曾经听见一位审判长这样询问被指控犯有贪污罪的被告人："那钱你能贪污得了吗?"这是一句明显带有倾向性的问话，它带有"你贪污不了那笔钱"这一预设。当然，被告人马上跟着说："我贪污不了。"当时公诉人

---

① Michel Rosenfeld and Arato. Habeimas on Law and Democracy: Critical Exchanges, University of California Press, 1998, p. 18.

② ［德］尤尔根·哈贝马斯：《在事实与规范之间——关于法律和民主法治国的商谈理论》，童世骏译，生活·读书·新知三联书店 2003 年版，第 569 页。

③ ［德］尤尔根·哈贝马斯：《作为未来的过去》，章国锋译，法律出版社 2001 年版，第 313 页。

非常生气。法官作为司法话语交往行为的协调者，越来越多地应该扮演居中倾听的角色。"交往的行动是导向社会主体间相互理解的行动"，"相互理解的行动以达于意见一致为目标"，① 但是，"明白可见地通过外在干预产生的东西，不能算作达于意见一致"。② 作为倾听者、调解者、协商者，法官一方面要鼓励开放式的司法话语和裁决过程，应当为满足当事人的诉讼要求提供妥当的司法服务，为当事人创造具有亲和性和易理解性的诉讼空间，尊重当事人的意愿，保障其权利和自由，强化其自主意识，畅通各话语主体之间的对话与沟通，形成既有分权又相互协作的司法话语构造关系，以增进司法话语的博弈效能；另一方面要启发民智，尽量为他们提供学习和运用法律知识的机会。这样，当法官角色实现转变之后，通过各话语主体的对话、协商，司法话语博弈才能够充分地展开。③

二、检察官角色

在司法话语境阈，检察官肩负着法律监督、提起公诉等司法话语权能，其最重要的司法话语范围是刑事诉讼程序。按照《刑事诉讼法》的有关规定：法官的实体调查职能淡化，控辩对抗的功能加强，公诉人的角色定位不能仅仅局限于监督审判，公诉人是人民检察院派出的，代表国家和社会公益行使控告权，向人民法院提起诉讼并出庭支持诉讼活动，指控、举证和证明被告人犯罪的角色权能更重，要求对被告人定罪获刑。因此，其法庭话语交往比以前更多。但是，在实际的话语交往当中，如何在话语角色上实现与时俱进的转换和定位，对司法话语的全面保障至为关键。考量当前的司法话语现状，在审判过程中，检察官应从与法官、律师两个方面的关系进行话语角色转换和定位。

首先是检法关系中的检察官角色。检察权因制衡法官权力而产生，在控辩分离的原则下不断发展，逐渐成为刑事诉讼中一个重要的话语权力。但是，现行的检法关系存在三个根本缺陷：一是检法关系的配置导致权力滥用和冤假错

① 薛华：《黑格尔、哈贝马斯与自由意志》，中国法制出版社 2008 年版，第 309 页。
② 薛华：《黑格尔、哈贝马斯与自由意志》，中国法制出版社 2008 年版，第 310 页。
③ 参见江国华：《当代中国法官角色的谱系》，载《江汉大学学报》（社会科学版）2012年第 3 期。

案无法从司法体制内部解决，直接成为影响司法权威性和独立性的障碍。由于公检法三机关各自在流水线式的权力话语配置模式上，各自在某一阶段上具有最终决定权，缺乏中心权威，检法内部防错纠错功能难以发挥，这导致外部权力干预成为必然和必要，从而使独立行使司法话语变得困难。二是检法关系的配置未完全反映刑事诉讼发展的客观规律，影响着控审职能的发挥和司法改革的深化。一方面，控诉话语权能要受到审判话语权能的制约；另一方面，审判话语权能在一定程度受到控诉话语权能的制约。但是，当前检察院的司法话语过于强势，检法权力失衡，审判权威无以确立。三是检法关系的配置规定过于粗糙甚至矛盾，话语交往的空白点过多，不利于法检权力冲突的解决和国家司法权威的形成。如 1996 年以来，由于在职权主义审判模式中加大了对抗因素，这打破了检法关系的原有平衡格局，加剧了检法的权力冲突；在审理刑事案件过程中，法官无视检察官退庭缺席自行判决、检察官在审判过程中对法官权威尊重不够、两高司法解释不同而发生冲突等情况屡见不鲜。这些都有待于立法者予以配套规定。因此，检法关系中检察官的角色转换应该做到：一是确立法院的司法话语中心地位。这是一个不可逆转的趋势。检法关系是控审关系，法院的司法中心地位，只不过是其行使审判权所起作用的另一种表达。检察官角色必须配合这个中心。二是检察官的角色重心相应转换。这个转换表现在一弱一强。具体说来，弱，就是弱化对于审判进行干预的权能；强，就是强化对侦查制约的话语权能。

其次是控辩关系中的检察官角色。"辩论水平"是使合法性产生效力并使它成为取得共识和形成意向的力量的可接受的诸种根据的表面上的条件。[①]在我国，控辩关系在健康发展的同时，出现了两种极端情况：控辩双方要么一团和气，要么势不两立。这都是控辩双方不相协调的表现。造成前一种情况的原因在于，中国传统的熟人文化，辩方的辩护武器太少，无力与控方抗衡，刑事辩护风险太高，与控方达成熟人关系能够取得最佳效果；造成后一种情况的原因在于，检察官片面理解对抗制，利用权力对辩方设置障碍，而

---

① ［德］尤尔根·哈贝马斯：《重建历史唯物主义》，郭官义译，社会科学文献出版社 2000 年版，第 270 页。

辩方则滥用辩护权利，如唆使翻供、改变证言。因此，控辩关系中检察官的角色转换应该做到：一是建立控辩平等的角色关系。二是建立检察官、律师和法官工作行业的角色转换又严格自律的司法共同体。这样能够造成检察官、律师和法官受到共同的职业纪律和职业道德的约束，有效减少控辩关系极端情况的发生。①

三、律师角色

调适律师功能，转换律师角色，势在必行：首先，律师应该是当事人合法权益的专业维护者。律师是制衡和制约权力、保障人权的职业，扮演着辩护人、代理人和协调人等话语角色。其次，律师应该是国家法律的社会捍卫者。律师充当着国家和社会之间的中间人，律师角色既有民间性，又有官方性，这就为律师角色与法官的一元化，律师角色与民间融合在一起奠定了制度和理念基础。通过律师这一话语中介，促进权力与权利平等的话语沟通。在法律共同体里面，律师与法官及检察官的话语地位是平等的。再次，律师应该是社会冲突的专业法律协调者。具体地说，律师扮演着社会个体与国家之间冲突话语的协调角色，扮演着社会个体之间冲突话语的协调角色。以权利抗衡权力，抵制公权力扩张，以权利制约权利，抑制私权利滥用，是律师职业本质的内在要求。最后，随着时代的发展，律师还可能扮演国家机关内部冲突与国家之间冲突的专业法律协调角色。

四、公民（当事人）角色

公民（当事人）角色的转换是实现司法话语的重要保障。在传统的司法话语结构下，公民（当事人）被当做不懂法的群体，被排除在有效的参与之外。这样，在传统的司法话语结构下，公民（当事人）参与司法的机会受到限制，其表达司法话语的途径和机会也非常有限，更不用说有效地实现司法话语。

公民（当事人）角色的转换即是要达到这样的目的，一方面，要使公民（当事人）从传统的被控制者，真正转变为司法事务的有效运行者，使公民（当事

---

① 桂万先：《当代中国检察官的角色》，载《国家检察官学院学报》2007 年第 5 期。

人)能够在司法过程中有效地行使司法话语,并能影响到司法治理结构的有效运转。另一方面,公民(当事人)在其权益维护、权益保障、司法评议等行为中必须具有充分的话语交往,使公民(当事人)利益能够得到最大限度的体现。

公民(当事人)角色的转换,最重要的是应当把公民(当事人)当做公民(当事人)看,重视公民(当事人)的司法话语主体地位。哈贝马斯非常重视作为话语交往行为对于公民(当事人)主体性以及主体间性的促进作用。① 在法治者看来,司法机关是由公民(当事人)驱使的,公民(当事人)的角色即是司法机关的主权者。司法机关只有把公民(当事人)当主体看待,鼓励公民(当事人)主动参与司法生活,才能有效地在司法生活中表达话语,同时,也可以使司法机关对公民(当事人)的呼声作出更多的尊重和回应,能在公民(当事人)与司法机关之间建立起平等交流的司法话语桥梁。

公民(当事人)角色的转换,还要积极培养公民(当事人)资格。传统上,公民(当事人)被视为消极的角色,缺乏主体地位。真正的公民(当事人)应该是具有主动精神的,并且,对司法事件有着权利热情的主体,公民(当事人)资格也决定了国家必须为话语交往提供一种开放、宽容的环境。②

公民(当事人)资格的转换表明,一种具有完整公民(当事人)资格的新公民正在出现,这种新公民的特征在于:首先,具有自主性。享有免于外在暴力强制的自由,并具有责任精神。其次,具有主动性。既不是统治者法律体制下的臣民,也不是消极、被动接受司法机关裁决的、言听计从的木偶,而是有着独立思考、判断、反思、选择精神和要求司法参与的公民(当事人),是法律权利与法律义务相平衡的公民(当事人)。再次,具有组织性。其不仅享有结社的权利,而且能够很好运用这种权利。借助这种权利,可以实现单个公民(当事人)无法实现的法律权益,更体现着公民(当事人)的社会存在价值和意义。最后,具有法治精神。他们信赖法律,坚信法律至上,践行法治已经成为生活习惯的有机组成部分。他们懂得公民(当事人)有权发出声音,但无权阻

---

① 参见艾四林:《哈贝马斯》,湖南教育出版社 1999 年版,第 163 页。

② 参见[英]恩靳·伊辛:《公民权研究手册》,王小章译,浙江人民出版社 2007 年版,第 20~59 页。

止不同的话语。

公民(当事人)角色的转换，还必须把公民(当事人)当成司法的有效参与者而非局外人，重视公民(当事人)在司法过程中的参与角色。公民(当事人)参与司法之所以重要，是因为司法生活是复杂的，而法律知识和信息则是分散性的。这样，就使得每个人在自己所处的环境下所作出的判断，会大大优于立法者、司法者为他作出的判断。然而，在现实的司法生活中，是司法精英而不是普通公民(当事人)享有更多的司法话语。司法精英控制了司法的裁决过程，普通公民(当事人)在司法过程中的司法话语表达受到很大程度的限制。在这种情况下，普通公民(当事人)缺少行使司法话语的机会和有效途径。也就是说，缺少表达司法话语的机会，其利益难以得到有效实现。公民(当事人)角色的转换要求公民(当事人)不仅具有参与的能力，能够有效地参与到司法生活中，而且，要保障公民(当事人)具有充分的司法参与机会，能够在司法过程中有效地表达司法话语。就当事人权利保障而言，应完善处分权、辩论权、举证权、撤诉权、上诉权保障，使其话语影响诉讼活动，成为诉讼的实质参与者。在刑事程序中要特别注意沉默权制度、非法证据排除规则等维护被告人尊严的制度确立。《刑事诉讼法》规定，受害人及其受害人的近亲属在因犯罪行为造成人身损害或财产损失的，有依法主张附带民事赔偿的权利。一旦提出民事赔偿，受害人及其受害人的近亲属才有权作为当事人参加法庭的审理，并在庭审中发表自己的意见和看法，提出主张。而要是不提出刑事附带民事赔偿，受害人或近亲属就根本无法参与案件的审理，无法提出自己对案件的任何主张和要求。司法机关在审理中可能也就根本不会考虑受害人及其近亲属有什么感觉，就连判决结果可能都不会让受害人或近亲属知道。其司法话语根本无从保障。因此，在刑事案件审理中，一旦有受害人的，都应通知他们参加庭审，让他们充分发表自己的意见和主张，听听他们的感受，充分保障他们的话语权。如果个别受害人拒绝参加庭审，避免二次伤害的，亦应予理解和准许。当然，从宏观上看，无论是在民事诉讼还是刑事诉讼中均应当确立当事人主义的基本构架。用博克斯的话来说就是，公民有表达自己意见及使自己的意见被听取的机会，以及尊重他人话语的态度，要让公民参与司法而不是一味地依赖富人、有权人和专家替民众司法。① "政治系统需要尽可能投入各种不同的大众忠诚，所产出的则是权力机构贯彻的决定"，② 这种广泛的司法参与不仅可以有效地拓展公民(当事人)表达司法话语的机会和途径，还能够有效地监督司法过程，阻止强势人物利用司法诉讼捞取非法利益。

五、人大代表、政协委员角色

(一)人大代表

1. 人大代表在代表行使司法话语中存在问题

一是从委托人——代理人的关系来看，容易发生委托——代理问题。委托——代理问题有两种基本的表现形式，即"逆向选择"与"道德风险"。所谓逆向选择，就是委托——代理关系中代理人具有委托人所不知道的私人信息，如果委托人缺乏有效的激励方案，那么，代理人就有可能作出辜负委托期望的选择。所谓道德风险，也称为背德风险，最初反映的是保险行业的背德行为。

道德风险与逆向选择的差异在于：这个时候委托人不是不能确知代理人的私有信息，而是无法观测到代理人的一些行动。在人大代表与公民的关系上，也有可能出现同样的逆向选择和道德风险问题。由于公民缺乏对人大代表的有效监督，这时候，人大代表也有可能和某些特殊利益集团勾结损害公民利益。委托——代理问题严重影响了人大代表对公民司法话语的代表性，使得人大代表失去司法话语正常的"交往的(语言)资质"③，导致司法话语行使受到严重阻碍。

二是从人民代表大会的工作机制来看，难以有效地保障公民的司法话语。由于人民代表大会不是常设机构，每年只开一次大会，短短几天的会议很难让

① 参见[美]理查德·C. 博克斯:《公民治理》，孙柏瑛等译，中国人民大学出版社2005年版，第19~21页。

② [德]尤尔根·哈贝马斯:《合法化危机》，刘北成等译，上海人民出版社2000年版，第84页。

③ 韩红:《交往的合理化与现代性的重建——哈贝马斯交往行动理论的深层解读》，人民出版社2005年版，第116页。

人大代表充分行使话语权。因此，人大代表也很难获悉比普通民众更多的司法信息，对被监督的司法机关的大量裁决、执行及其效果几乎比普通公民没有多少更好的了解渠道。即使在会外的各种形式的对司法机关的考察监督数量也极少，接触不广。人民代表大会工作机制的缺陷导致司法话语的保障乏力，特别是对弱势群体的司法话语保障不力，难以适应司法改革的需要。

三是从人大代表和法院的关系来看，人大代表行使司法话语受到相当限制。这在一方面，表现为越来越多的领导干部成为人大代表。在全国人民代表大会有干部身份的比例达到 41.6%，有的地方则超过 50%，这些领导干部还经常给会议定调，约束代表的发言，导致普通代表不能很好地行使话语权，使人民代表大会所代表的民意含量大大降低。[①] 另一方面，表现为人大代表在职责上的独立性不强，和党政关系不明确，如从人大代表与法院的关系看，法院的主要领导是人大，形成了自己监督自己的情况，不利于人大代表公正公开地表达话语，对司法进行有效监督，这就使得人大代表在代表公民法律权益方面受到很多限制，必然会影响到了人大代表行使司法话语的权威性。

四是从人大代表自身来看，代表者缺乏行使司法话语的主动性。对司法进行监督是人大代表的重要职责，人大代表不仅仅是一般监督者，更重要的是司法话语的积极表达者、诉求者，只有这样理解人大代表的职能，才能真正履行人大代表的职责，不至于使人大代表将大部分时间、精力、财力浪费在消极的司法监督上，却忽视了行使司法话语的积极有效监督。"理想的话语条件"要求在对话性交往中，话语主体保持一种主动性的、开放性的态度。[②] 但是，在实际当中，传统那种仅仅认为代表者是消极监督者的观念并没有得到根本的转变。

2. 人民代表大会制度的完善与人大代表角色的转换

尽管人民代表大会还存在一些不完善的地方，但是，随着制度改革的深入和社会各个层面的日益开放，人大代表者的角色正在逐渐发生转变，人民代

---

① 参见蔡定剑：《论人民代表大会制度的改革和完善》，载《政法论坛》2004 年第 6 期。

② 参见刘钢：《哈贝马斯与现代哲学的基本问题》，人民出版社 2008 年版，第 373 页。

大会行使司法话语的权威性正在得到彰显。在这方面，有许多成功的例子，其中一个案例即是衡阳市人大代表否决法院工作报告。据《南方周末》2007年2月1日报道：衡阳市十二届人大五次会议在对衡阳市中级人民法院工作报告进行表决时，来自衡东县金龙矿业有限公司董事长的人大代表刘跃中提出了衡阳市中级人民法院存在的司法不公的问题。对此，代表们反响强烈，纷纷行使话语权，发表了大量意见。在表决中，由于到会的只有312人，199人没来，其中只有130人投了赞成票，最后导致中级人民法院报告票数未过半数而被否决。这是继2001年2月14日沈阳中级人民法院工作报告被人大否决后全国发生的又一次人大否决案。人大代表否决法院的工作报告，这在人民代表大会的历史上是不多见的，它表明人民代表大会在代表公民行使司法话语方面，正在发挥着越来越重要的作用。具体来说，要使人民代表大会真正发挥代表作用，更好地行使司法话语，必须从以下几方面努力：

首先，提供充裕时间，保障司法话语的行使质量。审议的时间长一些，对司法问题采取逐条审议和辩论的方法，让各个代表充分行使司法话语，那将大大提高审议问题的质量。

其次，拓宽与选民的联系渠道，使司法话语得到顺利行使。作为人大代表，采取各种方式接近民众，倾听他们的声音，拓宽沟通渠道，深入了解民众的司法诉求，这才是应有之义。我们可以创立人大代表工作室，面向民众收集司法话语的各种诉求，为司法话语行使的顺畅化提供绿色通道。

最后，完善基本工作制度，保证有效行使司法话语。一是改革选举制度。扩大直接选举的范围，只有实行直接选举才能让更多的公民拥有直接话语权。直选的范围越大，就越能体现出代表制的民主功能。在选举中，必须赋予公民自由的选举权，这体现了公民选择的自由，也可以保证选举的公正性。二是改革代表身份制度。不是仅仅让领导干部或企业家当代表，避免代表职务成为政治装饰品。改革代表的身份制度，就是要实行代表身份的专业化、专职化，保证代表身份的广泛性，同时，实行各级领导干部及某些特殊的利益集团与代表身份相脱离，以保证人大代表有效为选民行使司法话语。三是改革人大代表审议制度。让更多代表能够公正地在审议司法问题的过程中表达真实话语，实现审议过程行使司法话语过程的代表性和有效性。四是以法律规定人大代表的审议效力。如果要真正发挥人大对一府两院的监督作用，就必须将人大代表审议一府两院工作报告的效力以法律形式确定下来，才能实现人大代表角色的最终转换。

(二) 政协委员

由于政协制度的特殊性，政协委员是代表各民主党派及普通公民利益的，政协将司法过程中关系到司法话语的东西以提案的方式上交，在一定程度上表达了民众的司法话语诉求和监督。因此，根据现实情况，必须实现其消极角色向主动角色的转换，有利于破除政协委员的腐败滋生，保持政协司法话语的代表性。

和人大代表角色的转变一样，政协委员角色的转变，一是要不断完善政治协商制度，从制度上充分保证每位政协委员的司法话语，使其能够主动将涉及公民利益的要求及时反映到司法机关；二是政协委员要主动深入民众，关注民众利益，倾听民众呼声，拓宽与民众的沟通渠道，真正成为广大民众司法话语的行使代表。①

六、政法委角色

政法委是中国共产党领导政法工作而在党内设立的机构。其中央一级名称是"中共中央政法委员会"，地方则一直延伸到县级，机构名称为"中国共产党党委政法委员会"。它既是政法部门，又是党委的重要职能部门，是同级党委加强政法工作和社会治安综合治理工作的参谋和助手。政法委主要的工作可以大体概括为：第一，进行思想领导；第二，布局工作重点；第三，政法干部管理；第四，治安维稳协调；第五，实施执法监督。② 除了第五点，其他几点都有很强的政治性。因此，从政治的角度开展业务、领导各司法执法机关，体现党对政法领域的领导，是政法委的应有之义。执法监督是基层政法委的具体工

---

① 参见颜广明：《人民政协在推进我国社会公平正义中的角色定位》，载《贵州社会主义学院学报》2011 年第 1 期。

② 参见林中梁：《各级党委政法委的职能及宏观政府工作》，长安出版社 2004 年版，第 76 页。

作，也是重要工作。其主要运行方式是对公检法有争议、影响重大或者社会反映强烈的案件进行个案监督。这样就需要进入审判机关的工作领域对其实施指导。①

七、监察委角色

监察委是开展廉政建设和反腐败工作，依法对所有行使公权力的公职人员进行监督，行使监察权的机关。其中央一级名称是"中华人民共和国国家监察委员会"，地方则一直延伸到县级。监察委的主要工作在于：一是开展廉政教育，依法行使监察权，监督所有依法行使公权力的公职人员和有关人员；二是查处行使公权力的公职人员和有关人员的职务违法和犯罪行为。

监察机关虽不能在司法活动中进行个案监督，但监察机关可以依照监察法对相关司法人员进行监察，对相关司法人员形成反腐威慑，防止其滥用职权，对其职务行为的规范产生强大影响。当监察机关发现相关司法人员在职务活动中不依法履行职责、有滥用职权或违法的行为时，可以依法对该司法人员问责或作出政务处分。监察委的监察职能，能够促进司法人员依法履行职权，进行司法话语的正当交往，防止司法人员在职务活动中侵害他人的司法话语，保障司法话语交往过程的公平正义。

第二节　司法话语的保障制度

司法话语"真正的问答对话寓于真正的制度保障之中"，"问答互动不仅仅是问答自身的孤立互动，是在特定的'制度'保障下的互动"。② 建立保障司法话语的制度，是行使并实现司法话语的重中之重。

一、言论自由保障制度

言论自由包括三个方面：一是获取信息的自由；二是表达的自由；三是传

---

① 参见侯猛：《政法传统中的民主集中制》，载《法商研究》2011 年第 1 期。
② 廖美珍：《法庭问答及其互动研究》，法律出版社 2003 年版，第 508 页。

播的自由。最重要的是，在司法生活中，"交往的行动是导向话语主体间相互理解的行动。相互理解使不同人的不同计划和行动相互作用协和起来"，"在此理解行为是言语行为，理解过程是言语过程，是交谈，是对话"。① 这就需要一个话语场域，让一群经验、见解和诉求各异的话语主体，可以面对面磋商、辩论、行动。

建立言论自由保障制度可以从以下几个方面进行：第一，保障公民获取信息的自由。首先，在互联网络普及之后，公民大多是通过网络社交媒体来获取信息。通过公民自由使用网络社交媒体使公民可以自由发表言论。其次，我国法律中有明确规定，法院应当公开审判案件，除依法不能公开审理的商业秘密、个人隐私、未成年等案件，对于符合公开审理条件的案件，法院应当向社会依法公开所受理案件信息，包括开庭时间、地点，并允许公民到现场旁听和记者采访，不能任意限制公民获取庭审信息的自由。再次，随着互联网络的发达，公民可以通过中国庭审直播网、微博直播等庭审直播的方式来随时随地观看庭审过程，获取庭审信息。最后，"共享法庭"的建立也使得公民能够打破地域时间的限制获取庭审信息，尽快解决纠纷。

第二，言论自由制度要保障公民表达的自由。法庭内司法话语场中，每一个司法话语主体都享有平等的话语权，在法官话语的主导之下，平等、自由地进行话语交往。法官作为一个居中裁判者，不能任意剥夺、控制法庭内其他司法话语主体的话语权。法庭外司法话语场中，也要保障每一个公民的言论表达自由，在科技高度发达的新时代，借助人工智能、现代信息网络手段已是题中应有之义，这也为建立言论表达自由保障机制提供了新契机。

第三，言论自由制度要保障公民传播信息的自由。言论表达之后需要经过传播才能形成话语场域，便于更多的人加入话语场域进行讨论、辩论、磋商。言论传播自由虽然为信息的流动和探讨带来很大的便利性，使更多的人了解话语并加入讨论，但是值得我们警惕的是，如果言说者无视社会责任，就会使不

---

① 薛华：《黑格尔、哈贝马斯与自由意志》，中国法制出版社 2008 年版，第 310 页。

良言论广泛传播，甚至形成负面舆论或非法言论。① 当一些误导性、虚假性言论广泛传播时，势必会冲击法官的独立审判，损害司法权威。

建立言论自由保障机制，不但需要形成话语双向互动，② 而且必须审慎对待言论审查，建立有边界的言论自由保障制度。在轰动一时的"药家鑫案"审判过程中，诉讼代理人张显伸张正义固然可敬，但其在网络上发布不少出格话语遭到广大网民批驳，产生了不良的社会影响，说明言论自由必须有边界。因此，在保障自由话语的同时，还应该对言论自由的限度作出详细可行的法律规定，以免伤及无辜者。③

二、司法诉讼保障制度

(一)刑事诉讼的保障制度

1. 无罪推定——刑事诉讼司法话语保障的逻辑起点

(1)无罪推定原则之内涵

无罪推定原则的内涵至少含有如下几个层次：

第一，从政治体制来看，历史上当资产阶级要推翻封建统治确立自己的政权的时候，他们的思想武器就是民主与法治，为了团结民众，他们赋予民众更多的人权保障，并且更加注重限制国家权力。在这种前提下，确立无罪推定原则意味着公民权利对国家权力最大限度的监督与限制。

第二，从公民权利来看，对公民权利最大的威胁，某种意义上可以说是公权力，公权力应该时刻保持一种理性，避免权力滥用而侵犯公民权利。在这种情况下，保护公民权利就是无罪推定原则的逻辑起点和价值基础。亦即无罪推定原则的受益者，不仅仅是被追诉人，而是全体公民，因为，任何一个公民都是刑事诉讼的潜在主体，都有可能因为某种原因进入刑事诉讼。

---

① 参见陈远等：《网络实名制：规范网络信息传播的必由之路》，载《山东社会科学》2009 年第 1 期。

② 参见赵汀阳：《坏世界研究——作为第一哲学的政治哲学》，中国人民大学出版社2009 年版，第 366 页。

③ 参见徐显明：《人权法原理》，中国人民大学出版社 2008 年版，第 178 页。

第三，从诉讼程序来看，被告人被裁决"有罪"或"无罪"，不是案件本身的事实真相，而是法律对案件进行法律评价的结果，只有经过法定程序，只有经过法院行使审判权以裁决的形式作出，社会才能予以承认和接受。在这种情况下，确立无罪推定原则意味着，被告人在没有被作出有罪判决前，法律上都应该将其视为无罪的人。从另外一个角度讲，判决法院应当以证据证明被告人有罪，且在有罪判决生效之前，不能因为被追诉人被逮捕、被起诉、被审判而认为其有罪。

第四，从法律原则来看，无罪推定不是无罪认定。无罪推定是一个程序法原则，而不是实体法原则。无罪推定所反映的是被追诉人在刑事诉讼过程中的法律地位，而不是对刑事案件进行实体裁判的法律根据。同时，无罪推定是一种可以推翻的推定，而不是不可推翻的推定。

（2）无罪推定原则与司法话语保障

惩罚犯罪或保障人权的目的观是刑事诉讼中司法话语宏观层面上的一个理论前提，而无罪推定则是刑事诉讼司法话语保障具体运作层面的一个基本的逻辑出发点。

无罪推定原则保障了程序公正，夯实了司法话语的价值基础。无罪推定赋予被追诉人无罪的诉讼地位，是为了维护人的尊严，防止司法权力对个人权利的侵害。司法机关通过控辩双方平等对抗以查明案件事实，完成整个诉讼程序。可见，无罪推定原则保障了诉讼程序的公正，使司法话语有了用武之地。

无罪推定原则体现了刑事诉讼中人权保障原则，使被追诉人不至于因被控诉而失去人权保障，为司法话语奠定了制度基础。无罪推定最大的贡献就是通过推定被追诉人在有罪裁决前仍是无罪之人，仍然具有宪法规定的各种公民权利，使国家有责任通过立法进行制度设计来保护被追诉人。被追诉人因此拥有了对羁押的正当性、证据的合法性等予以质疑的权利和赋予有效的辩护帮助等一套完整的防御性权利，具有了对抗控诉权的资格，为司法话语在刑事诉讼程序中的驻足奠定了有效的制度基础。

无罪推定原则所确立的证明责任催生了被追诉人的沉默权，使辩方拥有了一项重要的防御特权。在无罪推定原则下，控方如果认为被追诉人有罪，就有责任拿出充分的证据对自己的主张予以证明。同时，由于被追诉人在法院裁决前仍然处于无罪地位，那么，理所应当享有宪法所规定的完整人权，无须提出证据来证明自己无罪。被追诉人不应被强迫陈述与案件有关的事情，控方、审方不应以沉默为理由得出对被追诉人不利的结论。在该种意义上，控方的侦查取证权与辩方的沉默权实现了攻击与防御的平等。

无罪推定原则具有衡平刑事诉讼控制犯罪与保障人权两大目标之功能。刑事诉讼有两大基本任务：一是证实犯罪和犯罪人并正确适用法律追究责任；二是保障无辜者免受刑事处罚。无罪推定为这两项任务的落实提供了重要保障。无罪推定赋予并保障被告人广泛的话语权利，制约权力滥用，有利于司法机关正确判断案件事实，避免冤案发生。① 无罪推定原则表现出的衡平刑事诉讼控制犯罪与保障人权两大目标之功能，正是司法话语对刑事诉讼话语活动的终极追求。

2. 刑事诉讼司法话语保障制度之构建

虽然我国刑事诉讼法已经吸收了"无罪推定"原则，但我国司法实践中的司法话语保障存在一些问题，比如，超期羁押、刑讯逼供、疑罪从有等，根本原因还是由于我国并没有真正贯彻无罪推定原则。因此，我国必须真正地落实无罪推定原则，建立起相应的司法话语保障制度。

(1)保释权制度

1215 年，英国法律就已规定公民享有保释权，并在后来颁布的《保释法》里面得到了确立。1976 年后，保释权又得到了欧洲人权法院和联合国《公民权利和政治权利国际公约》的确认。著名法学教授曾宪义指出，现在英国的保释制度已经成为了世界通行的先进制度。

在我国，被告人或嫌疑人是没有保释权的，被逮捕后一般都是进入羁押状态，超期羁押问题也成为我国刑事司法中的一个顽疾。我国当前的司法改革中一个迫切需要解决的问题就是减少超期羁押。在刑事案件的侦查阶段，超期羁押人数占被羁押总人数的 53.7%，审判阶段占 43.3%，审查起诉阶段占 3%。

羁押状态的强制性会给犯罪嫌疑人带来莫大的精神压力，而且羁押状态的

---

① 王敏远：《刑事司法理论与实践检讨》，中国政法大学出版社 1999 年版，第 20~21 页。

封闭性也给侦查人员刑讯逼供带来了实施的便利性。而这些都是与无罪推定相违背的。没有人身自由，又面临着刑讯逼供的危险，犯罪嫌疑人经受的绝对不是一个无罪之人的待遇。

值得一提的是，我国没有规定保释权，却有取保候审的规定。取保候审与保释不是等同的概念。保释是公民的权利，而取保候审是刑事诉讼强制措施的一种形式，其对应的是国家权力，是国家机关权力运作的一种方式。

（2）沉默权制度

沉默权从一项道德权利上升到一项法律权利，进而成为被追诉人的一项现实性权利，主要体现了保障人权的原则，自由优先的原则和诉讼主体性原则。沉默权制度的构建使得司法话语在刑事诉讼程序中的实现成为现实的可能。

沉默权制度的核心是赋予被追诉人自由决定供述与否的权利。尽管在世界各国，被追诉人的口供无一不是侦控方最感兴趣的证据，但是，法治国家被追诉人口供的获取是在赋予其沉默权之后，又通过建立有罪答辩等激励机制，来达成被追诉人自愿的供述。① 显然，对于被追诉方而言，赋予其沉默的权利，是刑事诉讼活动中控辩平等的基础。很难想象，在一个没有沉默权的刑事诉讼制度中，还谈什么控辩平等。

我国《刑事诉讼法》在强调"严禁刑讯逼供和以威胁、引诱、欺骗以及其他非法的方法收集证据""对一切案件的判处都要重证据，重调查研究，不轻信口供"等规定的同时，仍然规定"犯罪嫌疑人对侦查人员的提问，应当如实回答"。因此，从某种意义上说，我国的《刑事诉讼法》并未真正地完整地确立起无罪推定原则，如实回答的义务将嫌疑人陷入了被动的诉讼地位，使刑讯逼供有了运作的空间。

因此，如何从实际出发，权衡利弊，科学赋予被告人或犯罪嫌疑人沉默权是应该深入研究的问题。

（3）辩护权制度

辩护制度彰显了刑事诉讼制度的人权保障理念，既标志了诉讼文明，又象

---

① 参见龙宗智：《英国对沉默权制度的改革以及给我们的启示》，载《法学》2000年第2期。

征着诉讼民主，与此同时，也是话语结构平衡和司法公平正义的要求。

①辩护权之内涵

以历史视角审视之，辩护权是一项基本人权，其本质是一种自然权利，一种被指控人权利的延伸权利，一种伴随司法话语而产生、发展的权利。而律师辩护权则是一种能将被指控人的辩护权兑现为现实权利的派生权利。所以，刑事诉讼发展史就是一部辩护权不断得到拓展的历史。"平等武装"是刑事诉讼的现代基本理念，而辩护律师积极参与诉讼则是实现平等武装、保证依法治罪的重要途径。

②辩护权与司法话语保障

辩护权使得被追诉人不再是追诉机关的压制对象，而是被赋予了相对独立的地位，成为了自主的诉讼主体，促进控辩双方平等对话变成现实。

被指控人是否有罪有待通过诉讼证实，追诉机关须保障其辩护权，听取被指控方的辩护。① 辩护权的真正实现，离不开无罪推定制度的保障。无罪推定原则也要求保障犯罪嫌疑人、被告人能够充分行使辩护权。自古就允许刑事被告人就刑事指控提出无罪或者罪轻的辩解，但辩护权则是在无罪推定成为刑事诉讼法原则之后才得以出现的概念。②

(4)非法证据排除制度

①非法证据排除制度之内涵

所谓非法证据排除制度，是指对非法取得的供述、证据予以排除的制度。非法取证行为，侵犯了公民基本权利，践踏法律和人权，导致公众蔑视法治。排除非法证据，使其不能作为证据提出，不能作为定案根据，也是对非法取证的有效制止和坚决否定。这不仅切实了保障人权，维护了司法公正，也符合现代刑事诉讼的价值蕴涵。

②非法证据排除制度与司法话语保障

无罪推定原则要求控方承担举证责任，实践中，控方为了获得定罪证据，往往利用其便利的权力不惜代价收集证据，因此，非法搜查、刑讯逼供成为实

---

① 参见熊秋红：《刑事辩护论》，法律出版社1998年版，第85页。
② 参见陈卫东：《司法公正与律师辩护》，中国检察出版社2002年版，第28~29页。

践中铸成错案的罪魁祸首。在赋予被告人或嫌疑人保释权、沉默权等，使其依靠权利来制约或对抗控方的权力以保证无罪推定原则的贯彻的同时，我们还应完善我国刑事诉讼中的非法证据排除制度，使滥用权力获得的证据无效，以此惩戒违法取证行为，从而真正保障司法话语。

我国的非法证据排除制度只规定了对非法取得的供述的排除制度，虽然对搜查的主体、目的、对象及其程序和扣押书证、物证的主体、范围、方式及其解除等作了比较具体的规定，但是对于非法搜查、扣押取得实物证据的法律后果却未作规定。另外，我国目前也没有排除从非法取得的证据材料中进而获得的其他证据的法律规定。

因此，完善我国的非法证据排除制度也是保障司法话语的必要制度。

(5)审判后权利保障制度

审判后的权利保障制度主要指上诉权和获得有效赔偿权。这具体包括：公正审判权不应在案件作出判决后就终止，而应持续到审判之后；任何被认定有罪的人都有向更高一级的法院上诉的权利；一罪不得数罚；根据公正审判权的规定，任何人的权利和自由如受到侵犯，都享有获得有效补救的权利。这些都与司法话语保障息息相关。

(二)民事诉讼的保障制度

1. 私益处分——民事诉讼司法话语保障的逻辑起点

与刑事诉讼不同，民事诉讼解决的是平等的当事人之间的私益纷争(除了涉及身份权纷争之外，一般都是经济纷争)，而对于个人的私益，当事人是可以在法律规定的范围内自由处分的。① 这一点决定了民事诉讼与刑事诉讼相比较，民事诉讼给当事人行使司法话语提供了可以处分私益的空间。

刘某与赵某是生意伙伴，2005 年 3 月，赵某向刘某借款 10 万元，约定一年后归还，利息 2 万元。还款期到后，虽经刘某多次催讨，赵某仍迟迟不归还，刘某将赵某诉到法院。在诉讼过程中，可能会出现几种情况：(1)经法院调解，双方自愿达成偿还本金、放弃利息、由被告承担诉讼费用的调解协议；

---

① 　参见张卫平：《民事诉讼处分原则重述》，载《现代法学》2001 年第 6 期。

(2)双方私下达成和解，和解协议的内容为被告偿还本金和1万元的利息，原告撤回起诉；等等。在上面的案例中，诉讼双方可以就诉讼标的协商妥协解决，如原告可以放弃或部分放弃利息，双方可以约定诉讼费用的负担，法院可以调解结案，当事人也可以在诉讼中私下和解从而以撤诉的方式结束诉讼程序等，充分体现了民事诉讼的本质特征，体现出了民事诉讼与刑事诉讼的本质区别，显示出了民事诉讼司法话语和刑事诉讼司法话语有着不同的逻辑。

在刑事诉讼中，犯罪行为侵犯的客体是被上升为国家利益的各种法益。比如，甲杀了乙，本来甲的犯罪行为直接侵害的是乙的个人的生命权，但是由于保护每个公民享有的生命权是维持基本的社会秩序的必要，因此，国家就会把这些关乎社会基本秩序的法益上升为国家利益来用刑法的方式进行保护。既然刑法保护的法益是国家利益，那么，在刑事诉讼中，是不允许进行调解的(虽然现在的刑事司法的趋势是进行恢复性司法如刑事和解，但刑事和解的方式只能适用于一些轻微的刑事案件)，控辩双方是没有处分权的，即犯罪人犯了什么罪就该定什么罪，该受什么样的刑罚惩罚就受什么样的惩罚，这些都是法官依照法律作出的，诉讼双方不能协商妥协解决的(辩诉交易在我国还没得到承认)。在有些案件中，虽然我们都很同情罪犯，觉得被害人是罪有应得，但是，罪犯的罪名成立和会受到刑罚的惩罚却是不容置疑的。由于诉讼牵涉的是国家利益，所以，控方一旦提起诉讼，就不得申请撤诉。控方代表国家，为了维护国家的利益来追究犯罪，被告人作为个体在刑事诉讼中与代表国家的控方即检察机关相抗衡，双方力量对比是非常悬殊的，所以，刑事诉讼的程序设计侧重点就在于如何加大被告人的力量，使之能与控方力量相抗衡。

但是，民事诉讼却表现出了不同的程序逻辑，相应也具有不同的程序品质和制度。体现民事诉讼基本精神的就是处分原则，处分原则强调诉讼当事人的处分权，而这源于民事主体在民事活动中的意思自治，即民法上的意思自治原则。

处分原则在民事诉讼法基本原则中处于根本性的地位，是民事诉讼重要的基础理论。当事人依据处分原则所享有的处分权，是连接民事实体法和程序法的桥梁。处分原则从程序的角度阐述了民法的特性，体现了对权利的尊重，是权利本位思想的表现。处分原则把权利从实体法延伸到了程序法领域，对实现程序公正，保障当事人权益有着不可估量的作用。

2. 处分原则的内容

我国现行《民事诉讼法》第 13 条确立了我国民事诉讼的处分原则，规定：
"当事人有权在法律规定的范围内处分自己的民事权利和诉讼权利。"在民事诉
讼中处分原则表现在：纠纷发生后，当事人可依意愿决定起诉权的行使；程序
开始后，原告可以申请撤回起诉，终结诉讼；提出何种诉讼请求及其范围由当
事人决定。由此可以看出，民事诉讼中强调的处分权主要是程序性权利。

3. 民事诉讼司法话语保障制度之构建

处分原则和辩论原则是民事诉讼程序的两大基石，也是民事诉讼的基本原
则，构建民事诉讼司法话语保障制度，必须坚持这两个原则。根据这两个原则
确定了当事人在民事诉讼中享有的两大权利：处分权和辩论权。为了构建民事
诉讼司法话语保障制度，除了坚持处分原则和辩论原则，还应当坚持诚实守信
原则的适用以及在审判中法官释明权的合理使用。

（1）处分权的限制使用

在民事诉讼程序的运行机制中，同样贯穿着当事人的司法话语和法院的司
法话语的矛盾冲突，具体为处分权和审判权孰大孰小的问题，或者说是当事人
的处分权与法院的审判权的相互抗衡关系。① 在民事诉讼过程中，当事人的处
分权是不能任意剥夺和限制的权利，法院必须尊重并保护当事人由真实意愿作
出的处分权，如果法官任意干扰当事人的处分权，会严重危害到我国的民事诉
讼程序的基石。

在民事诉讼中，我国坚持不告不理原则，是对当事人自由行使处分权保障
的体现，但是，当事人自由行使处分权的权利并不是绝对的，当涉及公益诉
讼，公民的处分权就会遭到限制。例如，婚姻关系是维护社会稳定的重要关系
之一，在婚姻案件中，法院可以限制夫妻双方当事人的和解和承诺。在家庭亲
子案件中，法院也会有限制当事人处分权的可能。因为婚姻关系和亲属关系所
体现的法益涉及公益的范畴，是国家为了维持基本社会秩序而必须干涉的领
域。还有当当事人的处分涉及损害公益，或第三人利益的。在民事公益诉讼当

---

① 参见刘学在：《我国民事诉讼处分原则之检讨》，载《法学评论》2000 年第 6 期。

中，由于公益诉讼的结果由公众共同承担，基于对于公众利益的维护，当事人的处分权会受到限制，原告仅仅是程序上的实体，并非是实体上的实体。法院有权利利用审判权对当事人的处分权形成制度限制。但是，法院不能排除当事人的处分权，只能对其限制，这既是对处分原则受到限制的公益诉讼、人事或家事诉讼中，也应尽可能遵循处分原则的精神，只能限制当事人的部分处分权。①

（2）诚信原则的适用

在实体法中，诚信原则属于帝王条款。在《民事诉讼法》中，诚信原则与处分权处于同一个法条中，是处分权的前置条款，也是贯穿于整个民事诉讼过程的重要原则。如果法官对当事人的诉讼权利造成了不适当的限制，或形成了突袭性裁判、滥用自由裁量权等都是违反诉讼诚信原则的行为。② 民事诉讼原则与规则不同，诚信原则是对诉讼过程作出的价值判断。双方当事人的话语交往是基于诚信原则，如果违反诚信原则，当事人虚假陈述，会造成欺诈性的诉讼状态，不利于案件的审理，使得一方当事人基于另一方错误陈述而导致自身处于不利的状态，最终可能会损害到一方的处分权。

诚信原则是民事诉讼活动的一项重要运用，是一项具有重要约束性的原则。诚信原则的适用有助于维护当事人的合法权益，提高法院办案效率，维护司法公正，提高司法公信力。在民事诉讼当中，诚信原则约束着法院、当事人、第三人。民事诉讼当中的诚信原则的适用对于当事人而言是一种诉讼行为的约束，对于法官而言不仅仅是一种行为约束，更是公正审判的依据。诚实信用原则运用到民事诉讼中，能够对于民事法律主体的内心与行为进行限制，指引并且规范民事法律主体的诉讼行为，使民事法律主体走向诚信道德化，从而提升社会环境的道德水准。

（3）释明权制度的行使

法院是行使释明权的主体，释明权是基于处分原则和辩论原则产生的权利。释明权是当事人在民事诉讼过程中作出不清楚、不充分、不适当的主张、

---

① 参见王次宝：《处分原则的限制及其路径》，载《北方法学》2019 年第 1 期。

② 参见王福华：《民事诉讼诚信原则的可适用性》，载《中国法学》2013 年第 5 期。

言论、声明或陈述，或所取证据不够充分，当事人以为证据已足够时，法官通过发问提醒的方式，使当事人把不明确的予以澄清，不充分的予以补充或把不适当的予以排除的行为。[1] 释明权重在释明，释明之后当事人对诉讼请求及证据是否补充，是否说明，是否变更，均应由当事人自己决定。[2] 当当事人作出不充分的言论，不清楚的表达和模糊的声明，法官可以通过发问和提醒当事人，使当事人能够认识到自己的行为和话语不符合法律的规定，但最后是否变更的权利仍要尊重当事人的处分权，由当事人自主决定。在民事诉讼中，法官如果明知当事人因法律知识的不足而作出了不真实、不清楚的主张或陈述，其却不予释明，不能有效保护当事人的合法利益，甚至可能会导致当事人败诉的后果，会严重损害司法的威信。但是当法官过度释明时，会在客观上破坏法官的中立地位，有可能会侵犯当事人的处分权，是对程序公正原则的破坏。因此，法官在民事诉讼过程中应当明确"可释明"和"不可释明"的界限，在保护当事人权益的同时，也不会违反自身遵守的中立原则。

法官的释明权主要包括以下几点内容：第一，释明事实，法院应该对于当事人陈述不明了的事实进行释明，还应该对于非当事人主张但是根据证据材料已经呈现的事实进行释明，虽然该事实当事人并没有主张，但是从当事人提交的证据以及法院依职权调取的证据来看能够认定事实存在，法官为了获得合法且合理的判决结果，需要向当事人释明是否需要主张该案件事实。第二，释明法律观点，在司法实践中经常会出现法律规则之间、法律规则与法律原则之间的冲突，当出现冲突时将会涉及法官的自由裁量权的问题，如果法官没有释明其法律观点，将会受到公众舆论对于判决的攻击，降低司法公信力，法官需要向当事人释明法律观点提高判决的可接受性。第三，释明提供证据，对于事实的认定需要以证据为基础，根据"谁主张，谁举证"的原则，当事人对于自己提出的主张，具有提供证据证明的义务，如果当事人未提出证据证明，将要承担举证不能的责任，法院这时便需要向当事人释明促使当事人举证，具体情况

---

[1] 参见丛文胜等：《民事证据与民事诉讼法律适用指南》，中国民主法制出版社 2017 年版，第 17 页。

[2] 参见蔡虹等：《基础透视与制度构建》，载《法学评论》2005 年第 1 期。

包括当事人不是故意不提出证据、当事人的证据申请不充分、误以为自己不负举证责任而没有提出证据，法院行使释明权对于证据进行释明，可以让当事人及其诉讼代理人充分调取证据以及相关线索，以证明当事人主张的事实。第四，释明诉讼请求，诉讼请求能否被法院采纳是当事人最关心的问题，涉及到双方当事人的权利处分的问题，具体的诉讼请求释明包括明确诉讼请求的释明、减少诉讼请求的释明、增加诉讼请求的释明、变更诉讼请求的释明、禁止对于诉讼时效的释明，当事人并非法律职业共同体，其提出的诉讼请求可能含糊不清和易生误解[1]。法官对于诉讼请求进行释明，在当事人诉讼能力实质平等的基础上推进民事诉讼[2]。

(三) 行政诉讼的保障制度

1. 权益保护——行政诉讼司法话语保障的逻辑起点

之所以有行政诉讼，是因为发生了行政纠纷，纠纷来自行政相对人认为行政主体在行使职权过程中的作为或不作为侵害了其合法权益。没有行政主体一方对相对人权益的侵害，就不会存在行政诉讼。行政机关执法人员自身素质、认知能力和法治观念等方面的局限性，这就决定了违法的或不当的具体行政行为的出现是不可避免的。基于对行政相对人利益的保护，法律授权司法机关可以在一定范围内，在一定程度上限制行政权，行政诉讼的根本目标就是立法者所希冀的通过行政诉讼来达到保护公民、法人和其他组织的合法权益。另外，从行政诉讼法的程序设计来看，被告恒定为国家行政机关，有权提起诉讼从而启动行政诉讼程序的只能是行政相对人。行政相对人以积极作为的方式提起行政诉讼是为了实现行政诉讼目的所确定的预期结果，即保护其合法权益不受违法行政行为的侵犯。[3]

2. 行政诉讼司法话语保障制度之构建

由于权益保护是行政诉讼司法话语保障的逻辑起点，据此，行政诉讼司法

---

① 参见任重:《我国民事诉讼释明边界问题研究》，载《中国法学》2018 年第 6 期。

② 参见阚林等:《法官释明权及其法律监督》，载《人民检察》2022 年第 17 期。

③ 参见胡肖华等:《论行政诉讼目的的多维性》，载《湖湘论坛》2010 年第 5 期。

话语保障制度之构建应从以下几方面入手：

（1）扩大司法权对行政权的审查范围

不仅将具体行政行为列为司法审查的对象，而且把抽象行政行为也纳入了行政诉讼的受案范围，较好地体现了行政诉讼保护公民、法人和其他组织话语权利的全面性和公平性。

（2）授予司法权对行政不作为的审查权

我国行政诉讼法有关行政诉讼受案范围的规定中未出现"行政不作为"可以提起行政诉讼的具体规定。所谓"不作为"是指行为人消极地不去实施自己应当实施的行为。一般来说，行政机关不作为的情况往往涉及公共利益。目前，我国行政诉讼法没有将行政机关的不作为作为行政诉讼的对象，导致实践中公共利益特别是国有资产流失现象严重。① 授予司法权对行政不作为审查权有利于全方位保障行政诉讼司法话语。

（3）实现"合法性"与"合理性"审查并重

在行政诉讼中，司法权采用机械的"合法性"审查原则，往往只看行政行为合不合法律条文的规定，只有实现"合法性"与"合理性"审查并重才能够使相对人的权益得到深度保障。

（4）对原被告资格规定具体化、明确化

法律对原被告资格规定不够具体、明确，造成有些地方、有些法院有意将某些行政争议排斥在行政诉讼之外。由此造成行政诉讼工作量的增加和度的难以把握，直接影响了司法话语的保障。因此，对原告、被告资格规定的具体化、明确化，就显得非常迫切。

三、司法信息技术保障制度

十九大提出"深化司法体制综合配套改革"，习近平总书记特别强调，在司法体制综合配套改革中要"深化信息化和人工智能等现代科技手段运用"。"司法体制综合配套改革"成为中国司法改革中的重要抓手、重要途径，而信

---

① 参见罗大乐：《行政不作为诉讼案件的法律适用问题》，载《山东审判》2011 年第 4 期。

息化建设又是司法体制综合配套改革的重要组成部分。信息化、人工智能和大数据等前沿技术越来越展示出在司法领域的重要作用，成为司法活动的重要保障。前最高人员法院院长周强将信息化建设作为和司法改革同等重要的人民法院事业发展的"车之两轮、鸟之两翼"。各级法院也始终以党和国家的信息化建设方略为指引，从过去的"无纸化办公"到最近人工智能大数据，信息化建设在法院尤其是高层次法院的制度建设中始终是重要一环。如果说"无纸化办公"还只是简单将办公方法从"纸笔办公"转变为"电脑办公"，人工智能大数据则是深入地改变了司法活动。同案不同判预警、量刑辅助、虚假诉讼识别、裁判文书自动生成等技术，这些之前司法活动中完全不存在的内容成为现今司法活动的重要组成部分。这既体现了司法领域对先进技术的孜孜追求，更是因为信息化技术在司法公开、司法监督、司法便民等领域具有重大价值。因此，信息化技术是司法活动的重要保障之一，信息化技术制度对司法制度有重要的支持作用。

（一）案件管理系统

审判管理是通过对审判活动进行评价、监督、考核等方法，合理安排审判活动，规范司法过程，考核评价司法裁判效果、质量，从而确保司法公正、公平的活动。审判管理活动在信息化技术成熟之前早已存在。在讨论信息化审判管理系统之前，首先需对审判管理活动的特征作出讨论。

1. 审判管理活动的特征

（1）与科层制相结合

马克斯·韦伯提出科层制以描述行政文官制度中的层级化、权力分层存在的现象。① 在韦伯的设想中，科层制还仅存在于行政体制中，而在中国司法实践中，受中国传统思想的影响和大陆法系法官职权主义思想影响，诞生出特别的科层制司法审判制度。一方面在法院外部结构上呈现出与行政体制类似的中央集权制度，虽然有宪法文本的内容，上级法院对下级法院、最高法院对各级

---

① 参见马克斯·韦伯：《经济与社会》（下卷），林荣远译，商务印书馆1997年版，第278~324页。

法院仅有监督职权，但在实际运行中上级法院对下级法院的判决有远超出"监督"的决定性影响；另一方面在法院内部组织结构上，在法院院长、审判委员会、法庭庭长、审判员之间形成了科层制结构。法院院长对法院判决尤其是重大判决有最终决定权，这一权力通过审批、审阅、阅核等集中体现；重大案件需经审判委员会讨论，审判委员会委员的意见对案件有重大影响甚至可以最终决定案件裁判结果；审判庭庭长作为合议庭组成人员也对案件裁判施加影响；最终，办案法官在名义上负责案件办理，却几乎难以以自己的意见决定案件裁判结果。

（2）高度介入审判活动

如前所述，经由科层制结构，审判管理活动深入地介入了审判活动。在争议较小的案件中这种介入是形式性的，但在争议较大的案件中，审判管理活动甚至直接控制了审判活动。这种控制一方面在表面上使案件审判中的法官-当事人关系成为更为复杂的"当事人-法官-审判委员会-法院院长-上级法院"关系，影响司法流程，使司法程序控制司法恣意的效果受到干扰；更实质的影响是使审判结果受到严重干扰。从制度上法律规定肯定了审判管理活动干涉审判活动的合法性，如审判委员会的决定法庭必须执行、重大案件领导审批制度等。直接干涉审判结果，或者虽然不直接作出指示，但以否定审判人员意见的方式间接干涉审判结果等审判管理活动对审判活动的介入引起更多对司法公正的怀疑，使审判活动更加不透明。

2. 案件管理系统的优势

信息化建设之前，审判管理活动的缺陷与不足逐渐暴露出来，如案多人少，管理能力不足；无法同步管理，只能事后进行监督纠正。这也成为司法机关信息化建设的动力所在。

通过增添计算机硬件设备和案件管理软件，在信息化建设浪潮中，法院审判管理活动也实现了信息化、电子化。这些软、硬件建设可称为审判活动基础设施建设，加强了审判管理活动的物质基础和管理能力。首先，在法庭审判活动中实现了从人工记录到计算机记录的转变。法庭录音录像，文件档案电子存储，远程审讯，同步上传管理系统，使得审判管理活动可以直接面对审判活动一手材料。在信息化审判管理系统建设完成前，因为案多人少、管理成本高等因素，管理活动效率较低，难以发现存在的实质性问题，所以只能进行形式性审查。通过信息化案件管理系统，裁判文书纠错、审判流程审查等可以较为简便地进行。同时，通过法院信息网络建设，各级法院已实现全部联网，在上下级法院之间也可以较为简易地、低成本地进行监督与材料审查。既方便下级法院与上级法院之间的案件材料传递，也便于上级法院更低成本且更有效率地监督下级法院。

案件管理系统是法院信息化建设第一阶段的主要成果。案件管理系统即通过计算机软件系统实现对案件流程的控制。案件管理的直接目标是使审判活动在法律框架内运行。虽然诉讼法对审判活动的时间控制等诉讼程序作出了具体要求，然而在实际司法裁判过程中，因为管理成本高且效率低，难以及时发现存在的程序违法行为，案件超期、羁押超限屡禁不止。而案件管理系统就为提高监管效率和及时发现程序问题提供了一条可行路径。通过对案件类型进行分类，对不同案件设置不同办理程序，可以对办案流程进行实时监督和控制。在立案环节中，案件管理系统可以根据实现确定好的案件分配规则决定案件分给的承办法官，软件自动分配案件既使得案件分配的效率得以提高，也减少了办公成本，人员成本，更减少了司法人员间因案件分配而可能带来的争议，增加了管理的有效性。立案之后，案件办案流程受到软件系统实时控制，办案关键流程节点会受到监控。当办案时限接近时，办案系统可以自动对办案人员进行提醒；如果超出办案时限，系统会自动对案件进行冻结，只有办案人员向管理人员进行申请，才能解除案件管理系统的冻结状态。通过流程控制，有效的减少了案件的平均办理时间，既使得办案人员主动接受管理，也提高了司法效率。[①]

案件管理系统不仅使法院内部对案件流程有了更精准的把握，也可以更好地进行案件办理质量评估。

案件管理系统可以帮助管理人员有效地进行个案评价。个案评价是司法活动评估的基础，只有个案实现案件公正，才能够实现审判公正、司法公正。因

---

① 参见四川省高级人民法院：《审判管理理论与实务论坛交流材料选编》（内部资料），2010 年。

此，为了进行了个案评价，各省法院都制定了相应的案件质量评价办法或裁判文书评价方法。这些办法大多包含评价标准、评价程序等方面。首先，对案件进行考核评价的前提是有确定的评价标准。各级法院通过确定审判时限、错案率等指标，使案件考核有了可行的评价标准。在评价组织方面，各级法院往往都会成立以法院院长为组长的案件质量评查小组，确保考核活动的权威性、有效性。评查的方式主要依托案件管理系统，可以对超过审限、案件发回等重要指标重点考核。在特殊情况下，对某类案件的考评或者进行随机考评也可以较为便易地实现。通过评优与评劣相结合，对优秀案件进行表扬奖励，对较差案件进行通报批评，评查结果不定期地在一定范围内进行通报，造成重大影响的及时调查确定相关人员的责任。案件管理系统使案件日常性考核成为可能。

案件管理系统也可以帮助管理人员有效地进行案件质量总体评价。案件总体评价是对一定范围内的较大数量案件进行评价。以往因为管理成本和管理效率制约，虽然可以对重要案件进行全程监督控制，但面对大量案件涌入法院，条件限制使对案件的整体评价较为困难。而案件管理系统使案件整体性评价成为可能。首先，一系列考核指标可以嵌入案件管理系统，可以在无须额外投入监督人员的情况下实现对法院全部案件情况的无人值守式监督。同时，计算机系统的系统设置不针对个人，使考核情况更为客观，避免了管理者个人的主观偏好，也减少了因为考核监督带来的管理者与被管理者之间的冲突。另外，各级法院系统联网，使得不仅某一法院内部考核成为可能，也使得全市、全省、全国法院统一考核成为可能。因为案件情况全部上网，可以在无须案件办理人员进行额外归纳整理工作的情况下实现上级法院对下级法院案件的管理监督。

因为实现了各级法院联网，案件管理系统也在同时引发了上下级法院之间信息流通的革新。以往因为物理空间限制，上下级法院之间信息沟通只能通过电话、传真机小规模进行交流，而法院系统内局域网的建立使得各级法院之间信息传递更为高效，各层级法院依托一体化案件管理系统可以在系统内部快速获取信息，使得法院之间信息传递突破了以往的层级式信息传递模式，大大加快了信息处理和信息传递的效率，改变了审判管理的模式。同时，因为上下级法院之间信息共享，需要解决的问题是不同人员的信息权限问题。而通过将信息权限设置嵌入案件管理系统，也实现了法院内部和各级法院之间管理部门与管理人员权限的划分设置和层级管理。通过案件管理系统内部权限等级划分，实现了在信息化背景下信息高度流通、快速扩散情景下对不同层级管理者获取信息渠道的控制。这使得不同法院和法院内部院长、审判委员会、庭长、合议庭、案件承办法官的权限更为明确具体。

3. 案件管理系统的具体效果

可以看到，审判管理信息化使得审判管理体制机制和审判管理方式发生了深刻变化；使审判管理的效率明显提高；也使得审判管理的效果明显改善。

(1)案件管理系统使得案件管理的方式发生改变

在传统模式下，因为物理条件限制，审判管理只能是面对面的，只能是管理者亲自前往审判人员庭审现场进行审判监督，例如上级法院前往下级法院进行庭审监督，或者审判人员前往上级法院当面进行案件情况汇报或者呈递相关法律文书进行审批。无论是上级法院监督人员前往下级法院还是下级法院审判人员前往上级法院都面临交通成本高且管理效率低的问题。而信息化系统的建设使得物理空间限制得以打破，信息化的网络化特征使得信息可以大规模跨时空传递，[①] 这也使非现场管理、无人式管理成为可能。因为案件管理系统可以直接获取审判活动信息，审判活动的材料档案全部电子化，不同层级法院可以通过网络传输和检验审判数据材料，所以不同层级法院之间没有必要进行物理空间的交往，一法院内部的材料也无须在办公室之间物理传递，因此现场管理的必要性也相应大幅降低。审判活动的材料生成、材料传递、材料报送审批都可以通过案件管理系统进行，因此整个审判管理的模式都发生了改变。

(2)案件管理系统催生了新的审判管理方式

案件管理系统的应用不仅使传统的审判管理活动发生了改变，也催生了基于案件管理系统的信息化审判管理模式。例如，案件管理系统推动了同步审判管理的产生和大规模运用。同步审判管理即审判管理活动和审判活动同步进行，审判活动进行的同时对审判活动的管理监督同时进行。以往缺少案件管理系统辅助，囿于审判活动材料只能由审判人员人工处理，管理人员必须亲自对

---

① 参见龙小康：《中国新型工业化之路——信息化带动工业化》，湖北人民出版社2005年版，第5~6页。

案件材料进行核查，因此审判管理活动只能在审判活动完成后进行；又因为案件数量远大于审判管理人员的可处理数量，所以审判管理活动只能在审判活动完成后针对小部分重点案件进行。而案件管理系统使审判材料的生成与审判活动同时进行，而且这种材料生成是电子系统自动完成，因此审判管理活动可以第一次实现同步管理。另外，案件管理系统也推动实现了客观化审判管理。如前所述，在案件管理系统完成前，审判管理活动只能由少部分审判管理人员针对小部分案件进行，所以审判管理活动的人员选择、案件选择和评判意见都带有极强的主观性。这种主观性容易引起审判人员对管理活动的反对，引起审判人员和审判管理人员之间的矛盾冲突。而案件管理系统事先确定案件评价指标体系，对案件的评价可以由系统自动进行，这些都使得对审判活动的评价更加客观化。所以案件管理系统的应用带来新的管理方式，可以弥补人力的缺陷，使审判管理活动更加客观化。最后，案件管理系统也推动了宏观审判管理的产生和发展，为法院审判活动中存在的整体性问题的解决和系统性纠偏奠定基础。以往审判活动材料纸质存储，虽然审判活动产生了大量的案件数据材料，但从大量的案件材料中发现存在的系统性问题极为困难。而案件管理系统自动保存案件材料，对系统内的材料可以通过软件算法自动统计案件数据，分析不同指标的完成率和不同时间的完成率，从而使宏观审判数据得以展现，为审判管理的宏观决策提供决策基础，促使问题加以关注和解决。

（3）案件管理的信息化推动了审判活动本身的改变

因为案件材料必须进入案件管理系统，所以二审法院可以直接查阅了解案件材料，所以二审法院无须听取一审法院对案情的汇报和意见，从而使二审法院避免了受到一审法院意见干扰的局面，完全可以基于案件材料本身作出判断。对于审判委员会也有类似的影响。以往，因为审判委员会查阅案件材料的成本过高，审判委员会作出判断不得不依赖于办案法官的口头汇报，所以办案法官本身对案件的看法和其对案件描述方式所隐含的主观性往往诱导审判委员会无意中作出有偏向的意见。而电子档案的运用使审判委员会的运作方式发生了细微变化，即审判委员会委员不再依赖于办案法官的汇报意见，电子案卷的存在使其可以阅览所有的案件材料，从而发现办案法官的遗漏材料或提出有材料根据的意见。所以案件管理系统的运用和案件材料信息化使得审判委员会得以实质性参与案件，使审判委员会的把关功能有效实现。另外，信息化也为合议庭有效运作提供了材料基础。案件材料全部进入审判管理系统，合议庭成员可以在合议前获得案件材料，才能对案件存在的问题提出有效的问题，从而提高案件办理质量。所以，案件管理系统使案件材料得以顺畅地在法院内部传递，所以案件信息分享机制变化，合议活动、审判委员会运作和二审活动的程序运作基础得以巩固。

(4)案件管理系统提高了审判管理效率

案件管理系统提高了审判管理效率，即节约了审判管理的物质成本、人力成本和时间成本。首先，案件管理系统减少了物质成本投入。无纸化办公使法院办公消耗大量减少，节约了物质成本。同时，对于因法院保密措施所需要的保密成本，案件管理系统使大量案件材料无须物理方式运输，减少了材料运输通信成本。同时，案件管理系统减少了人力资源投入。因为案件管理系统可以自动对案件进行监督，所以需要的监督人员相应减少，传统审判监督活动需要大量人员投入才能进行的运动式活动可以通过较低成本的计算机系统投入日常运行。所以审判管理活动的人力资源投入得到减少，最后，案件管理系统的建设使审判管理活动的时间效率得到提高。首先，传统管理中案件材料在部门之间的运输过程被计算机系统的电子通信取代。另外，以往法院之间的案件传输，邮件传送、信件等都需要大量时间，以至于诉讼法必须对此运输时间作出特别规定，而案件管理系统的运用使材料在法院之间的传送时间几乎降低为零，从而有效地提高了司法效率，减少了当事人因为案件材料运输而不得不等待的时间。

(5)案件管理系统显著改善了审判管理的效果

信息技术的应用使审判管理活动更加科学，更加精确。从审判管理的全面性上，案件管理系统可以使审判管理者即时地了解所有的案件进展情况，并由此对案件进行监督、评价和纠正，所以审判管理可以覆盖所有办理案件。从精准性上，通过细化评价指标，审判管理者对案件细节质量的把握远超过之前仅通过案件承办法官的汇报得到的简略了解。审判时间限制是法律明确规定的限制，然而在案件管理系统建设前，不只是审判管理者难以了解院内案件是否超期，即使办案法官本人也可能因为案件众多而忽略案件已经超过办案时限。案件管理系统可以精准把握案件进程，即使提醒案件临近期限或对超期案件作出记录。审判管理终究落脚于审判活动的结果即裁判结果是否公正，而其中一个要素即是否做到同案同判。案件管理系统使案件细节得以有效记录，也使得类似案件的比对更加高效。正因此案件管理系统也推动了类似案件相同判决的实现，使法院内部裁判尺度得以统一。

(二) 司法人工智能与司法大数据系统

党的十九大提出"深化司法体制综合配套改革"，其中人工智能技术和大数据技术被认为是这一改革的重要方向。随着人工智能和大数据技术的发展成熟，其在司法领域的应用得到逐渐推广，成为司法领域信息化建设的新方向。人们对人工智能技术在司法领域的应用前景普遍表现出乐观态度，认为人工智能可以推动实现司法审判现代化，深化司法公开，提升司法治理能力①。但随着人工智能技术真正广泛应用，其风险性和潜在危险也越来越受到关注，所以对于前沿技术的应用，更需要辩证看待其带来的利益和风险，稳妥推进司法人工智能和大数据建设。

1. 司法人工智能、大数据简述

生成式人工智能是人工智能的最新发展阶段，是训练人工智能模型，通过分析大量数据而自动优化人工智能算法，生成新内容的技术。生成式人工智能应用领域广泛，具有开放性特点，并能够创造性地生成新的相关内容，因而在司法领域同样发展迅速。2023 年 1 月哥伦比亚法官首次使用 Chat GPT 作出判决，使判决语言风格更加通俗易懂，也降低了司法反应时间②。

人工智能大数据在同案同判预警、实现法律统一适用方面有显著作用。而人工智能大数据在司法领域应用的核心问题即是如何精确发现"类案"。

---

① 参见中国社会科学院法学研究所国家法治指数研究中心、中国社会科学院法院研究所法制指数创新工程项目组：《中国法院信息化第三方评估报告》，中国社会科学出版社 2016 年版，第 10~76 页。

② https：//www. vice. com/en/article/k7bdmv/judge-used-chatgpt-to-make-court-decision? fbclid =PAAaZWRtswcGHg74QphuhMM5G969MloEeNGtm2OuuR7mVWdR8mgT5UJWWEM7U，last visited on March 23，2023.

在认定案件是否相似方面，事实、理论、价值等不同层面均对案件相似性有所争议。在事实认定上，有"基本事实说"和"争议事实说"的争论。基本事实即案件的基本情况，争议事实指与案件争议点直接相关的事实。在规范层面也有"规范目的说"和"适用法条说"的争议。规范目的说认为法律规范的目的是案件相似性认定的核心；适用法条说的观点是以案件构成要件判断是否案件相似。在价值层面，有"主观价值说""裁判要旨说"和"实质理由说"等观点理论。主观价值说认为价值判断是案件相似的基础；裁判要旨说认为相似性的核心是待决案件与比较案件的裁判要旨是否近似；实质理由说认为判决的理由相似是案件相似的本质。从事实到理论再到价值，对相似性的关注重点从形式标准逐渐进入实质标准，但却都无法作为单一标准认定案件相似性。而人工智能大数据大批量处理数据的优势正可以弥补类案认定苦难的缺陷。

人工智能大数据技术之所以可以在司法领域获得广泛应用，首先是因为人工智能大数据技术可以通过网络爬虫技术自动抓取判决文书网公开的司法案件判决结果和案件相关信息，从而低成本高效率地获得海量司法数据。其次，以往法院内部虽然有案件信息统计，但往往需要法官对案件信息进行人工处理，而且因为人脑处理信息存在极限，案件信息只能尽可能简化到特定关键信息如案由、地区，是否缓刑、量刑总刑期等，相应地，大量案件数据被简化，其蕴含的价值信息无法被挖掘。而人工智能可以通过深度学习技术而分析、处理案件数据，使大量复杂又混乱的案件数据得到整理，从而可以被加以使用。而神经网络方法等算法通过模拟大脑处理信息过程，对碎片化案件信息进行归类处理，实现案件数据的整理优化，最终实现案件信息知识图谱化。

2. 司法人工智能与大数据的特点

作为司法信息化建设的新方向，司法人工智能和司法大数据有着不同于案件管理系统等"传统"信息化建设的新特征，如技术优先、算法依赖等，这些特征既展示出其对于司法现代化的巨大推动作用，也需要看到其对于司法体系潜在的颠覆性，所以首先需要对司法新技术的特点作出探讨。

（1）司法大数据和司法人工智能都体现出技术驱动的特征

司法大数据将司法活动产生的各种数据，如判决书，案件材料，庭审视频等数据作为分析对象，通过对这些数据的分析揭示出其中隐含的司法规律，从而改善司法活动。对于司法数据的分析早已有之，但大数据分析的特点是没有预设结论，并不事先给定分析框架。① 所以相对于"假设-验证-结论"的研究方式，大数据研究已经形成了新的研究方式，有学者认为大数据研究是知识发现的第四种范式。② 对于给定的司法判决等材料，计算机程序通过一定算法自动提取其中的关键情节，进而发现司法判决中隐藏的案件情节规律。所以大数据方法是"数据提取-提出规律"的过程。在这个过程中，司法人员不但不再作为司法活动的主体存在，甚至只能与司法案件材料一同作为分析对象存在，而计算机技术成为了主导因素。同时，以往计算机技术虽然屡有突破，但计算机软件和其中最关键的计算机软件算法仍由操作人员编写完成，而对应于司法领域算法的编写，也离不开司法人员参与。实际上软件算法只是将司法人员总结的审判指标的司法程序电子化、信息化。但随着人工智能算法发展，软件算法已经从需要编程人员编写，发展到软件算法可以自我构建，可以随着对数据的发掘和对数据的总结而自我优化算法。所以人工智能使司法改革成为了计算机软件自我驱动自我优化的过程，而身处其中的司法人员却只能发现，自己已经逐渐无法理解案件系统的活动。此时司法审判人员虽然掌握司法技术，却反而无法理解或需要学习计算机系统对其提出的同案不同判预警或量刑偏差预警了。

（2）司法大数据和人工智能展示出应用范围的广泛性

在案件管理系统建设中，案件管理系统主要作为司法审判活动的辅助，其重要性主要体现在司法审判管理领域，对审判活动的干涉还只是表面性的，但司法大数据和人工智能已经影响到从立案到诉讼程序、执行等众多业务环节。如执行风险预警通过对以往案件执行情况的总结概括出不同案件的执行风险，并进而在案件裁判后甚至在案件立案时即提出案件执行风险，提醒办案法院及时对涉案财物进行保全，避免出现案件审结但无法执行的局面。又例如诉讼服务中，已经有法院向民众开放证据提交指导系统，帮助办案民众提交有效的证据。所以，从司法精准推送到诉讼结果预测、案件偏离预警，人工智能大数据

---

① 参见周英等：《大数据挖掘：系统方法与实例分析》，机械工业出版社 2016 年版，第 7 页。

② 参见黄茂荣：《大数据如何看待理论、因果与规律——与齐磊磊博士商榷》，载《理论探索》2016 年第 6 期。

已经广泛地介入司法活动的众多环节，对司法活动产生直接重要影响。

3. 人工智能司法大数据对司法话语的保障作用

（1）推动司法改革，建立司法话语公平环境

党的二十大报告提出，深化司法体制综合配套改革，努力让人民群众在每一个司法案件中感受到公平正义。公平正义有多种面向，既包括诉讼结果公平公正，也包括诉讼程序公平公正。而诉讼程序公平公正，简单地说就是让当事人能说话，敢说话。司法话语结果的有效性不在于事先确定的标准，而在于话语双方地位平等，从沟通交流中得到双方均满意的结果。而通过发展人工智能大数据，发展智慧法院、数字检察，通过数据联通、有效监督等措施为司法话语的开展搭建友善的外部环境。

大数据和人工智能使证据预警成为可能。证据质证是法庭调查的重要环节。证据是司法裁判的根据，当事人主义中通过双方的对抗发现证据的缺陷，确定证据是否真实，是否与案件相关联，以及是否合法，是当事人司法话语的实现过程。在此过程中设想法官仅需中立引导，通过双方对峙性地提出证据、反驳证据即可发现案件事实真相，并进而根据法律规定得到裁判结果。但现实中往往因为法官的倾向性以及种种法庭外因素使法官无法做到中立引导案件裁判过程，反而插手当事人的司法话语交往过程，使司法话语交往并不能有效的开展。而证据预警有助于监督法官对证据的采纳和使用，避免本不应进入庭审后续过程的证据错误地成为司法裁判的依据，从而为司法话语双方建立公平的环境。

人工智能和大数据实现同案同判预警。同案同判是司法改革的目标之一，是司法公正的重要体现。司法公正有众多方面，而对于非法律专业人士，因为难以深入理解相似概念之间的差异和不同理论的适用范围等专业问题，难以从法学理论上对司法裁判结果进行评价，所以其对于司法是否公正的主要判断依据即是相同案件是否有相同裁判结果，如果裁判结果不一致即认为存在某种因素阻碍了司法裁判。对于当事人，如果能够掌握法院同案同判意见，可以有效提升其话语地位。在人工智能手段并不发达的时候，其可行的方法是付费使律师提供相关案件的法院判决意见。但一方面人工查找相似案件困难，查找成本高，却又难以确定一份已判案件判决意见能在多大程度上影响法官，同时律师

提供服务以经济报酬为基础，当事人难以评估律师服务的质量。生成式人工智能同样以大数据为基础，因为其拥有强大的数据处理能力，能够快速判定待判案件与已判案件是否具有相似性，所以可以更精准地认定相似案件。对于当事人来说，人工智能推送同案同判意见成本低，并不需要为此承担较高的经济压力，同时人工智能服务标准化，无须担心同案同判意见的质量。所以司法人工智能和大数据服务可以有效提高当事人的话语地位。对法官来说，同案同判意见是其判决合理的直观体现，司法人工智能使其可以在进行案件判决意见录入法院审判系统时同步比照同案同判意见，从而提升其判决的正当性。

（2）打破司法知识垄断，实现法庭内地位平等

在法庭内，当事人、律师、检察官、法官对话语的使用处于不同地位。法官和检察官的优势地位，既是因为法律赋权的政治身份因素，也有其对法律知识的熟练掌握因素。其中法官、检察官的政治身份既使其存在法定角色优势，也有法定限制，如司法为民，司法公正等法律理念限制。法官检察官并不能以其法定角色肆意压制当事人的话语运用，反而要时刻通过对法律规定说明、对其行为解释的方式论证其法定角色和法定行为的正当性。因此法官检察官因政治权力所具有的话语优势受到法律限制，当事人和律师可以通过一些法律正式途径对抗法官和检察官具有的政治话语权力。但与政治话语权力不同，法官检察官还获得了超过当事人、律师的知识权力。知识权力产生于其对法律知识的熟悉，不仅使其身份权力的正当性得到论证，强化了其政治话语权力，而且使当事人的话语弱势地位成为正当。"你不懂法律"，"你理解的是错的"，法官和检察官的知识权力成为其压制当事人话语的重要武器，使当事人话语难以与法官检察官相抗衡。律师虽然面对法官检察官没有话语优势，在面对当事人时却有绝对的话语优势。律师既可以以其知识优势要求当事人支付经济报酬，也可以规避其诉讼失败的不利影响，将诉讼失败归因于对方当事人或法官。而这一话语优势来源，即是律师对法律知识的理解掌握。虽然我国在立法时已经格外注重便于一般群众理解掌握，但各种专业术语和法言法语的存在仍使得当事人难以有效掌握法律知识。而人工智能大数据，第一次打破了法官、检察官和律师这一法律知识共同体对司法知识的垄断，使当事人有能力对法官、检察官、律师的专业性和行为正当性进行评价，指出其不足与错误，成为当事人话

语的重要武器。

4. 司法人工智能和大数据的危险性

(1)削弱法官主体地位

正因为人工智能大数据广泛地介入司法审判活动，其负面影响也逐渐引起重视。如前所述，司法人工智能和大数据使法官的主体地位被削弱。以往各种改革措施均以帮助法官提高司法效率、推动司法公正为导向，然而大数据与人工智能却严重削弱了法官的主体地位。人工智能与大数据的技术原理决定了模型预测完全兼顾特殊个案，是十分困难的。机器模拟司法裁判可以努力逼近集体法官的裁判水准，也能够把经验和规范的要求相结合，却很难完整照顾到个案，因为两方面在技术层面是相冲突的。① 例如在审判活动中，法官的重要权力是对是否采纳证据作出判断，法官通过自由心证确定是否采纳证据而不受他人干涉，但经由证据预测系统，一个证据是否应当被采纳由系统作出判断并进行预警。此时法官自己的判断不得不与证据系统相比较以至于法官不得不对此作出让步。所以通过这些不同人工智能大数据预警系统的建设，法官的审判权不断让步于人工智能系统的判断。由此有学者提出存在"数据决策"替代"法官决策"的风险。法官的主体地位被削弱，在司法人工智能和大数据的算法中并不是把法官作为预设主体，而是把法官当作可以预测的客体，司法判决以审判为中心转为以数据算法为中心。与传统的信息技术相比，司法人工智能和大数据是全面的、内部的，而非工具意义上的技术手段。短期上来看，法官可以利用人工智能和大数据提高办案效率，但是从长期来看可能会形成技术对于法官的隐性操作。

(2)司法人工智能难以进行价值判断

价值判断指案件结果产生的对于公平、平等、效率等价值的影响。对人工智能在司法领域应用的质疑之一即人工智能无法进行法官所必须的价值判断。在形式上同案同判的平等价值可以由司法人工智能得到更好的实现，但对于个案正义和价值利益的平衡，司法人工智能可能无法理解和准确进行。

---

① 参见周翔:《刑事司法人工智能实现结果公正的技术方法和限度》，载《中国刑事法杂志》2023 年第 4 期。

对此缺陷，一方面要回到对于价值的本质的追索。人工智能确实无法体会人类的价值追求，但司法案件中的价值追求终究要回到某种规范的适用和得到某种判决结果，即使人工智能无法理解价值判断，但通过数据分析处理，人工智能足以将案件精准分类，使案件结果与经过价值判断并没有形式上的差异。另一方面，司法人工智能的价值情感缺陷可以由法官的自由裁量所弥补。对法官自由裁量的限制终归是为了防止法官越权违法行为，法官可以在个案衡量中突破同案同判的限制，通过说理论证实现个案正义。

（3）司法人工智能和大数据风险性的应对措施

因为司法人工智能和大数据的存在着风险性，所以我们既要积极利用人工智能，对于司法人工智能和大数据也必须设置应有限度。首先从技术层面进行规制，内部加强对于技术的限权，算法应该以遵循伦理和安全原则为基础，这是技术应用的基本准则和底线，通过算法所得出的结果不会违反基本的伦理和安全；外部加强对于算法的监督，对于人工智能和大数据的设计、开发、应用全过程进行监督，完善对于算法事前以及事后的问责制度。其次对使用主体进行规制，对于主体的使用权限进行分类，法官与司法管理者、监督者的权限不同，司法管理者、监督者可以在其职权范围内使用人工智能和大数据的部分功能，其对于人工智能和大数据的使用权限不应该与法官等同，法官可以通过人工智能和大数据行使裁判结果预测、量刑参考等功能，而司法管理者、监督者不能行使此功能。最后对使用场景进行限制，人工智能与大数据的主要功能是辅助信息进行高效处理，应明确使用场景，司法工作中较为机械、繁琐、简单的重复性工作可以由司法人工智能与大数据代替，规范程序与单一检验证据能力的工作也可以由其代替，其使用场景明确后，可以促进对于司法资源的合理分配，通过案件繁简分流，促进办案效率和审判效率的大幅度提高①。

第三节　法庭内外司法话语的互动保障

司法话语场域以法庭为中心，辐射、覆盖法庭内外的广大区域。哈贝马斯

---

① 蔡立东等：《司法大数据辅助审判应用限度研究》，载《浙江社会科学》2022 年第 6 期。

认为，法律性商谈"尽管始终是同现行法律相联系的，却不能在一个毫不含糊地确定的法律规则的封闭空间中进行"。① 实现司法话语的有效行使，就应该形成法庭内外司法话语交往的对接互动机制。哈贝马斯肯定行动环境同时是一种语言环境，在这种环境中行动者交相采取发言者、受言者和在场者的交往角色。② 这就需要以商议式司法促进法庭内外司法话语交往对接互动，处理好司法受制与司法独立的关系，保持司法机关的开放性和畅通性，才能奏效，以达至目的。司法话语的实现，关键在于司法机关易于接近，庭外司法话语能平等进入司法机关，与法庭内司法话语对接互动。英国法学家约瑟夫·拉兹提出的法治八原则中有一项就是："法院应易于接近：省时省钱。"③中国司法话语模式的对接性与对话性，莫过于中国司法的政治性、社会性与法治性相统一的属性，根据哈贝马斯的观点，关于法律程序的规则(涉及的是法律运用)必须形成制度框架，以保证法律程序根据(外在的)时间、社会的和语用的条件进行"开放的"法庭交往，而不至于干预这种论证的(内在)逻辑。因此，厘清法庭内外司法话语交往对接互动的保障指标，在此基础上，保持司法机关的开放性和畅通性，以形成法庭内外的双向"话语桥接"④，保障司法话语行使的有效性，是实现法庭内外司法话语交往的对接互动、建立司法话语的外向对接性行使模式的枢纽性保障环节。

一、以商议式司法促进互动

法庭内外司法话语交往对接互动立基于商议式司法。哈贝马斯的商谈论提供了商议式司法理论与实现司法正义的正当性，也同时提供了语用正当性与合法之法的程序主义观。商议式司法首先彰显出"对话性"本质，体现主体间性、互动性和交往理性特质，具有程序理性及其制度化保障；商谈论及其行为模式

---

① [德]尤尔根·哈贝马斯：《在事实与规范之间——关于法律和民主法治国的商谈理论》，童世骏译，生活·读书·新知三联书店2003年版，第569页。
② 薛华：《黑格尔、哈贝马斯与自由意志》，中国法制出版社2008年版，第312页。
③ RazJ. The Authority of Law Essays on Law and Morality. Clarendon Press，1979，p. 219.
④ 薛华：《黑格尔、哈贝马斯与自由意志》，中国法制出版社2008年版，第294页。

与机制，为商议式司法提供了基本交往模式和程序理性机理。①

就审判的具体程序而言，哈贝马斯强调，审判一定要公开进行，法官必须在案件证据、事实和主张的基础上进行公正裁判，裁判理由必须公开并接受社会监督。哈贝马斯还指出，司法程序的对话就是法律适用的对话，各方对话需要符合言语行为的有效性要求，即真诚参与程序；正确行使权利，诉求和论据符合法律对话；真实陈述事实。与此同时，法庭内外话语场域参与者的话语交往，"所有其他一切应当调节人之间关系的规范，都以承认这一基本规范为前提"。② 只有在理性商谈基础上所达成的共识，才能得到真实的认同，由此作出的裁判才是合法有效的。

因此，法庭内外司法话语交往对接互动需要以商议式司法为前提。运用商议式话语，贯彻商议式司法，能够实现司法话语的自由、公正与和谐，为法庭内外司法话语的交往对接互动奠定坚实基础。

(一) 自由的彰显

当社会活动主体的自由受到侵害，司法是最有利的保障，先进的、符合社会现实的司法话语交往程序是保证自由得以彰显的必要条件。

1. 商议式司法话语交往程序保障当事人的言语自由(诉权)

依据商议式司法话语交往之程序设置，就势必会赋予被害人对犯罪处理的意见表达权，从而保障当事人参与司法话语交往程序的全面性和充分性，使其在司法话语交往程序中有发表自己意见，维护自己利益的权利。被害人的诉权不应该在刑事诉讼的基本架构中过于关注，因为毕竟刑事诉讼主要解决国家公权力与公民私权利如何公平角逐，而不是解决刑事纠纷的侵害人与受害人之间如何寻求谅解与和平；否则，刑事诉讼制度就成为原始社会"同态复仇"的一个变种。这可以从如下两方面获得证明：一是世界各国的宪法大多数都规定了

---

① 参见薛华：《黑格尔、哈贝马斯与自由意志》，中国法制出版社 2008 年版，第283~290 页。

② 参见薛华：《黑格尔、哈贝马斯与自由意志》，中国法制出版社 2008 年版，第297页。

刑事被告人的权利，以此约束公权力，被害人的权利没有载入任何一国的宪法；① 二是世界各国鲜有赋予被害人与被告人地位相同的当事人地位的情况，一般视其为证人或者作为检察官的辅助人员；否则，就相当于把被害人视作第二诉讼人。立法一旦赋予被害人提出控诉意见的权利，并可对最终的定罪量刑结果在法庭上直接表达个人意见，则必然打破控辩力量之间的平衡。即使有些国家把被害人视为诉讼当事人，但其实际权利远远不能影响诉讼的进程，我国的情况即为一例。尽管如此，西方各国还是通过国家赔偿或者对量刑的影响陈述来保障被害人的基本权利。

而我国目前的刑事诉讼制度并没有赋予被害人这样的意见表达权。为了更广泛、更有效地适应协商程序，可以在借鉴被害人影响陈述的合理因素，赋予被害人在商议程序中对犯罪处理的意见表达权。所谓被害人的影响陈述，是指准许被害人参与判决，从而能够影响公诉人、法官、陪审团以及缓刑官对犯罪人作出的处理方式。目前，英美法系的一些国家确立了该制度。其实，赋予被害人的意见表达权，其内容不仅包括对定罪量刑的个人意见，还包括民事赔偿请求权。如果犯罪行为有被害人而没有充分参与到商议程序中，则视之为协议无效的一个法定事由。如此一来，被害人可以比较充分地参与到商议程序之中。这不仅使商议式司法避免了被害人权利被遗忘的指责，而且将增强协商模式在实践中的正当性，同时也彰显了自由。

2. 商议式司法话语交往程序保证了当事人的选择自由

商议式司法话语交往程序中的利害关系人有选择某些程序的自由。这包括警察警告、警察交易制度。它们主要适用于一些轻微刑事案件，利用商议式司法话语交往程序处理，可以节约司法成本，让犯罪人更便捷地回归社会，被害人即使不参与商谈也不会丧失太多权益，因此，法律对于被害人是否参与采取了自由的态度。

(二) 公正的到位

商议式司法是有别于我们传统司法的一种制度，传统司法常常无法调节效

---

① 参见张千帆：《宪政原理》，法律出版社 2011 年版，第 305～313 页。

率与公正的冲突，通常的司法改革也很难解决这一根本问题，而商议式司法在很大程度上缓解了司法制度改革和现实的脱节的矛盾。商议式司法是这一司法改革的补充与完善，作为制度改革过程中的一部分，它是理想与现实层面的自动妥协，它通过一系列的具体原则与机制保证了公正的实现。

公平正义，是人类所追求的一种理想状态。司法的正义是法律正义的切实保障，没有法定的程序和司法运行机制的保证，再优秀的法律也只能是停留在纸上，而成为一种美好的摆设罢了，而商议式司法对于公平正义的实现则具有重要价值。

1. 参与原则

参与原则要求保障所有的利害关系人都能充分地参与到商谈程序之中。以被追诉人为例，因为现代司法理论的发展造就了程序的高度专业化，又因为控辩之间的对抗性普遍增强，久而久之，必然形成诉讼程序对律师的过分依赖，其良性运作越来越依赖律师的有效参与，没有律师的帮助，被追诉人的权益将失去有力的保障。而在以认罪为前提的商议过程中被追诉人更需要律师的帮助，否则，他面临的风险将更大。因此，现代诉讼程序架构中的商议模式，名为被追诉人与司法机关之间的协商，实为代理律师与司法机关之间的话语较量。被追诉人是否充分有效的参与商议就取决于律师是否真诚地、达意地表达其意愿。这不仅要求辩护律师有比较高的业务素质，更要求司法机关能够给当事人以及其律师以自主表达的话语自由。[1]

2. 交涉能力平等原则

自古以来，协商与洽谈是实力决定谈判结果，而不是简单地靠什么谈判技巧。在商议式司法中，需要商议主体之间力量的相对均衡，否则就是一种压制的变种，商议主体之间没有平等的对抗能力，罪刑协商只能得到沾沾自喜的虚伪合意，这实质是一种谎言，商议式司法也不过是谎言的基地。因此，商议式司法注重建立完备的法律援助制度和其他辅助制度，例如，给因种种原因无法聘请律师的当事人以救济，给其配备有法律援助义务的律师对其进行辩护，从而从程序和实体上共同保证了其交涉能力的平等，保障了其表达能力的充分性。

---

[1]　参见廖美珍：《法庭语言技巧》(第三版)，法律出版社2009年版，第191~192页。

3. 明知与自愿原则

保障商议主体的自愿性至关重要，而是否自愿很大程度上取决于对商议内容是否明知。在美国，确保答辩协议的真实性非常被重视，法院必须对其进行严格审查。在被告人接受有罪答辩之前，法院必须公开在法庭上询问被告人两方面的问题：一是确认被告人是否清楚、明知案件事实与诉讼权利。二是确保被告人的答辩属于自愿。除此之外，在实践中，法院还要求许诺不能脱离答辩协议的范围，答辩协议必须制作文书，以便备案审查。

4. 商议式司法是程序公正和实体公正的有机统一体

实体公正是司法公正的价值目标，而程序公正是实体公正的实现机制，因此，程序公正与实体公正是司法公正有机统一的两个方面。所谓实体公正，就是指司法的实体结果以法定事实为依据正确适用法律，公平分配当事人的实体权利和义务。所谓程序公正，就是指司法过程符合司法的内在本质和运行机制的公正价值，体现为正当程序。

(三) 和谐之营造

"和"字从禾(粮食)从口(人人)，"谐"字从言"说话"从皆(人人)，"和谐就是人人有饭吃，人人有说话的自由"。①

所谓和谐，就是"配合的适当和匀称"。商议式司法最主要的特点是使法官走出自设的独白语境，回归有利害关系人参与的对话与商议式司法话语交往程序中，最终通过不断地对话与磋商，不同的利益观和价值观形成妥协的合意，从而有效地防止专断与不义的判决。这种司法话语交往程序能充分地实现利害关系人的意思自治、真正的参与，并且平等的对话与商谈。因而，这种司法话语交往程序的实现的结果是各种利益诉求都能很好地得以表达和商谈，从而使各种利益的协调成为可能，在各种利益得到合理的配置的情况下，司法和谐自然被营造。作为社会正义象征的司法和谐，自然意味着裁决的结果是法律效果与社会效果的结合，裁决被社会广泛地接受，而不是仅仅是符合法律的规

① 苏力：《关于能动司法与大调解》，载《中国法学》2010 年第 1 期。

定，这样社会的和谐场景也会随着正义的实现而形成。

1. 商议式司法给当事人充分参与司法过程的机会和自主选择的权利

常规的司法模式，无论什么案件什么当事人都无一例外地适用同样的程序。这样确实能实现形式上的平等，但是，这种司法体制在面对现代多元社会时往往会显现出诸多不足。因此，只有赋予当事者更多的程序选择权，并在进入程序之后享有真正意义表达的机会，才能真正地解决这一困境。而商议司法正是和这一社会特点相契合的司法制度：(1)商议司法赋予利害关系人充分的选择权，从而使当事人能够根据自身利益作出选择。(2)根据案件中的不同犯罪行为和相应的犯罪情形，尽可能适用相应的司法话语交往程序。(3)司法话语交往程序要灵活、多元化与多层次性。鉴于现代社会犯罪的日益多元化、复杂化，任何单一的司法话语交往程序都难以应对千变万化的犯罪态势，势必要求现代司法话语交往程序能够灵活、多元地进行有效的犯罪控制，维持社会秩序。

2. 商议式司法话语交往程序给当事人以平等的司法地位

出于司法分工以及更便于实现控制犯罪、保障人权的需要，传统的司法话语交往程序把诉讼的参与人非常明确地划分为拥有不同身份的主体，司法审判人员和案件各当事人分属不同的身份，伴随这种身份产生的是各种诉讼主体职能、地位和诉讼权利的不同，这种身份的不平等，必然会很大程度上压抑了诉讼主体的个性和自主性。商议司法能在很大程度上，通过一种身份平等的机制实现自治，把被追究人的个人意愿作为诉讼进程的一个重要参考指数。这种制度有极大的现实意义：(1)通过实现当事人的自治提高司法的灵活性。商议司法通过赋予当事人以平等的地位和选择权实现了自治，破除了司法的模板化，缓和了严格法律的刻板僵硬，为制度带来了一定的确定性与灵活性。(2)利害关系人的选择机制，有助于争端的最终解决。一直以来，司法都被认为是极具有压制性的，并因此而丧失公众的支持与遵从，而司法制度稳定性与有效性却是依赖于此。尽管司法权力在最终意义上具有强迫性，但商议司法的实施几乎在各个层面都离不开合作与同意。所以，由于商议司法注重协商与商谈在诉讼中的作用，这种司法模式对于和谐地解决纠纷更为有效。

二、司法机关的开放与畅通

(一) 司法机关的开放性

司法机关的开放性是指司法机关以开放的姿态容纳司法话语的不同声音，实现开放的司法。司法话语的实现，首要的是司法机关本身要能够容纳各种司法话语的表达。也就是说，司法机关本身要具有包容性。所谓包容性，就是"包容他者"，"实际上是说：共同体对所有的人都是开放的，包括那些陌生的人或想保持陌生的人"，① 使各种司法话语能够进入到司法机关，司法机关只有具有开放性，才能真正了解案情，公正断案。托克维尔指出："人们从法庭普遍接受了这一思想"，"利用公开性，提交辩论，讲究形式"。② 一个不能包容不同司法话语的司法机关，肯定是一个无视法律、专横封闭的司法机关。

1. 司法机关要以信息开放确保知情

司法机关的开放性，首先要赋予知情权，使各话语主体能够随时了解司法机关的相关信息，才能更好地行使司法话语。当话语主体接触不到司法机关的相关信息时，当话语主体在长期的信息封闭状态下对司法生活不感兴趣时，司法话语就会名存实亡。正如美国的凯斯·桑斯坦在《网络共和国：网络社会中的民主问题》一书中所指出的："当信息不好用，当机会关起门，当知情权不见了，人们到最后也许就不想要信息了。"这种知情权即是知情自由，是指公民、法人及其他组织根据法律规定，不受妨碍地获得司法机关的信息自由。许多国家都出台了信息公开方面的法律以保障知情权，例如，美国的《信息自由法》就规定公民可以自由获得《联邦公报》上的信息，具有到相关机构查阅或者复制权以及要求取得权等。我国也于 2007 年 4 月公布了《信息公开条例》对保障知情权意义重大。基于此，法院可以建立新闻发言人制度、网络新闻发言人制度等。

---

① 　[德]尤尔根·哈贝马斯：《包容他者》，曹卫东译，上海人民出版社 2002 年版，第 1~2 页。

② 　[法]托克维尔：《旧制度与大革命》，冯棠译，商务印书馆 1992 年版，第 157 页。

司法话语的信息开放具有重要意义：一方面，信息公开，可以为司法话语的行使提供平等的机会。在传统的封闭状态下，特殊利益集团有可能利用其在政治、经济上的影响力渗透到司法裁决中去，而普通民众则因缺乏这种影响力，所表达的司法话语，很难引起司法机关的重视，而在信息开放的条件下，由于司法机关的一切活动都处于公民的监督之下，使得普通民众有更多的机会进入司法机关，从而为司法话语交往的正态进行提供了新的机遇，防止司法在黑箱状态下进行暗箱操作。另一方面，信息开放，有利于司法话语场域的形成。由于信息开放，司法话语主体有更多的机会平等了解到司法机关的信息，并会自觉地把这些信息与当前的司法生活联系起来进行思考和比较；在思考和比较中可以进行司法话语交往，当人人都关注与自己法律权益息息相关的司法信息，并能够进行司法话语交往，司法话语场域就可以有效运行了。

与此同时，不能忽视知情权与隐私权的衡平问题。因为知情权要求信息公开透明，以保证舆论的监督；而隐私权要求信息隐秘，两者间存在冲突。知情权是要保障的，但是如果给予话语主体太多的知情权就有可能侵害到被害人或者被告人的个人隐私权。比如在强奸犯罪和未成年人犯罪案中，被害人或者被告人的信息被泄露，对于他们之后的生活与工作来说是毁灭性打击。过于封闭的法庭环境不利于各个话语主体对司法活动的监督，但是，如果过于保障知情权，就可能会造成媒体、公众疯狂刺探、收买被害人或被告人隐私的现象。特别是针对明星犯罪的案件，无良媒体为了在同业中获得竞争优势，往往会不择手段地挖掘被告人或者被害人的隐私，造成对被害人的二次伤害。因此，需要有正确的标准去界定隐私权与知情权的范围，比如说利益原则，当保障隐私权的利益大于保障知情权的利益时，保障隐私权；当保障知情权的利益大于保障隐私权时，保障知情权。

2. 司法机关要以宽容胸怀对待新闻自由

司法机关的开放性，还需要司法机关以宽容的胸怀对待新闻自由。新闻媒介既可以成为公正反映司法话语的喉舌，也可以成为司法机关操纵民意的手段，因此，为了保证各话语主体能平等享有司法话语，司法机关必须对新闻自由采取宽容的胸怀。这种态度要求能够保证新闻在法律范围内的基本自由，对新闻配送实事求是的报道，不管这种报道是称赞的还是批评的，也不管采取什么形式，司法机关都应当采取宽容的胸怀，允许新闻媒介能够独立地选择所报道的事实，① 而不能限制新闻媒介的这种选择，除非这种选择违反了法律或者道德。

在司法生活中，对新闻自由的限制主要来自以下几个方面：一是对新闻进入的限制。新闻作为特种行业，需要对其进行特别的限制，这种限制是为了保证新闻能够为合理的统治秩序服务，这种要求是正确的，目的是保证新闻的公共性。但是，如果过度控制新闻的进入，可能会影响到新闻的公平竞争而导致新闻媒介成为特殊利益集团的庇护所，或者说可能会造成新闻的垄断而限制民众的司法话语表达。当然，新闻媒介完全市场化也是不能允许的，否则，会严重影响新闻的政治性、公正性、关注弱势群体的责任性。二是对新闻内容的限制。司法机关为了保证新闻言论有利于政治影响，往往会采取措施对新闻报道的内容加以干预，如在规定时间内必须报道司法机关的新闻、新闻报道的内容必须站在司法机关的立场上等。当然，针对虚假广告或者反国家的言论实施新闻内容限制，却是完全必要的。即使是这种限制，也应该以不损害言论自由为前提，否则，就会对司法话语造成侵害。三是对新闻选择自由的限制。在新闻自由中，选择自由是一项重要的权利，它可以保证新闻选择那些能够引起民众关注的焦点问题，司法机关在对新闻选择自由进行限制时，必须以不损害新闻正当的选择自由为前提。② 新闻自由也不是绝对的，事实上，世上没有绝对的自由，如保证新闻媒介不为某些利益集团控制，规定新闻媒介必须报道那些社会弱势群体的话语权益等都是正当的。

要保证司法话语，必须对新闻自由采取更为宽容的胸怀，严格遵守司法对媒体的事先限制"无用原则"，允许新闻能够自由地表达或者有效地反映司法话语。③ 一旦新闻能够拥有表达的自由，司法话语表达就会畅通，那么，司法与民众的关系也会得到相应的改善；相反，如果对新闻自由采取过多的限制措施或审查制度，控制新闻言论的自由表达，那么，即使这种控制能够在短期内

---

① 邹建华：《突发事件舆论引导策略》，中共中央党校出版社 2009 年版，第 24～28页。

② 徐显明：《人权法原理》，中国政法大学出版社 2008 年版，第 189 页。

③ 高一飞：《司法改革的中国模式》，法律出版社 2011 年版，第 98 页。

压制司法话语的喧嚣，但是，从长远来看，这种被压制的话语欲求并不会自行消失。只要一有条件，就会通过各种形式反弹出来，造成司法受制于舆论的困境。葛洪义认为，与其说公众舆论干扰了司法审判独立，倒不如说是司法审判不够独立导致公众舆论能够轻易地左右审判结果，因为"法官并不怕舆论，但是领导害怕，领导反过来就会干扰法官判案"。① 因此，对待新闻自由，司法机关必须采取宽容的胸怀。跟新闻发言人制度相配套，法院可以建立媒体接待室、信息发布厅等。

3. 司法机关要以开明的态度保证话语交往

一是司法机关要容忍批评话语。如果司法机关能够容忍批评的司法话语表达，那么，话语主体就不会由于担心讲真话而受到某种明显的或潜在的威胁，从而进行真实的司法话语表达。司法领域之外的政治压力会给司法话语交往设置重重障碍，压制批评性司法话语，"被代表型统治排挤在外"，② 这样，"对于建设性话语来说，司法领域对他们是封闭的"，③ 使得司法过程中的批评性话语，不可避免地遭到强力过滤，难以有效地进入司法机关。在司法话语交往失去有效性时，司法公正就不复存在了。

二是司法机关要吸纳不同话语。一个封闭的司法机关是不会吸纳司法话语的不同声音的，但是，"公众意见经过民主程序成为交往权力，它自身不能发挥宰制的力量，而只能把行政权力的行使引导到一定的路线上来"。④ 因此，司法机关应当以开放的态度激励各主体司法话语的真实表达。司法在业务过程中应该多听取司法话语的不同表达，摒弃独断专行的司法行为，在坚定法律信赖，尊重法律权威的前提下，勇于面对不同的司法话语。在面对复杂的司法事务时，司法机关更要以开明的态度吸纳不同的司法话语，实现司法与学者的互动，司法与市场的互动，司法与社会的互动，使各种司法话语能够汇集起来，

① 叶竹盛：《司法和舆论的对角戏》，载《南风窗》2012年第25期。
② ［德］尤尔根·哈贝马斯：《公共领域的结构转型》，曹卫东译，学林出版社1999年版，第6页。
③ 铁省林：《哈贝马斯宗教哲学思想研究》，山东大学出版社2009年版，第73页。
④ ［德］尤尔根·哈贝马斯：《包容他者》，曹卫东译，上海人民出版社2002年版，第290页。

从而使司法生活演变为一个话语竞技场，实现司法话语的公正交往。

(二) 司法机关的畅通性

除了前述的开放性，司法机关还必须具有畅通性，司法的畅通性，意味着拉近司法与民众的距离，这样才能使各种司法话语进入司法机关，使民众确立司法信赖。

1. 降低不同司法话语进入司法机关的成本

司法机关的进入是需要信息成本的，这种信息成本实际上是话语主体进入司法机关的一种交易。以司法话语主体的原告为例，其进入司法机关的交易成本至少有以下几种：一是收集、整理信息的费用。如起诉需要掌握法院系统哪个部门对此事负责、需要了解进入这些部门的知识和信息、需要了解相关的法规、需要了解司法程序等。二是时间费用。一方面，是时间的机会成本，例如，行使司法话语会花费很多时间，而这些时间是有机会成本的，如果司法话语进入的机会成本大于司法话语表达带来的收益，那么，话语主体就可能会放弃司法话语的行使。这就能够说明许多话语主体为什么会选择忍耐也不愿去司法机关行使司法话语的原因；另一方面，是时间费用还表现为表达司法话语诉求后的等待成本，即这种话语诉求需要多长时间才能得到回报，这些都要求话语主体时时关注司法机关的裁定信息，自然会花费较大成本。三是司法话语表达过程存在的信息费用。如诉讼过程需要诉讼费、律师费、差旅费等。四是了解结果的信息费用。如果能够顺利表达司法话语并得到有效回报，那么，结果可以说是成本较低的。但是，由于结果具有不确定性，一旦结果对话语主体不利，那么，将给话语主体造成经济损失。

由于人是理性的经济人，每个人都会追求自身利益的最大化，因此，当话语主体预计到自己进入司法机关的成本会大于自己的收益时，进入司法机关是不合算的，这时，话语主体即使想表达司法话语，也没有动力去表达，这就是话语封闭；相反，当话语主体预计到自己进入司法机关的成本会小于自己的收益时，进入司法机关是可能的，从而会向司法机关有效地表达自己的司法话语诉求。

降低不同司法话语进入司法机关的成本，并不是无限制滥降，需要从社会实际出发适当把握。诉讼所产生的必要费用会让当事人考虑清楚，提起诉讼是否值得，提起诉讼的收益是否大于成本，虽然这些费用可能会降低当事人提起诉讼的可能性。如果脱离社会实际过分降低这些费用，当事人原本可以通过社会法庭或调解解决纠纷，现在当事人会想通过诉讼解决纠纷，这无疑会增加法官办案的压力，使法院积压案件，造成法院为了结案而结案，有可能为了效率而丧失公正性。像之前的马锡五审判方式和现在的巡回法庭都有效地降低了诉讼成本但是也有其弊端，比如说审判程序不规范、司法权威难以保障、当事人不能接受、法官缺乏主动性等。

降低不必要的诉讼成本，需要增加调解。社会法庭以调解为主，靠以理服人，推动多元化解决纠纷机制，使各个主体充分表达自己的司法话语，在社会法庭这个司法话语场域各抒己见，解决更多的问题。降低诉讼成本是降低一些不必要的成本，比如说证人和鉴定人的交通费、住宿费等，不是无限制地降低。

2. 以良好的沟通渠道实现司法话语互动

信息失真或被操纵是司法话语不能够进入正常交往状态的重要原因。由于信息失真或被操纵，大多数有用的信息被特殊利益集团或强势群体所侵占，弱势群体无法有效地向司法机关表达司法话语。而这种信息垄断所造成的信息不对称使事后追责几无可能。多数人意识的汇集形成共同话语就是舆论。舆论的本质是抱有相同或类似话语的个人在一定的话语场域有意无意地交换话语，导致个人话语的社会化，从而聚集公议产生的话语生态。在不同社会群体中多种角色传播话语，容易把个人话语空间扩大，产生话语共鸣，成为普众的共同话语。特别是一旦知情者和善讲者成为话语主讲人，对听众就具有极强的话语感染力，其话语容易成为共鸣性的流行话语。随着话语场域的变换和延伸，主讲人与他人话语相互渗透、补充，最终演绎成普众的共同话语。[1] 在一定的话语场域中，合群心理导致多数人话语对少数人话语具有强大的支配场，形成从众的话语感染力，有效地征服少数人话语，形成话语场合力。这就要求在司法机关与普通公民之间建立起有效迅捷的沟通渠道，以保障司法话语主体的平等协

---

[1]　季乃礼：《哈贝马斯政治思想研究》，天津人民出版社 2007 年版，第 179 页。

商、沟通。因此，简化司法机关特别是其基层司法机构信息的获知程序，加大乡镇派出法庭的信息前出力度，保证司法话语主体在基层司法生活中的信息获取权，保证司法信息能够充分发挥作用而不被少数人操纵，切实保障法庭内外司法话语的良性对接性互动是保障司法话语的应有之义。

拉近司法与民众的距离，也会存在如何让司法与民意保持适当距离的问题，以避免造成舆论审判，避免出现挑战司法权威性的场景，使法官最终不是依民意而是依法律进行审判。

结　束　语

话语交往行为的普遍贯彻可以弥合裂痕，消解差异，革除压迫，激发热情，实现社会全面的公正。[①] 司法话语交往行为，不仅可以为话语主体的权益保护提供可行的途径，而且可以为司法参与开辟有效的进路；不仅可以激发话语主体的创造性，而且可以提升司法博弈的品质；不仅可以点燃话语主体对司法生活的热情，而且可以提高法律诉求的能力；不仅可以实现官民的和谐互动，而且可以推进法律争端的解决；不仅可以有效地促进司法发展，而且也可以促进经济的发展，实现社会治理现代化。

行使和保障司法话语，是本书研究的一个核心问题。司法话语场域是各种司法话语汇集的场所，也是表达司法意愿的场所。要使司法话语得到行使和实现，就必须使话语主体能够自由、平等地在司法话语场域内协商、辩论。当然，司法话语角色意识的觉醒、法庭内外话语对话对接行使的良性化、司法机关的开放畅通、社会组织的发展、新闻媒介的责任、法律制度的完善、言论自由保障等，都对司法话语的实现有着深远的影响。

在司法话语场域中，尽管话语的声音多种多样，形态各异，究其根蒂，主要是官意之声、民意之声与法意之声。话语的交往，主要表现为官意、民意与法意的多主体交叉角逐。官意、民意通过程序性制度安排从司法话语场域的庭外话语场域进入法庭话语场域，是为了保证官意、民意以一种规范化的司法话语形式来参与并影响司法，增加其理性因素。在司法过程中，法意以司法话语回应官意与民意是其裁判义务的要求。然而，制度安排和裁判义务都不能真正

---

① 章国锋：《关于一个公正世界的"乌托邦"构想——解读哈贝马斯〈交往行为理论〉》，山东人民出版社 2001 年版，第 165 页。

解决法意与官意、民意之间的话语冲突。它们只是法意与官意、民意冲突解决的外在条件。只有在司法裁判过程中，法意真正成为裁判的正当性基础时，才能够实现法意与官意、民意的话语冲突之真正解决。因此，要弥合法意与官意、民意的冲突，就必须立足于司法中心主义的话语表达，到司法审判的话语交往过程中去寻找答案。根据我国法律的规定，只有法律、法规以及规章，才是法官裁判的合法性基础。法官的司法话语必须将其裁判结果与现有的法律规范联系起来，然而，在中国司法的历史和现实中，真正决定裁判结果的是中国型的常识性公正衡平感觉。① 中国型的常识性公正衡平感觉，其实质是指法官在通过情理预测假想对手可能产生的话语反证时所实施的话语衡量。法官在处理案件时，会预先假设自己的判断可能对各方发生的话语效应，并依此作出针对性的话语调整。从本质上说，它并不是严格意义上的法意的体现，而是根据情理与官意、民意发出的司法话语。因此，在裁判的形式与内容之间存在着割裂，单纯的裁判文书的分析并不能反映法官作出裁判的所有话语考量。法意与官意、民意冲突的解决必须站在法治的话语平台之上。法意与官意、民意的衡平，必须借助司法话语交往来传达，而不是朴素公正思想的直接表达。法官的司法话语经由解释、论证、衡量等法律技术，弥合法意与官意、民意基于不同的话语角度所产生的对法律理解上的差异、误解，在司法话语场域里寻找最为适当的纠纷解决方案。从裁判话语需要达到的目标来看，最为迫切的目标是在于解决当前的纠纷，而更深远的目标是为社会提供一套切实可行的话语模式，而该话语模式对未来的法律后果又是有着可预测性的。在现实的审判场域里，法官有时缺乏对话语交往的自觉运用，礼治化的伦理观念影响过多，司法话语对法律方法和法律程序关注过少。海南省海口中院发生的法官庭审驱逐律师事件就反映出了这样的问题。出于职业上升的需要，一些法官不屑于对民意作出话语回应，而对官意曲意逢迎、顶礼膜拜。"'话语霸权'的确是一把锋利无比的匕首，在不经意间抹杀、掩饰、弱化着另类或异端的声音。"②法官只有在司

---

① ［日］滋贺秀三：《明清时期的民事审判与民间契约》，王亚新等译，法律出版社1998年版，第13页。

② ［奥］斯蒂芬·茨威格：《异端的权利》，任晓晋等译，光明日报出版社2007年版，第126页。

法过程中秉持交往、沟通的理念和方法，充分说理、推理，促进话语主体平等行使司法话语，才能增强裁判话语的公信力和教化作用，从而缓解话语表达的两极分化，实现话语交往的谐和整合，提高公民的司法话语素质以及司法机关的司法运行能力，推进现实法治因子的累积过程。

在未来的司法实践中，要使司法话语得到有效行使，最重要的是培育普通民众的权利意识和法律素质，创造司法话语场域有效运转的软硬条件，建立完善司法话语的交往规则等。当司法话语场域得到不断拓展，当存在可以平等交往的司法话语场域时，司法话语也就获得了真正保障，并能有效打破司法话语的垄断与霸权。

但是，司法话语表达还受到诸多限制，因为：首先，在制度方面，媒体在司法话语表达中还未有效地承担责任，规制司法话语交往的法律仍待建立、完善，弱势群体的司法话语还没有得到有效保障，普通民众司法话语的表达缺乏有效的制度途径等。其次，在经济方面，贫富差距拉大，导致司法话语资源两极分化，弱势群体缺乏经济能力去表达司法话语，司法话语场域未完全形成并有效运行。再次，在个体方面，长期以来的司法冷漠，话语主体缺乏一定的法律素质去有效表达和分辨司法话语，容易误读司法话语民主，导致舆论审判和网络暴力的恶果。又次，在社会组织方面，由于社会组织不发达导致司法话语权利生长的空间日益萎缩；如此等等。因此，司法话语要实现在中国的司法正义，达致司法和谐，就必须逐步创造保障司法话语主体特别是普通公民有效表达的各种条件，就必须对日益分化的司法话语资源进行整合，争取司法话语交往行为所需的可适性话语行使模式，才会出现政权代表元素、民权代表元素和法律代表元素架构的司法话语之良性交往。

参 考 文 献

一、著作类

[1][古希腊]亚里士多德:《政治学》,颜一等译,中国人民大学出版社 2003 年版。

[2][古希腊]柏拉图:《苏格拉底的申辩》(修订版),吴飞译,华夏出版社 2017 年版。

[3][美]博登海默:《法理学:法律哲学与法律方法》,邓正来译,中国政法大学出版社 1999 年版。

[4][法]高概:《话语符号学》,王东亮译,北京大学出版社 1997 年版。

[5][美]詹姆斯·保罗·吉:《话语分析导论:理论与方法》(原书第 4 版),2021 年版。

[6][法]埃利亚:《话语分析基础知识》,曲晨译,天津人民出版社 2006 年版。

[7][美]古德里奇:《法律话语》,赵红芳等译,法律出版社 2007 年版。

[8][美]吉本斯:《法律语言学导论》,程朝阳等译,法律出版社 2007 年版。

[9][美]康利等:《法律、语言与权力》,程朝阳译,法律出版社 2007 年版。

[10][美]比克斯:《法律、语言与法律的确定性》,丘昭继译,法律出版社 2007 年版。

[11][美]索兰:《法官语言》,张清等译,法律出版社 2007 年版。

[12][美]查尔斯·J. 福克斯等:《后现代公共行政——话语指向》,楚艳约等译,中国人民大学出版社 2004 年版。

[13][美]玛丽·安·格伦顿:《权利话语——穷途末路的政治言辞》,周威译,北京大学出版社 2006 年版。

［14］［美］萨利·安格尔·梅丽：《诉讼的话语——生活在美国社会底层人的法律意识》，郭星华等译，北京大学出版社 2007 年版。

［15］［法］米歇尔·福柯：《规训与惩罚》，生活·读书·新知三联书店 2007 年版。

［16］［美］拜尔：《法律的博弈分析》，严旭阳译，法律出版社 1999 年版。

［17］［美］詹姆斯·博曼：《公共协商：多元主义、复杂性与民主》，黄相怀译，中央编译出版社 2006 年版。

［18］［美］罗尔斯：《正义论》，何怀宏等译，中国社会科学出版社 2003 年版。

［19］［美］卡多佐：《司法过程的性质》，苏力译，商务印书馆 2002 年版。

［20］［英］诺曼·费尔克拉夫：《话语与社会变迁》，殷晓蓉译，华夏出版社 2003 年版。

［21］［英］戴维·伯姆：《论对话》，李尼科译，教育科学出版社 2004 年版。

［22］［英］布赖恩·麦克奈尔：《政治传播学导论》，殷祺译，新华出版社 2005 年版。

［23］［德］阿尔布莱希特·维尔默：《论现代和后现代的辩证法》，钦文译，商务印书馆 2003 年版。

［24］［美］德沃金：《认真看待权利》，信春鹰等译，中国大百科全书出版社 1998 年版。

［25］［德］鲁道夫·冯·耶林：《为权利而斗争》，中国法制出版社 2004 年版。

［26］［德］尤尔根·哈贝马斯：《在事实与规范之间》，童世骏译，生活·读书·新知三联书店 2003 年版。

［27］［德］尤尔根·哈贝马斯：《交往行为理论》，曹卫东译，上海人民出版社 2004 年版。

［28］［德］康德：《法的形而上学原理》，沈叔平译，商务印书馆 1991 年版。

［29］［德］黑格尔：《法哲学原理》，范扬等译，商务印书馆 1961 年版。

［30］［法］卢梭：《社会契约论》，何兆武译，商务印书馆 2003 年版。

［31］［法］孟德斯鸠：《论法的精神》，张雁深译，商务印书馆 2005 年版。

［32］［法］托克维尔：《论美国的民主》，董果良译，商务印书馆 2004 年版。

［33］［美］卡多佐：《司法过程的性质》，苏力译，商务印书馆 1998 年版。

[34] [日] 棚濑孝雄：《纠纷的解决与审判制度》，王亚新译，中国政法大学出版社 2004 年版。

[35] [美] 杰费里·图宾：《九人：美国最高法院风云》，何帆译，上海三联书店 2010 年版。

[36] [奥] 凯尔森：《法与国家的一般原理》，沈宗灵译，中国大百科全书出版社 1996 年版。

[37] [奥] 凯尔森：《共产主义的法律理论》，王名扬译，中国法制出版社 2004 年版。

[38] [英] 恩靳·伊辛译：《公民权研究手册》，王小章译，浙江人民出版社 2007 年版。

[39] 《马克思恩格斯选集》，人民出版社 1972 年版。

[40] 《毛泽东选集》（第一——四卷），人民出版社 1991 年版。

[41] 《邓小平文选》（第一——二卷），人民出版社 1994 年版。

[42] 《邓小平文选》（第三卷），人民出版社 1993 年版。

[43] 《习近平谈治国理政》（第一卷），外文出版社 2018 年版。

[44] 《习近平谈治国理政》（第二卷），外文出版社 2017 年版。

[45] 《习近平谈治国理政》（第三卷），外文出版社 2020 年版。

[46] 《习近平谈治国理政》（第四卷），外文出版社 2022 年版。

[47] 习近平：《高举中国特色社会主义伟大旗帜为全面建设社会主义现代化国家而团结奋斗——在中国共产党第二十次全国代表大会上的报告》，人民出版社 2022 年版。

[48] 习近平：《论坚持全面依法治国》，中央文献出版社 2020 年版。

[49] 《习近平关于全面依法治国论述摘编》，中央文献出版社 2020 年版。

[50] 《中共中央关于坚持和完善中国特色社会主义制度推进国家治理体系和治理能力现代化若干重大问题的决定》，人民出版社 2019 年版。

[51] 《中国共产党第十八届中央委员会第三次全体会议文件汇编》，人民出版社 2013 年版。

[52] 《中国共产党第十八届中央委员会第四次全体会议文件汇编》，人民出版社 2014 年版。

［53］《中国共产党第十九届中央委员会第五次全体会议文件汇编》，人民出版社 2020 年版。

［54］中共中央文献研究室：《十一届三中全会以来党的历次全国代表大会中央全会重要文件选编》，中央文献出版社 1997 年版。

［55］《法治社会建设实施纲要》（2020—2025），人民出版社 2020 年版。

［56］中国共产党中央委员会：《中国共产党政法工作条例》，人民出版社 2019 年版。

［57］公丕祥：《马克思主义法律思想通史》（第一卷），南京师范大学出版社 2014 年版。

［58］龚廷泰：《马克思主义法律思想通史》（第二卷），南京师范大学出版社 2014 年版。

［59］公丕祥等：《马克思主义法律思想通史》（第三卷），南京师范大学出版社 2014 年版。

［60］龚廷泰等：《马克思主义法律思想通史》（第四卷），南京师范大学出版社 2014 年版。

［61］付子堂等：《马克思主义法学理论的中国实践与发展研究》，中国人民大学出版社 2020 年版。

［62］张恒山等：《法治与党的执政方式研究》，法律出版社 2004 年版。

［63］周叶中等：《中国特色社会主义法治话语体系创新研究》，人民出版社 2020 年版。

［64］邱仁福：《多元文化互动视域下社会主义核心价值体系话语权研究》，人民出版社 2019 年版。

［65］柯华庆：《党规学》，上海三联书店 2018 年版。

［66］章志远：《党内法规专题研究述评》，中国法制出版社 2020 年版。

［67］杨仁寿：《法学方法论》，中国政法大学出版社 1999 年版。

［68］王利明：《法学方法论》，中国人民大学出版社 2012 年版。

［69］何兆熊：《新编语用学概要》，上海外语教育出版社 2002 年版。

［70］辛志英：《话语分析：理论、方法与流派》，厦门大学出版社 2020 年版。

［71］葛洪义：《法与实践理性》，中国政法大学出版社 2002 年版。

［72］周世中：《法的合理性研究》，山东人民出版社 2004 年版。

［73］张文显：《二十世纪西方哲学思潮研究》，法律出版社 2006 年版。

［74］冉永平：《语用学：现象与分析》，北京大学出版社 2006 年版。

［75］潘庆云：《中国法律语言鉴衡》，汉语大词典出版社 2004 年版。

［76］李旭东：《法律话语论——法律本位之研究》，山东人民出版社 2009 年版。

［77］冯树梁：《中国犯罪学话语体系初探》，法律出版社 2016 年版。

［78］高其才等：《政治司法——1949—1961 年的华县人民法院》，法律出版社 2009 年版。

［79］高其才：《多元司法——中国社会的纠纷解决方式及其变革》，法律出版社 2009 年版。

［80］顾培东：《社会冲突与诉讼机制》，四川人民出版社 1991 年版。

［81］侯欣一：《从司法为民到人民司法》，中国政法大学出版社 2007 年版。

［82］胡伟：《司法政治》，香港三联书店有限公司 1994 年版。

［83］罗昶：《伦理司法——中国古代司法的观念与制度》，法律出版社 2009 年版。

［84］马明亮：《协商性司法——一种新程序主义理念》，法律出版社 2007 年版。

［85］吴英姿：《法官角色与司法行为》，中国大百科全书出版社 2008 年版。

［86］左卫民：《在权利话语与权力技术之间——中国司法的新思考》，法律出版社 2002 年版。

［87］李祥云：《离婚诉讼话语中权力和亲密关系的性别解读》，山东大学出版社 2009 年版。

［88］廖美珍：《法庭问答及其互动研究》，法律出版社 2003 年版。

［89］廖美珍：《法庭语言技巧》（第三版），法律出版社 2009 年版。

［90］吕万英：《法庭话语权力研究》，中国社会科学出版社 2011 年版。

［91］张清：《法官庭审话语的实证研究》，中国人民大学出版社 2013 年版。

［92］陈金钊等：《法律解释学——立场、原则与方法》，湖南人民出版社 2009 年版。

［93］张继成：《创设可能生活的法律逻辑》，湖北人民出版社 2019 年版。

［94］张继成：《证据基础理论的逻辑、哲学分析》，法律出版社 2011 年版。

［95］陈金钊等：《法律逻辑学》（第三版），中国人民大学出版社 2022 年版。

［96］彭中礼：《法律修辞论证研究——以司法为视野》，厦门大学出版社 2017
年版。

［97］沈寨：《实现个案正义的法律修辞学进路研究》，中国政法大学出版社
2020 年版。

［98］刘燕：《法庭上的修辞：案件事实叙事研究》，中国书籍出版社 2019 年
版。

［99］殷鼎：《理解的命运》，生活·读书·新知三联书店 1988 年版。

［100］陈光中等：《中国古代司法制度》，群众出版社 1984 年版。

［101］李交发：《中国诉讼法史》，中国检察出版社 2002 年版。

［102］张中秋：《中西法律文化比较研究》，法律出版社 2009 年版。

［103］张希坡：《马锡五审判方式》，法律出版社 1983 年版。

［104］朱苏力：《法治及其本土资源》，中国政法大学出版社 1996 年版。

［105］梁治平：《国家、市场、社会：当代中国的法律与发展》，中国政法大学
出版社 2006 年版。

［106］汪行福：《通向话语民主之路：与哈贝马斯对话》，四川人民出版社 2002
年版。

［107］刘杰：《知情权与信息公开法》，清华大学出版社 2005 年版。

［108］马长山：《数字法治概论》，法律出版社 2022 年版。

［109］夏勇：《中国民权哲学》，生活·读书·新知三联书店 2004 年版。

［110］汪习根：《司法权论——当代中国司法权运行的目标模式、方法与技
巧》，武汉大学出版社 2006 年版。

［111］梁慧星：《裁判的方法》，法律出版社 2009 年版。

［112］孔祥俊：《司法理念与裁判方法》，法律出版社 2005 年版。

［113］焦宝乾：《法律论证导论》，山东人民出版社 2006 年版。

［114］侯学勇：《法律论证的融贯性研究》，山东大学出版社 2009 年版。

［115］沈忠俊等：《司法道德新论》，法律出版社 1999 年版。

[116]高全喜：《相互承认的法权》，北京大学出版社 2004 年版。

[117]苏富中：《思维论》，香港中联出版社 1992 年版。

二、论文类

[118]刘刚：《论法律话语理论从德沃金到哈贝马斯的演化》，载《暨南学报》2009 年第 1 期。

[119]李旭东：《法律话语的概念及其意义》，载《法律方法与法律思维》2008 年第 5 辑。

[120]杨德祥：《法律话语权力意识的批评话语分析》，载《宁夏大学学报》（人文社会科学版）2009 年第 5 期。

[121]张清：《法官庭审话语的规范化与司法公正》，载《教育理论与实践》2009 年第 12 期。

[122]胡平仁等：《人文关怀的法律与法学话语》，载《中南大学学报》（社会科学版）2009 年第 1 期。

[123]徐凤侠：《法与理性关系的再思考——对"法是理性话语的表达"的重新解读》，载《齐鲁学刊》2009 年第 3 期。

[124]康玉娟：《宪法的"缺场"——从"宪法司法化"强势话语产生的悖论看话语范式转变的必要性》，载《南华大学学报》（社会科学版）2006 年第 6 期。

[125]王茂庆：《法律解释中的话语主体与主体话语》，载《山东科技大学学报》（社会科学版）2005 年第 2 期。

[126]黄文艺：《法律职业话语的解析》，载《法律科学（西北政法学院学报）》2005 年第 4 期。

[127]熊德米：《司法话语分析》，载《外国语文》2010 年第 1 期。

[128]陈尚坤等：《论和谐侦查之法律话语》，载《东北师大学报》（哲学社会科学版）2008 年第 4 期。

[129]王宗冉：《法学学者话语权的正当性及其正当行使——以邱兴华案为例》，载《政法论丛》2007 年第 6 期。

[130]萨其荣桂：《法律事件中的民间舆论群体及其话语实践》，载《内蒙古社

会科学》(汉文版)2007 年第 1 期。

[131]马雁等:《法治话语、法律议论的公众型构过程与背景——以社会诉讼为载体》,载《北京行政学院学报》2007 年第 1 期。

[132]程喆:《话语权:农民工对法律价值的深层诉求——兼谈对农民工话语权的法律保护》,载《哈尔滨学院学报》2006 年第 8 期。

[133]季卫东:《当代农村的法律话语场》,载《青年思想家》2004 年第 6 期。

[134]王新清等:《精英话语与民众诉求——对中国司法改革理论和实践的反思》,载《法学家》2006 年第 5 期。

[135]王建:《从司法过程中的话语权看法律语言与司法正义的互动关系》,载《外国语文》2010 年第 5 期。

[136]吴卫军等:《评〈在权利话语与权利技术之间:中国司法的新思考〉》,载《社会科学研究》2003 年第 5 期。

[137]王新清等:《精英话语与民众诉求——对中国司法改革理论和实践的反思》,载《法学家》2006 年第 5 期。

[138]高中:《后现代法学与批判法学关于"权利话语"论争的启示》,载《法治丛论》2005 年第 1 期。

[139]韩久全等:《流行文化语境下网络符号精英的超链接话语标记》,载《当代中国话语研究》2010 年第 3 辑。

[140]刘赦:《话语权的角逐》,载《观察家》2006 年第 8 期。

[141]潘飞南等:《和谐社会与话语权问题研究》,载《学术界》2009 年第 5 期。

[142]盛小伟:《平等话语权:完善民主集中制的现实选择》,载《江南大学学报》(人文社会科学版)2007 年第 3 期。

[143]李泉:《强势话语中的宪法权威——论中国宪法司法化的困境》,载《社科纵横》2007 年第 2 期。

[144]刘卉:《我国司法话语权的语境困惑及完善》,载《江西社会科学》2016 年第 4 期。

[145]陈荣伟:《扩大群众话语权顺民而为作决策》,载《党建》2010 年第 2 期。

[146]汝绪华:《话语权观的流派探微》,载《湖北行政学院学报》2010 年第 1 期。

[147]刘惠苹：《话语权之于中国和谐社会的构建》，载《科学发展观研究》2010年第8期。

[148]廖胜刚：《当代中国意识形态关键词：合法性、现代性与话语权》，载《吉首大学学报》(社会科学版)2010年第5期。

[149]郭继文：《从话语权视角谈约瑟夫·奈"软力量"理论的创新》，载《前沿》2009年第9期。

[150]冯广艺：《论话语权》，载《福建师范大学学报》(社会科学版)2008年第4期。

[151]王浩斌：《和谐社会：马克思主义话语权重建的社会语境》，载《济源职业技术学院学报》2007年第4期。

[152]路纳：《经济全球化时代的法律全球化话语逻辑层次》，载《广西大学学报》(哲学社会科学版)2009年第4期。

[153]叶传星：《我国法学现代性话语的内在纠缠》，载《北方法学》2009年第5期。

[154]叶传星：《法学的阶级话语论析》，载《法律科学(西北政法学院学报)》2006年第1期。

[155]喻中：《中国现代性法学话语的时空坐标》，载《政法论坛(中国政法大学学报)》2007年第25卷第4期。

[156]李旭东：《论法学话语的形式化》，载《常熟理工学院学报》2006年第3期。

[157]郑艺群：《主流法学固守"现代"话语还能走多远》，载《东南学术》2004年第5期。

[158]黄春芳：《语境因素与法律英语文本话语翻译》，载《山东外语教学》2008年第1期。

[159]张清等：《法律话语：一种特殊的话语体系》，载《外语教学》2019年第6期。

[160]彭旭军：《重建"阶级话语"工会维权的合法化和正义论基础研究》，载《中国劳动关系学院学报》2007年第21卷第6期。

[161]刘星：《"法律"概念是怎样被使用的——在中西近代日常话语实践的交

流中比较考察》，载《政法论坛(中国政法大学学报)》2006 年第 24 卷第 3 期。

[162]吕万英：《司法调解话语中的冲突性打断》，载《解放军外国语学院学报》2005 年第 28 卷第 6 期。

[163]肖松平：《死缓制度之检讨：法律逻辑与政治话语的双重展开》，载《南华大学学报》(社会科学版)2007 年第 8 卷第 4 期。

[164]刘星：《法律解释中的大众话语与精英话语——法律现代性引出的一个问题》，载《比较法研究》1998 年第 1 期。

[165]王彬：《乡村善治的法律话语场》，载《山东警察学院学报》2008 年第 1 期。

[166]刘星：《司法日常话语的"文学化"源自中国基层司法经验》，载《中外法学》2010 年第 2 期。

[167]董敏：《话语主位推进与司法判决推理》，载《浙江工商大学学报》2010 年第 3 期。

[168]熊德米等：《法学语言关照下的模糊性司法话语分析》，载《重庆工商大学学报》(社会科学版)2008 年第 4 期。

[169]富嫣嫣：《话语权与司法公信力——在科学发展观视野下处理涉检网络舆情问题》，载《今日南国》2010 年 7 月。

[170]周叶中等：《论中国特色社会主义法治话语体系创新》，载《江汉论坛》2019 年第 1 期。

[171]张斌峰：《从事实的世界到规范的世界——评哈贝马斯"普遍语用学"对言语有效性范畴的超越与拓展》，载《自然辩证法通讯》2002 年第 4 期。

[172]杨临宏等：《西方议会辩论制度及对完善我国人民代表大会制度的启示》，载《人大研究》2005 年第 4 期。

[173]张继成：《从案件事实之"是"到当事人之"应当"——法律推理机制及其正当理由的逻辑研究》，载《法学研究》2003 年第 1 期。

[174]陈家刚：《协商民主引论》，载《马克思主义与现实》2004 年第 3 期。

[175]张书林：《近年来党内民主问题研究综述》，载《理论与现代化》2005 年第 5 期。

[176]吴飞：《"人权派"的表达自由思想探析》，载《杭州师范学院学报》（社会科学版）2005 年第 2 期。

[177]甄树清：《论表达自由与公正审判》，载《中国法学》2003 年第 5 期。

[178]童之伟：《公民权利国家权力对立统一关系论纲》，载《中国法学》1995 年第 6 期。

[179]郭道晖：《试论权利与权力的对立统一》，载《法学研究》1990 年第 1 期。

[180]王利明：《法治：良法与善治》，载《中国人民大学学报》2015 年第 2 期。

[181]叶传星：《论人的法律需要》，载《法制与社会发展》2003 年第 1 期。

三、外文类

[182]D. N. Walton. Argumentation Schemes for Presumptive Reasoning. Lawrence Erlbaum Associates, Inc. 1996.

[183]Dworkin. Taking Rights Seriously. Harvard University Press, 1977.

[184]Dworkin. Law's Empire. Harvard University Press, 1986.

[185]H. LA. Hart. The Concept of Law. Oxford University Press, 1983.

[186]Rawls. A Theory of Justice. Harvard University Press, 1971.

[187]Neil Maccormick. Legal Reasoning and Legal Theory. Claredon Press, 1978.

[188]Tom L. Beauchamp：Philosophical Ethics. Mc Graw Hill Book Company, NewYork, 1982.

[189]Levison. S. C. Activity type and language. Cambridge University Press, 1992.

后　记

本书属于浙江省哲学社会科学规划后期资助课题《中国特色司法话语交往研究》（24HQZZ013YB）的最终成果，也是国家社会科学基金重点项目《法律论证逻辑研究——面向"法治中国"建设的整合性和应用性研究》（15AZX019）与教育部人文社会科学研究规划基金项目《中国共产党党建话语体系百年演进与新时代创新》（21YJA710061）的阶段性成果，获得浙江师范大学学术著作出版基金和马克思主义理论省一流 A 类学科的资助。

　　法治是中国式现代化的重要保障。法治的真正实现离不开司法公正。司法公正有赖于健全的司法体制机制，取决于司法各环节全过程在有效制约监督下运行。司法过程有效运行的实质就在于司法话语交往的逻辑有效性、融贯性和可接受性之有机统一。司法话语交往研究是"法学'语言转向'和语言学向法学渗透的结晶，也可以说是法学和语言学交叉的产物"（廖美珍语）。它既可以视为法律的语言学，也可以看作语言的法律学，是一个新兴的研究领域。在这个领域中，许多问题都是崭新的，显示出摸索性的特征。本书试图追求司法话语交往研究体系的整合性和应用性，也反映了作者在中国化马克思主义法学理论研究领域的学习过程。

　　我要感谢潘嘉龙、何占元和王志博，他们为修改和完善本书付出了大量心血。潘嘉龙律师既能够敏锐发现司法话语交往的"原点"，又善于挖掘司法话语交往的"素材"；何占元法官对司法话语交往的内在逻辑和外在保障问题奉献了思想火花和专业见解；浙江师范大学优秀硕士学位论文获得者王志博律师对话语谱系规范化提供了有力支持。

　　感谢浙江师范大学张根福教授、王锟教授、冯昊青教授、林子赛教授、李海良副教授、黄丹老师和朱亚东老师，还有中国人民大学涂永前教授、中南财经政法大学韦志明教授、武汉大学彭榆琴副教授的鼎力扶植。感谢语料资源的支撑者们。感谢武汉大学出版社张欣编辑，他不仅为本书的出版提供便利条件，还提出诸多宝贵的修改意见，并承担了繁琐的编辑工作。

感谢恩师张斌峰先生给予我弥足珍贵的法学理论启蒙，先生以广博渊深的专业学养引领学生体味到法律科学的真谛。感谢中国法律逻辑学会会长张继成先生，您的谆谆教诲和殷殷鼓励永远牢记于心。马克思主义法学理论家汪习根先生在百忙中赐序垂教，其心朗朗，在此深表谢忱。

还要感谢所有支持我的亲人和朋友。特别感谢我的妻子李承香女士、儿子朱信安和女儿朱紫予小朋友。你们默默的关爱和理解，是我完成写作的强大动力。

随着人工智能时代的到来，司法话语交往从内容到形式都迎来了新的机遇和挑战，法治中国正在迈向新的高度。面对新时代的司法话语交往之伟大变革，囿于作者天资和学识的不足，本书难免会存在诸多的谬误瑕疵，因之，需要在今后的研究中不断改进和完善，诚挚恳请各位书友同仁不吝赐教。

朱前星

2024 年 6 月 29 日